第一资源

First Resource

余兴安　主编　中国人事科学研究院／编

总第30辑

2014年第2辑

党建读物出版社

图书在版编目（CIP）数据

第一资源. 总第30辑 / 余兴安主编；中国人事科学研究院编. —北京：党建读物出版社，2014. 4

ISBN 978-7-5099-0519-7

Ⅰ. ①第… Ⅱ. ①余… ②中… Ⅲ. ①人力资源管理—文集 Ⅳ. ①F241-53

中国版本图书馆 CIP 数据核字（2014）第127241号

第一资源

DIYI ZIYUAN

（总第30辑）

余兴安　主编

中国人事科学研究院　编

责任编辑:郭涛　王舒婷　**责任校对:**张学民　**装帧设计:**创造力

党建读物出版社出版发行

http://www.djcb71.com

（北京市西城区南横东街6号　邮编:100052　电话:010-58587632 / 7681）

新华书店经销　保定市中画美凯印刷有限公司印刷

787毫米×1092毫米　16开本　11.5印张　263千字

2014年4月第1版　2014年4月第1次印刷

印数:1—3000

ISBN 978-7-5099-0519-7　定价：38.00元

卷 首 语

改革开放以来，随着我国经济体制改革的逐步深化，人才单位所有的传统格局逐步被打破，人才在单位和区域间流动成为推动经济社会发展的重要力量，与之相伴的人才服务机构在各地纷纷涌现。进入21世纪，我国开始全面实施人才强国战略，人才（人力资源）服务事业抓住机遇，获得蓬勃发展。2007年，国务院出台了《国务院关于加快发展服务业的若干意见》，首次提出要“发展人才服务业，完善人才资源配置体系”，明确了人力资源服务业发展的方向。2010年颁布的《国家中长期人才发展规划纲要(2010—2020年)》明确提出：要“大力发展人才服务业”，“根据完善社会主义市场经济体制的要求，推进人才市场体系建设，完善市场服务功能，畅通人才流动渠道，建立政府部门宏观调控、市场主体公平竞争、中介组织提供服务、人才自主择业的人才流动配置机制”。2012年，国务院发布的《服务业发展“十二五”规划》更将人力资源服务确定为生产性服务业中要重点发展的12个门类之一，明确了“十二五”期间，建立“专业化、信息化、产业化、国际化的人力资源服务业体系”的目标，并为此提出了十余项促进行业发展的政策措施。这不仅表明人力资源服务业已经正式成为国民经济中的一个重要行业门类，而且也预示着我国人力资源服务业步入了一个前所未有的发展时期。

近年来，人力资源服务产业园区在上海、苏州、宁波等地建设发展，成为推进人力资源服务业发展的重要载体。本辑《第一资源》刊发文章探讨了中国上海人力资源服务产业园区建设的成效和问题，提出人力资源服务产业是推动地方乃至国家层面人力资源和社会保障事业整体发展的重要创新。

薪酬管理、劳动关系及员工管理等也是做好人力资源管理的基础工作，本辑《第一资源》刊发了关于我国上市公司高管薪酬状况和社会组织人才薪酬激励政策的调研报告，关于行业劳动关系状况和企业冲突管理的案例研究，以及人才工作、就业与创业等方面的文章，为促进人力资源和社会保障领域各项工作提供理论参考。

编　者

2014年4月

目　　录

国际比较

Contents

Human Resource Services

Talent Work

Payment Management

Employment and Business Establishment

Labor Relations and Employee Management

International Perspective

构建上海人力资源服务产业发展的制度环境研究

——以中国上海人力资源服务产业园区为例

董良坤*

[摘要] 本文着眼于中观层面上海人力资源服务业发展的实证研究，从战略性新兴产业构建角度，基于上海人力资源市场发展的制度环境及产业现状调查的实证数据支持，辅以中国上海人力资源服务产业园区组建及发展现状作为分析范本，深入分析上海人力资源服务业发展面临的转型瓶颈等制约因素。同时，通过探讨和校正人力资源市场与人力资源服务产业间的不均衡发展关系，在审视统一规范的人力资源市场建设和人力资源服务产业发展的制度环境及其现状基础上，重点从管理体制、产业政策、公共服务和市场监管等方面，提出加快上海人力资源市场发展转型和加快人力资源服务业发展的制度环境构建及对策建议。

[关键词] 上海　人力资源服务业　制度构建　产业集聚

导　言

随着人力资源市场化进程加快，人力资源服务业作为现代服务业的重要组成部分和生产性服务业的战略定位，正处在一个大有可为的发展期。

从国际看，随着全球治理结构深度调整和不同经济体国家的发展方式转变，以服务业跨国转移和要素重组为特征的新一轮国际产业转移加速，特别是在教育培训、咨询服务、国际人才交流与合作等服务方面的需求潜力将得到充分释放，进而为国内现代服务业的跨越式发展提供产业推力。

从国内看，当前和今后一个时期，国家仍处于经济社会发展的重要战略机遇期。国家“十二五”规划提出，要把推动服务业发展作为产业结构优化升级的战略重点。作为现代服务业重要构成的人力资源服务业发展前景乐观可期。

从上海看，整个城市正在进入一个创新驱动、转型发展的关键时期。目前，以服务经济为特征的现代服务业正逐步成为上海经济发展的新增长点，这也将促进生产型经济向服务型经济转变。因此，上海人力资源服务产业同样处在历史上最好的发展时期，既有产业

* 作者系上海市公共行政与人力资源研究所人力资源研究室副主任，助理研究员。

机遇，又有时代条件。

本研究所称人力资源服务产业，属于微观经济学范畴，是指基于市场需求导向、以满足客户（主体）需求为目标、以服务产品的价值创造为核心，并以产业化运作、市场化营运而提供人力资源专业化服务的总称。在国家大部制改革前，一般沿用“人才服务业”概念，现在更多使用“人力资源服务业”或“人力资源服务产业”概念，从外延界定的角度看，主要包括高级人才寻访、人力资源培训、人才测评、管理咨询、网络信息服务、劳务派遣、人力资源外包和人力资源软件服务等服务业态或领域。

本文的一个基本分析和判断前提是，随着“大人才观”和“大就业观”的树立，特别是党的十八届三中全会提出了“建设统一开放、竞争有序的市场体系”要求，人力资源服务产业发展的外部环境和内部条件都将发生重大改变。预计未来，国家和上海将进一步加大对人力资源服务产业发展的扶持力度，尤其是在产业园区建设、市场开放、产业支持、财税和金融资金方面的政策体系支持。

一、上海人力资源服务业发展现状及环境条件分析

总体来看，历经20多年的培育发展，特别是20世纪90年代以来，上海的人力资源市场发展正进入一个持续变革的全新平台，从单一走向融合，从分立走向统一，在探索中发展，在发展中改革，在改革中创新，基本形成一个集政府宏观调控、单位自主用人、劳动者自主择业和市场中介服务配置“四位一体”的现代人力资源市场框架，走出一条符合市场规律和上海市情的发展道路。同时，基于市场力量推动的人力资源服务业未来成长方向，正在逐步由政府推动向自我发展阶段过渡，产业环境由政策规范向法制规范过渡，产业功能由依靠行政优势向市场竞争优势过渡，人力资源服务产业化正在引领和逐步成长为上海现代服务业重要的新兴产业领域。

（一）基本现状

1. 机构情况

据2011年数据，上海共有各类人力资源服务机构1683家（见图1），其中，人才中介类796家，职业介绍类749家，家庭劳务类138家，从业人员近4万人（含家政服务人员），人力资源信息数据库近13万个，网站访问量达40亿人次，为200多万家用人单位提供人力资源服务。特别是全球知名的德科（Adecco）、万宝盛华（Manpower）、任仕达（Randstad）等机构都已进入上海，包括国内知名人力资源公司早已抢滩，这不仅为上海的人力资源服务业带来国际化、专业化的运营经验，而且其成熟的商业模式对上海人力资源服务业发展产生了巨大推动和变革性影响。

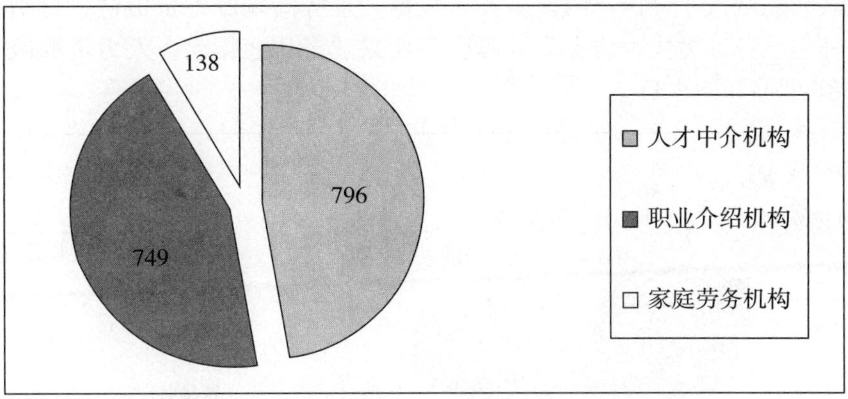

图 1　上海市人力资源服务机构类别（单位：家）

数据来源：上海市人力资源和社会保障局。

2. 市场规模

据初步统计，2011 年上海人力资源服务业总营业额 907 亿元（见图 2），2012 年已突破 1000 亿元大关。根据预测，未来上海人力资源服务产业仍将以年均 30%左右速度增长，其行业增加值占 GDP 比重将进一步提高，正在逐步发展成为现代服务业的重要支柱产业之一。

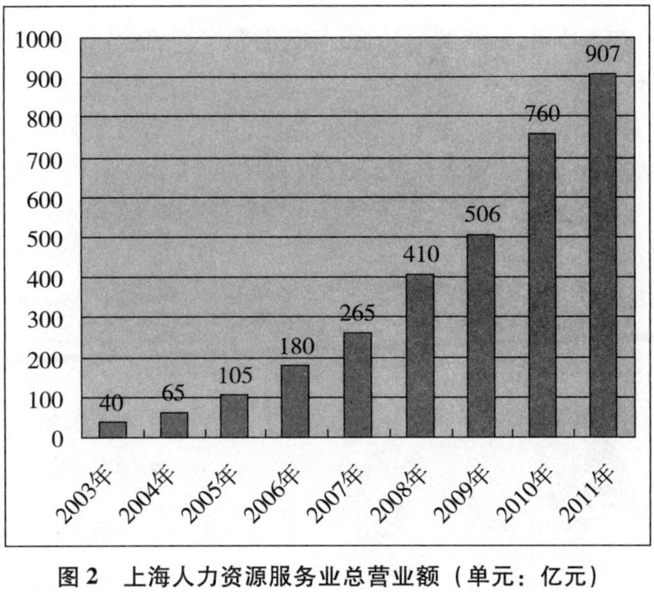

图 2　上海人力资源服务业总营业额（单元：亿元）

数据来源：上海人才服务行业协会。

3. 服务业态

随着人力资源市场的快速成长和转型发展，人力资源服务的传统业态正在由初级产品服务逐步发展到高端人才寻访、网络服务、数据处理等高端服务价值链，特别是近年来以管理咨询、外包服务等为代表的人力资源服务新兴业态快速崛起，人力资源服务的市场细分趋势越来越明显（见图3）。

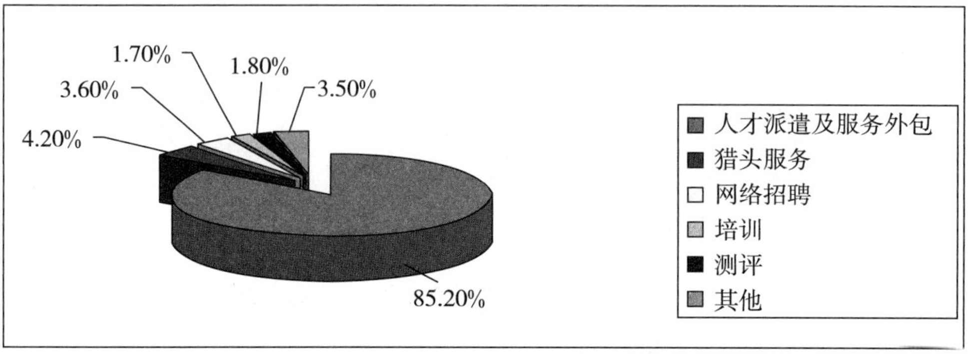

图3　上海市人力资源服务业务市场份额分布

资料来源：上海人才服务行业协会。

总体来看，在中介服务方面，国有和民营企业占据着较大的市场份额；在派遣服务方面，国有背景的服务机构处于相对优势；但在猎头服务、网络招聘等服务提供方面，独资或外资成分的“洋猎头”优势更加突出。

4. 产业格局

据不完全统计，在上海人力资源服务机构提供服务产品构成格局中，以市、区（县）政府所属人力资源机构为主导（4.9%），以上海外服、中智公司等“国字号”为代表（10.4%），虽然只占据行业的15.3%数量，但是却占据着绝对多数的市场份额，处于行业发展的主导地位。同时，以一批世界500强企业和民营服务机构等为主体（84.7%），在运营模式、服务水准、管理经验和高端服务产品研发等领域，拥有先进的产业理念和市场化优势，共同构成了政府部门推动、市场主体公平竞争、公益机构公共服务、中介机构市场经营的多元化产业发展格局（见图4）。

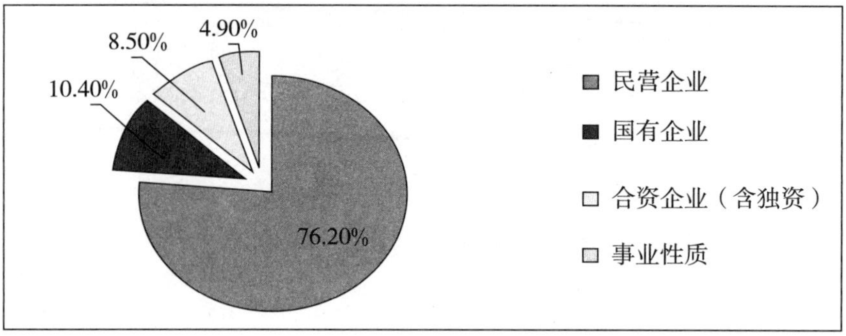

图4　上海市人力资源服务机构性质分布

资料来源：上海人才服务行业协会。

5. 产业集聚

以2010年10月9日中国上海人力资源服务产业园区挂牌为标志，上海人力资源服务的产业集聚进程明显加快。据不完全统计，至2013年12月，该园区各项主要指标均实现较快发展，已集中入驻机构包括猎头服务、人事派遣、服务外包、测评、培训和公共人事服务机构等60余家，当年落地税收突破5亿元人民币。

原卢湾区作为上海市规模最大的人力资源外包服务集聚区，吸引了众多国际知名、服务产品较为完整的人力资源机构落户，从派遣、猎头、培训到福利咨询、员工安家服务等品牌集聚优势明显。同时，浦东国际人才创新试验区以及规划中的“国际人才自由港”等人力资源服务业集聚区建设，共同推动着上海人力资源服务业发展从机构集聚、功能集聚向产业集聚转变。

（二）外部环境

1. 推进上海现代服务业发展战略实施，为人力资源服务产业加快发展提供产业基础

2007年3月，国务院出台《国务院关于加快发展服务业的若干意见》，首次明确人才服务业是现代服务业的重要组成部分。2008年9月，上海市出台《上海产业发展重点支持目录（2008）》，第一次把“就业和创业咨询及培训等人力资源中介服务”列入上海“专业服务业”的重点发展领域之一。《2009—2012年上海服务业发展规划》提出，要“鼓励就业中介和创业咨询及培训等人力资本中介服务”。

2010年4月，上海出台《关于进一步促进本市中介服务业发展的若干意见》，明确把发展人力资源服务作为重点支持的产业领域之一。同时，上海服务外包发展规划将人力资源服务外包和金融、生物医药等列为上海市重点推进的服务外包重点领域之一。

显而易见，随着上海产业结构调整和发展方式转变进程加快，人力资源服务业面临着巨大的发展契机。通过人力资源服务产业集聚载体来带动人力资源服务产业大发展，不仅有助于推动上海发展现代服务业，而且对更好地服务长三角地区、服务长江流域和服务全国，都具有重要的示范引领作用。

2. 构建统一规范的人力资源市场体制，为人力资源服务产业发展提供内生动力

推进统一规范的人力资源市场加快发展，是构建以人力资源服务业为新生长点的现代服务业发展的基本前提。因此，探索中国上海人力资源服务产业园区建设，在某种程度上，也是推动上海乃至国家层面人力资源和社会保障事业整体发展的一个重要创新。同时，通过构建专业园区的发展模式创新，不仅有利于促进人力资源市场发展体系及服务体系建设，健全人力资源市场供求、价格和竞争机制，而且有利于形成以具有国际竞争力和行业影响力的人力资源服务机构为主体、各类人力资源服务机构共同发展的人力资源服务枢纽平台，构建制度完善、结构合理及流动自由的人力资源服务体系，为人力资源市场化配置创造更加充分的服务载体和产业平台。

3. 加快发展人力资源服务产业，是推进上海人才国际化战略实施的探索性载体

一方面，国家在上海设立“中国上海人力资源服务产业园区”，既是上海人力资源服务产业集聚发展的一个强大推力，也预示着上海人力资源服务行业将迎来“专业化服务、产业化发展”的新时期。另一方面，依托园区进一步整合与推动上海高端人力资源服务业发展，不仅有利于加速集聚国内外一流人力资源服务机构，引进和培育创新型、战略型人才的有效载体，提升上海市人力资源服务能级，而且有利于增加上海人力资源服务的供给能力，满足各类企业和人才对人力资源服务的多样化需求，对改善上海整体性人力资源结构、人力资源市场布局和推动上海城市发展模式创新都具有重要的现实意义。

（三）基础条件

1. 国家层面的战略重视，为人力资源服务业大发展注入体制推力

《中共中央关于制定国民经济和社会发展第十二个五年规划的建议》中提出：“健全统一规范灵活的人力资源市场，为劳动者提供优质高效的就业服务”。就业优先和健全人力资源市场的价值更加凸显出来，人力资源开发、利用、管理在推动经济社会发展中的作用备受关注。比如，推进中国上海人力资源服务产业园区从规划筹建到组建运营的整个过程，得到国家人力资源和社会保障部及上海市委、市政府领导的高度关注和重视。2010 年 6 月，时任市委书记俞正声视察上海人才大厦，充分肯定人力资源服务产业园区建设。同时，在园区的申请筹建过程中，人力资源和社会保障部尹蔚民部长专门听取汇报，对园区建设作出过明确批示。可以预见，人力资源服务产业必将在上海第三产业、现代服务业乃至整个国民经济发展中扮演更为重要的角色。

2. 政府职能部门的协力支持，为人力资源服务业协调发展构造系统的“产业生态”

推动人力资源服务产业加快发展，既需要政府行政职能的强力推动，也需要综合性、系统性的政策体系支撑。在上海市现代服务业“十二五”规划中，上海市发改委已经把人力资源服务业列入上海服务业的发展重点，并明确提出要加快发展人力资源服务业，以推进中国上海人力资源服务产业园区建设为契机，集聚国内外知名人力资源服务机构等规划思路；上海市商务委明确支持上海人力资源服务外包业务发展，特别是政府财政通过现代服务业发展引导资金，支持离岸外包服务加快发展，希望中国上海人力资源服务产业园区的产业集聚能够走出一条高端发展的业务模式；上海市税务部门对涉及人力资源行业的重复征税及差额征税等问题，明确表示可以一事一议，并帮助协调解决；上海市统计部门更是建议通过研究行业分类、行业标准和行业代码等技术性标准，科学界定作为专业服务的人力资源服务行业统计指标。这些都为人力资源服务产业特别是园区发展构造了良好的“产业生态”。

3. 完备的公共人事平台体系，为人力资源服务业提供了全方位的专业服务支持

作为上海市人力资源服务行业内“第一集团军”，以中国上海人才市场入驻园区核心载体上海人才大厦为标志，从业务受理窗口到综合性服务功能，构成园区公共人事服务的“六大服务系统”，即人才市场配置系统、人才职业能力评价系统、人才信息服务系统、高层次人才服务系统、人才综合保障系统和公共人力资源服务等。同时，依托上海人才大厦服务“端点”，不仅形成市、区两级联动的服务机制并向社区延伸，逐步在全市范围内开展“一点受理、多点服务”，而且开通包括伦敦、汉诺威、纽约、旧金山、东京、悉尼等在内的国际性人力资源服务网络，作为园区的地标性建筑和核心载体，上海人才大厦已经成为联结海内外人力资源公共服务的重要信息枢纽平台。

二、加快上海人力资源服务产业发展的制约因素

基于案例研究及分析显示，目前上海人力资源服务产业依然处于发展的初级阶段，集中表现为产业发展体制不顺、产业链不合理、市场创新动力不足、服务体系不完善以及职业经理人短缺等问题。

（一）人力资源服务业管理体制不顺的制约

一是微观的行业管理体制不顺。以园区管理体制为例，虽然建有联席会议制度，但是，却没有对应的实体性管理机构及组织构架，同时源于园区范围内的各方利益主体众多、体制多样，因而涉及园区建设发展的重大事项沟通协调工作难以有效展开。

二是产业运营主体缺位。比如，中国上海人力资源服务产业园区从筹建到挂牌，没有形成一个按照现代企业制度要求的园区开发商模式的运营主体，类似张江园区的“张江高科”等专业园区运营商，园区的建设投资仍未形成可持续发展的运营机制。

（二）“大市场”和“弱产业”非均衡发展的制约

一是产业的发展定位模糊。源于长期以来过分强调人事管理和人力资源服务的事业性质及公益性质，不管职业中介服务还是人才市场配置以及其他专业性、行业性市场运作，基本上还是事业管理机制而没有完全按市场化运作，比如人事代理、档案管理等本来应该市场化的服务项目，却依然在非营利的公共服务范围内经营，加上“事业单位，企业管理”的双重定位而淡化其产业性质，缺乏市场化的体制、机制创新动力。

二是产业发展滞后于市场化进程。从发展阶段上看，目前上海人力资源市场基本上还是一个转轨型市场，产业成长与市场发展处于非均衡状态，即人力资源市场化的进程加快，而同时依托市场发展的人力资源服务业却相对滞后，这一错位不仅限制了人力资源市场化配置功能发挥，反过来也影响和制约了上海人力资源服务业的整体发展。

三是市场竞争环境不完善。源于人力资源服务业的行政性垄断格局尚未全部消除，主要表现为产业规划滞后于产业发展，产业发展滞后于市场发展，特别是在市场准入、立法规范及市场监管等方面都有待进一步完善，客观上加剧了“大市场、弱产业”的不平衡

格局。

（三）人力资源服务产业链不合理的制约

一是低端服务和高端产品业务链不合理。据初步统计，目前上海市很多人力资源机构的服务产品还集中在档案管理、人才派遣等低端服务环节，而涉及管理咨询、职能外包等中高端服务能级薄弱。

二是业务同质化和低水平竞争问题突出。据不完全统计，在上海人力资源服务机构的营收比例中，绝大部分市场份额被派遣及服务外包业务占据，达80%以上，而猎头服务、测评、咨询等高端业务的市场份额只有18%左右。同时，作为新兴外包服务的领域都集中在国内外包业务，真正体现实力的离岸外包服务市场份额占比较低。

三是专业化服务能力薄弱。主要表现为人力资源服务供应商的现有服务产品结构相对滞后，难以满足客户差异化的服务需求。以派遣服务为例，其市场份额占整个人力资源服务市场的79%，但是人均服务费却呈下降趋势，专业化服务能力薄弱成为制约整个人力资源服务业发展的又一“瓶颈”。

（四）人力资源服务产业政策“碎片化”的制约

一是产业内涵及外延不明晰。虽然上海市发改委把人力资源服务产业作为现代服务业“十二五”规划的发展重点之一，但是在重点发展的十大新兴服务业领域里，“教育培训”列为第六，本属于人力资源服务业的“家庭服务”列第十，却没有明确提到人力资源服务。比如，对人力资源外包服务，有些职能部门还普遍存在重视承接国际服务外包而忽视发展国内服务外包的倾向，这都和产业导向及产业目录不清晰有关。

二是产业统计标准规范缺失。由于人力资源服务产业起步相对较晚却发展迅速，涉及商务委、统计部门、质监部门等对人力资源行业的产业促进政策不系统，在工商注册、统计分类、税务登记时无法“对号入座”，进而导致产业发展基金、融资担保等各项政策难以落地。

三是财税支持政策不完善。比如，涉及营业税征收问题，教育培训类是按3%征收，而其他业务按5%征收，显然不合理。再比如，源于部分人力资源机构业务的全国布局，母公司与子公司、分公司之间存在复杂的业务交叉，营业税重复征收问题较为突出，目前做法仍是“一事一议”，缺乏统一规范的税收政策支持体系，造成现有的产业政策体系呈现“碎片化”趋势。

（五）人力资源服务业法规体系不完善的制约

一是人力资源市场立法缺失。源于人力资源市场立法一直没有得到应有重视，市场立法缺失和层次不高，特别是涉及商业秘密、知识产权保护、高层次人才流动权益保护等缺乏有效的法律规范，由此造成政府对人力资源服务业的监管依据薄弱，缺乏统一配套的法规政策和实施细则。

二是产业环境不规范。主要表现在产业发展的市场化程度仍然较低，机构服务行为和服务标准的规范化不强，特别是市场化监管理念和行业规范还不适应统一规范人力资源市场发展需要。

三是市场监管机制不健全。集中表现在市场诚信服务体系缺失，人力资源市场管理机构名称和职能不统一，市场监管机构缺乏独立性，市场监管缺乏统筹协调机制，专业化监管队伍不足等。

（六）人力资源服务业从业人员数量和质量的制约

一是职业经理人队伍群体性短缺。集中表现为产业经营管理人才、市场开发人才、项目领军人才等关键人才群体短缺。以猎头服务为例，虽然上海市有近700家人才类中介机构，合资和民营机构同台竞争成为普遍现象，但专业顾问短缺是制约行业发展的主要“瓶颈”之一。

二是从业人员整体素质局限。主要表现为专业化和职业化水平较低，市场化职业人意识薄弱，特别是国际化拓展能力、市场运营能力、资本运作能力、专业化水平等方面明显不足，难以适应产业发展的职业化需要，这不仅是上海也是国内人力资源服务产业可持续发展的一个“瓶颈”制约。

三、加快人力资源服务产业发展的目标定位及路径选择

（一）产业发展定位

适应上海实现“四个率先”和建设“两个中心”的要求，把发展人力资源服务业作为转变发展方式、优化产业结构、提升城市软实力和增强国际竞争力的重要途径。

坚持专业化、产业化、信息化和国际化方向，通过构建具有战略意义和标本价值的人力资源服务业产业链雏形，使其成为引领和支撑上海现代服务业的重要支柱产业之一，力争在3—5年内形成上海现代服务业发展的重要增长极、国家重要的人力资源服务业发展功能创新区域、亚太地区人力资源机构集聚的重要服务枢纽，最终建成国际重要的人力资源服务产业集聚地。

（二）发展路径选择

1. 转变职能

按照政企分开、政事分开原则，逐步实现政府从“办事业”向“管产业”转变，由直接管理向间接管理转变，既坚持政府所属人力资源服务机构的公益化发展方向，又发挥市场机制在人力资源配置中的决定性作用，以“双轮驱动”模式加快上海人力资源服务产业的转型发展。

2. 市场整合

重点推进统一规范、城乡统筹的人力资源市场转型发展，完善人力资源市场、职业中

介服务市场以及家政服务市场等多层次市场体系，为不同规模、不同类型、不同成长阶段的企业提供差异化的人力资源服务。

3. 产业创新

依托人力资源服务产业园区集聚平台载体，通过创新商业模式和产业投资模式，重点加大对人力资源服务业的支持力度，推进人力资源服务产业兼并重组，采用政府补贴、政府购买服务等优惠政策吸引民间资本、国外资本参与人力资源产业体系构建及完善。

4. 优化布局

重点是完善产业发展格局，逐步形成“一园、一区、两翼、多基地”等产业空间新布局。“一园”即中国上海人力资源服务产业园，“一区”即浦东人才综合改革试验区，“两翼”即中国上海人才市场和“临港国际人才自由港”，“多基地”即形成若干个人力资源服务产业集聚区、示范基地和服务外包基地等。

5. 扩大开放

鼓励社会资本进入人力资源服务产业，吸引外资人力资源服务机构与上海市相关机构扩大合作，增加人力资源服务产品出口，提升上海市人力资源服务业的国际竞争力。同时，通过引进国外优质产业资源和技术模式，扩大服务外包、管理咨询等服务领域开放，提升人力资源服务业国际化水平。

6. 规范监管

加强人力资源服务业立法进程及规范监管，重点研究和制定人力资源服务业管理的综合性法规，完善公开、平等、规范的服务业准入制度和服务业标准体系，增强产业活力和市场竞争力，维护行业和产业发展的有序竞争。

（三）理顺人力资源服务业发展的若干关系

1. 人才国际化和人才市场化的关系

从本质上看，人才竞争的国际化，首先要求人才自由流动以及促进人才的跨国界流动，进而促进人才资源的市场化、全球化配置，并通过人力资源服务机构的国际化发展来推动国内人力资源服务产业的成长进程。因此，一方面，要注重发展与国际接轨的各类人力资源服务机构，加快人才资源市场的国际化配置和专业化建设，提高人才国际化流动的效率和效能。另一方面，要加大与国际一流人力资源服务机构的全球性合作与交流，进一步开放和放宽人力资源市场准入，为上海人力资源服务产业的加快发展营造良好的市场环境。

2. 人力资源市场化和产业发展的关系

加快人力资源服务产业发展，既是大部制改革后推动上海人力资源和社会保障事业整体发展的创新点，也是提高上海人力资源服务水平和加快统一规范人力资源市场发展的重要内容。因此，建立开放、竞争、有序的城乡统筹的人力资源市场体系，一方面，要促进城乡人力资源的双向互动和城乡人力资源在开放、公平、有序的环境下实现更有效率的市场配置，使人力资源能够真正在市场机制的作用下自由（自主）流动；另一方面，通过强化和完善市场化服务功能，有利于形成有国际竞争力和行业影响力的人力资源服务机构市场化主体，为人力资源市场化配置进一步创造充分的服务载体和产业平台。

3. 产业发展和行业协会自律的关系

从产业发展的构成系统看，一方面，人力资源服务产业的发展离不开行业协会的规范、引导和推动作用。比如上海的人才服务行业协会通过协助政府出台有利于行业发展的政策，并在服务标准、行业协调、加强行业自律等方面发挥作用，对统一规范的人力资源市场运行秩序维护都是一个基本保障。另一方面，行业协会的作用定位同样离不开人力资源服务业发展所提供的产业平台及市场空间。两者职责相连，使命相通，特别是作为人力资源服务行业发展的主要平台，行业协会需要发挥“服务、自律、代表、协调”的职能，加强行业自律，提升行业形象，承担社会责任，共同推动上海市人力资源服务行业做大做强。

四、加快上海人力资源服务业发展的路径选择及策略建议

（一）推动上海人力资源服务行业的统一管理

1. 理顺和整合人力资源市场管理职能

明确政府职能在人力资源市场建设、发展人力资源服务业和统一市场监管中的职责，重点调整和完善市场管理体制，逐步构建统一的管理体制、统一的法律框架和统一的监管体系。

根据政企分开、管办分开的原则，加快转变政府职能，实现公共服务与经营性服务分离，重点强化政府的市场管理和公共服务职能，形成政府宏观调控、市场主体竞争、公共服务完善、行业自律规范的一体化市场运行格局。

2. 构建和完善人力资源服务业领导体制

以理顺和明晰人力资源服务业发展的管理体制为目标，加快推进决策、管理和运营等市场主体到位，通过整合现有的人力资源市场、职业中介服务市场和家政服务市场等分散的管理职能，通过研究和探索组建一体化的人力资源市场管理机构，形成有利于权责一致、分工合理和监管有力的人力资源服务业管理体制。

3. 形成人力资源服务产业发展推进机制

为培育市场竞争主体，加强人力资源服务产业发展的统筹规划、指导、管理和服务，

建议成立由发改委、经信委、科委、教委、人社局、财政局和税务局等职能部门组成的“上海市人力资源服务产业推进领导小组”，由分管副市长牵头或挂帅，同时在上海市人力资源和社会保障局下设“上海市人力资源服务产业推进办公室”，具体负责上海市人力资源服务产业规划、园区建设、招商运营、地方标准和市场监管等相关工作的组织协调与联络指导等职能。

（二）加快中国上海人力资源服务产业园区创新发展

1. 进一步明确园区组织领导和管理机制

根据园区联席会议主要成员的变动情况，提出完善联席会议制度的具体方案或办法，动态调整和及时增补成员名单，由上海市人力资源和社会保障局、闸北区政府协商并报市政府。同时，在联席会议制度框架内，可以考虑成立园区管理委员会，宏观指导协调园区的规划、建设和发展，待条件成熟时逐步退出园区的运营管理环节，而重点履行园区的总体规划、依法行政和监督服务等职能。

2. 构建人力资源服务产业集群发展模式

发挥国家级人力资源服务产业园区的示范、辐射和带动作用，围绕上海市重点功能发展区的战略布局，在陆家嘴核心功能片区、大虹桥交通枢纽片区、迪士尼—临海战略功能片区和服务经济优化发展片区等重点功能区域，以管理输出、品牌输出或服务输出等方式，通过建立外包服务基地、人才评价或测评基地、云计算信息服务基地、职业培训基地等“一园多区”或“分园、基地”模式，进一步推动人力资源服务产业规模化、集约化发展。

3. 探索产业园区运营的公司化运作模式

按照市场机制、企业运作的原则，改变传统的专业园区“一套班子两个牌子”的管理模式，建议在园区试点，由上海市人力资源和社会保障局（国资委委托）控股，或联合地方政府和部分机构等共同发起组建“上海人力资源服务产业园发展有限公司”，其性质可以作为国资控股的全资国有企业，既作为园区的建设开发商，又是运营管理商，全面承担园区的开发、建设和运营，并具体负责园区的经营与管理。

（三）推进人力资源服务产业政策的集成创新

1. 引导政策：推进人力资源服务产业资源整合

用好现代服务业发展引导资金。建议由园区所在地闸北区发改委牵头，通过评估已落户或将要落户园区的人力资源服务业重点项目、平台建设、新开发业务等，争取贴息贷款额度支持（每个项目不超过400万元）。同时，对园区公共服务平台建设、门户网站和媒体宣传平台等项目，争取该资金的无偿资助，并由闸北区级财政提供1：1资金进行配套，用好用足现有的产业引导政策及现代服务业发展引导资金。

加强产业发展的资金支持力度。通过设立人力资源服务业发展财政专项引导资金、人力资源产业发展基金和创投基金等方式，引导银团贷款进入人力资源服务产业领域，重点对进入人力资源服务产业园区的功能创新产品、技术平台、研发费用等进行引导帮助，助推人力资源服务机构的业务重组、行业整合和产业优化。

推进人力资源服务业的资本运作。重点引导社会资本进入人力资源服务领域，鼓励规模化和品牌化发展，通过兼并、收购、重组或联盟等方式，支持符合条件的人力资源服务企业在主板或创业板上市，打造和形成一批拥有行业知名品牌、在国内具有重要影响力、在国际上具有较强竞争力的人力资源服务产业化军团。

2. 扶持政策：加大人力资源服务业财税扶持力度

优化财政支持引导方式。根据国家和上海市有关规定，申请给予中国上海人力资源服务产业园区开发商或集聚区管理方相应的政策扶持，可享受国家、上海市政府对高新技术企业的有关税收优惠政策以及上海市财政专项资金支持。

把部分“小微”人力资源企业纳入免征部分行政收费范围。鉴于人力资源服务行业大部分属于小型和微型企业，根据国家财政部、国家发改委《关于免征小型微型企业部分行政事业性收费的通知》精神，同时依照工信部《关于印发中小企业划型标准规定的通知》认定的小型和微型企业范围，建议把上海市部分人力资源服务机构纳入小微企业免征部分行政收费范围，免征管理类、登记类和证照类等有关行政事业性收费，着力为小型、微型人力资源服务机构减负，提高其市场竞争力。

细化区级财政对人力资源服务业扶持办法。统筹市、区两级现有各类财政支持和扶持资金，加强政策聚焦，提高有限的资金使用效能，重点对区级新引进的人力资源服务企业进行财政扶持，包括财政补贴（企业）、奖励（高管个人所得税），以及对落地的服务外包机构和呼叫中心项目等进行奖励。

把人力资源服务行业纳入增值税扩围试点范围。借助国家从 2012 年起率先在上海部分现代服务业开展增值税制度改革试点契机，围绕重复征税、差额征收、派遣业务增值运用和呼叫中心全额征税等问题，重点研究纳入扩围试点的利弊，在此基础上提出纳入“营改增”的试点范围建议，以期在税收制度设计和源头上助力人力资源服务产业加快发展。

3. 支持政策：加强对人力资源服务业发展资金支持

支持人力资源服务企业资源整合。重点研究通过税收等政策优惠，或采用贷款贴息、购买服务等方式，支持人力资源企业扩大规模和发展壮大。

发挥区级中小企业贷款信用担保基金作用。对经营规范、诚信度高、符合产业导向的人力资源服务业企业，通过担保费用补贴等方式帮助其降低融资成本。同时鼓励和支持筹建区级小额贷款公司，拓宽融资渠道，完善中小企业贷款担保体系和担保机构风险补偿机制。

建议设立人力资源服务业信息化支持专项资金，重点支持已经认定的信息技术领先的人力资源服务机构，提升整个行业的信息化服务水平。

4. 鼓励政策：放宽人力资源服务业市场准入

逐步放开人力资源服务业的政府管制。重点开放社会资本、境外资本特别是港、澳、台地区人力资源服务机构进入上海人力资源市场的准入条件，鼓励和推动社会资本进入人力资源服务产业领域，形成多种所有制共同发展的人力资源服务产业新格局。

扩大外商独资人力资源机构试点范围。通过移植和放大国家给予浦东新区外资人力资源服务机构试点的政策优势，允许已在国内落户的合资人力资源机构在园区独资经营，集聚和吸引国际性高端人力资源服务机构和高端项目进入上海或落户园区发展。同时，适应产业发展要求，正视市场变化，逐步放宽获得许可证企业设立分支机构或跨区域拓展业务的重新审批门槛。

（四）培育人力资源服务业发展的“产业土壤”

1. 构建统一规范的多层次人力资源市场体系

统筹政府所属人力资源服务机构改革，重点推进公共服务与经营性服务业务分离，鼓励经营性人力资源服务机构加快发展，建立集“主板”市场（各类专业技术、管理人员和基础劳动力等）、“红筹”市场（经营者人才等）和“蓝筹”市场（高级技能人员）为一体的多元化人力资源市场体系，为人力资源服务产业加快发展营造规范有序的市场条件。

2. 明确人力资源服务业的产业政策导向

在国家已经明确人力资源服务产业列入产业目录基础上，把人力资源服务业列入上海市现代服务业重点发展目录，围绕产业目录、统计口径、行业标准和品牌认证等环节，重点制定有限放开独资试点、鼓励离岸服务外包、引导外资从事离岸外包业务和适度限制外资进入劳务派遣领域等产业导向。

建议由发改委牵头、人社部门和商务委等职能部门配合，研究制定和出台关于进一步加快上海人力资源服务产业发展等方面的规范性文件，或组织编制上海人力资源服务产业中长期发展的有关规划，为上海人力资源服务产业发展进一步明确产业方向及战略定位。

3. 优化人力资源服务业的产业环境

根据人力资源服务企业增加值、营业收入、税收等形成的区域经济贡献度，尽快启动产业政策体系构建工作。同时，推进现代服务业市级财税政策试点和政策创新试点工作，放宽人力资源服务业股权及投资限制条件，重点制定并落实包括房租补贴、贷款贴息、税收优惠、财政支持、中小企业融资、培训补贴等在内的一揽子支持政策和配套措施。

4. 探索组建上海人力资源产权交易平台

依托园区“先行先试”的优势，建议联合上海联交所、闸北区政府或上海外服等共同投资并发起组建国内第一家专业产权交易平台——上海人力资源产权交易所，旨在通过市场机制推动人力资本与金融资本、内资与外资、人力资源服务项目与资本结合、服务品牌与资产运营对接等，促进人力资源在更大更广范围的优化配置和有效配置。可根据国家和上海市有关法律法规和政策，其业务范围暂时界定为人力资源产权、专有项目权益、公共人事服务政府采购等业务，其他涉及人力资源产权的交易，以及为人力资源产业投资提供咨询、策划等服务。

（五）构建人力资源服务业公共平台体系

1. 构建人力资源服务业信息平台

创新人力资源信息服务模式。组织研究“三网融合”建设以及物联网技术发展对人力资源服务业信息化发展的影响，鼓励和支持有条件、实力和资质的人力资源信息服务机构（即内容提供商），加快开拓多媒体（如手机视频、微信）等综合性人力资源信息服务业务。

发展网上人力资源服务业务。通过完善人力资源电子政务系统，加快发展和探索基于广播电视网、通信网和互联网而形成的“家庭信息化终端”和“城市信息化平台”，推进网络化服务成为人力资源信息服务业的主要运营形式和商业模式。

加快发展人力资源服务业电子商务。依托物联网技术的推广应用，重点组织研究和开发 EHR、云 HR 技术服务体系，形成集合人力资源服务的实时招聘资讯、职位搜索引擎、全媒体咨询等人力资源信息服务新模式。同时，建设数字化行业服务监管平台，推广信息服务技术在猎头、咨询、外包、派遣、评价和监管等环节的云服务平台应用，加快形成产业的集约化和集群式服务能力。

2. 搭建人力资源服务产业投融资平台

按照行政推动与市场运作相结合原则，通过引进各类风险投资机构等社会资本，实行市场化、专业化团队运作，发起组建国内首只人力资源服务产业股权投资基金（私募股权基金性质），基金目标规模可先期募集 10 亿元人民币，主要为人力资源服务行业提供改制重组、行业整合、服务外包、人力资源传媒和管理层收购等市场化投融资渠道，进一步助推人力资源机构的业务重组、行业整合和产业优化。

推进人力资源服务行业银企合作，重点鼓励金融机构加大对人力资源企业在项目融资、流动资金贷款以及其他新建项目和信息技术改造等方面融资支持力度，引导和鼓励金融机构拓展适合人力资源服务产业发展的融资方式和配套金融服务。

探索建立人力资源服务业风险投资机制。借助各区县地方中小企业创业、发展等投资基金支持人力资源服务业的风险投资，鼓励大型企业通过参股、控股等方式投资人力资源服务业，鼓励有实力的企业、团体依法发起组建各类人力资源服务业投资实体，培育人力资源服务产业领域战略投资者。

3. 探索建设呼叫中心服务平台

研究依托园区的呼叫中心服务平台建设方案。建议可由上海市有关职能部门牵头制定总体发展规划，以市场化运作模式，通过吸收社会资本或实力机构共同投资，在闸北区的市北工业园区或其他商务成本较低的区域选址，建立人力资源服务产业园区呼叫中心（后台服务基地模式），重点为进入园区的各类人力资源服务机构提供后台服务基地和增值服务。

4. 打造人力资源服务业电子商务平台

建议借助工信部和国家发改委明确上海等5个城市先行开展云计算服务创新发展试点示范的优势，通过资源的集中、整合与优化，重点依托产业园区建立国内首家基于人力资源云服务的统一数据处理中心和信息数据库，建立和开发各类招聘指数、外包数据、派遣数据等各种衍生品，从运营、硬件成本、软件成本等方面降低成本，为打造园区乃至全市性的人力资源服务企业核心竞争力提供效率性商务平台。

5. 构建综合性公共人事服务平台

建议通过上海市人力资源和社会保障局并联合有关职能部门，依托中国上海人力资源服务产业园区、产业基地和重点产业集群，规划建设一批包括公共技术支撑、投融资服务、信息发布、资源共享、统计分析和行业人才培训等功能在内的综合性公共服务平台，降低人力资源服务机构的运营成本和经营、创业风险。

（六）强化人力资源服务产业的制度监管

1. 推动市场统一规范监管

加快立法进程，强化产业监管，建议重点加快研究上海市人力资源市场条例或上海市人力资源服务产业地方促进条例等的制定进程，同时梳理和清理各类影响及阻碍人力资源市场发展的过时法规与条款，细化和完善深化人力资源服务业改革的相关配套措施，完善促进人力资源服务产业发展的法律法规和政策体系。

2. 强化和完善行业规范管理

根据属地监管、职责明确和相互协调的辖区监管原则，以规范机构行为、市场行为和行业监管为重点，强化与司法机关、相关部门、地方政府之间的监管协作，建立对人力资源服务机构违规行为的“零容忍”制度，通过统一准入条件、统一信息披露标准、统一行业标准、统一资信评估等，进一步完善产业共同监管体系和综合服务监管机制。

3. 构建行业征信服务系统

加强市场诚信建设，以机构信用信息记录、整合和应用为基础，以政务诚信、商务诚信和服务诚信为重点，构建和完善人力资源市场诚信档案数据库和企业诚信档案，建立人力资源服务企业信用等级评价，对严重违规、失信者可实施行业禁入制度。同时，加快行业征信建制，建议研究和制定关于加快上海市人力资源服务行业征信服务体系建设的指导意见等方面的文件及相关配套实施细则，或授权、委托行业协会制定可操作性强的行业信用信息标准和技术规范，推进行业诚信体系建设。

4. 建立行业自律管理机制

发挥行业协会在制定服务标准、规范服务行为、行业协调和行业自律等方面作用，推进行业自我规范、自我监督、自我管理和自我发展。同时，强化行业自律机制，参与修订行业行规及起草制定国家、地方标准，反映行业诉求，推动产业发展，引导各类中介机构履行社会责任，倡导诚信文化理念和诚信经营，推动各类人力资源服务机构形成自我约束、自我监督和自我管理的良性发展机制。

5. 形成行业发展的品牌建设机制

根据上海市商标协会关于“产业领先、行业认可”的要求，通过落地和实施品牌战略规划，支持和鼓励上海市中小人力资源服务企业导入和实施品牌战略，通过创建具有自主知识产权的服务品牌，主动参与名牌服务申报，把品牌化战略作为整个行业发展的内生推力。

发挥人力资源服务产业园区的引领效应，参与一年一度的“上海品牌园区、上海品牌建设优秀园区和上海品牌建设特色园区”推选活动，着力推进人力资源服务产业园区从招商招租、产业经营向专业园区品牌运营转变。

（七）构建人力资源服务产业“软实力”服务体系

1. 构建地方产业标准体系

建立人力资源服务行业标准化体系。在上海市已经出台的人力资源派遣服务规范、高级人才推荐规范等地方标准的基础上，通过联合市质监局、行业协会等职能部门，研究和组织制定有关测评服务、猎头寻访、服务外包、网络招聘和咨询服务等行业标准，并尽快纳入上海市地方标准体系建设范畴。

推进行业标准化体系建设。根据目前上海市人力资源服务行业发展实际情况，建立市级人力资源服务标准化委员会，具体负责行业标准的研究、制定、试行和推广工作，同时，对承担人力资源服务标准制（修）定的机构或行业协会，由市、区两级财政给予相应资助或奖励。

2. 规范产业统计口径

探索改变传统的“三产分类”模式，协调统计、工商、税务等职能部门，加快梳理和确定原来94项在《国民经济行业分类》中没有载明新兴行业和新型业态名称及经营范围的表述用语，通过扩充“小类”到“中类”的方式，改名“职业中介服务”为“人力资源服务”，并把“人力资源咨询”从大类“咨询”中划出，进而形成人力资源服务业地方统计口径和统一标准，并争取纳入统计部门的统计体系，逐步建立与国际接轨的产业“身份认证”机制和人力资源服务行业统计标准。

建议统计部门增加上海市人力资源服务产业相关数据、测算和年度产业统计频次，以供产业发展、研究和决策使用，为人力资源服务业重点产业门类确定发展目标、明确发展方向和检验发展成果提供依据。

3. 规范专项指数发布体系

围绕重点领域开展人才需求预测及数据发布，细化现有的月度派遣服务、人事代理、网络招聘和猎头服务等业态统计，在整合翰得季度指数、万宝盛华雇佣指数、中欧—博尔捷招聘指数等基础上，制定和完善人力资源服务业专项指数体系，定期编制和发布年度行业发展报告及《上海人力资源服务业白皮书》，引导上海市人力资源服务行业加快发展和科学发展。

建议由政府职能部门牵头，联合有关研究机构、行业协会、学会或研究会，集中和组织专门力量，以资源投入水平（生产力指数）、产业效果（影响力指数）、产业驱动力（驱动力指数）等作为基本指标，研究和编制“上海人力资源产业发展指数”并进行定期或不定期发布。

4. 打造产业职业经理人群体

建立职业能力水平认证制度。建立国家统一的从业人员职业资格制度，完善人力资源服务业职业标准，重点探索服务外包、管理咨询、培训、测评等专业领域职业资格水平认证制度，把人力资源服务业从业人员纳入专业技术人才认证范围，形成人力资源服务业专业技术水平评价体系。

加快产业人才及职业经理人群体塑造。通过编制人力资源服务业专业人才开发目录，重点鼓励、引导和打造一批产业经营及管理、专业顾问和市场运作等职业化经理人队伍。同时，通过市场化机制，有序引进一批具有国际视野和产业意识并精通产业运营管理的职业经理人团队，为上海人力资源服务产业跨越式发展提供坚实的职业化队伍保障。

5. 加强人力资源服务产业基础研究

基于产业立场、面向市场的理念，探索筹建“上海人力资源服务产业研究院”，依托研究院作为人力资源服务机构的专业咨询机构定位，借助中国人事科学研究院、中国劳动保障科学研究院、上海社会科学院和上海公共行政与人力资源研究所等优势研究资源、专业优势，重点提供产业发展及行业发展战略研究、决策咨询、管理顾问、标准认证等专业服务，为上海乃至全国的人力资源产业发展提供理论支撑和咨询服务。同时，通过政府引导，鼓励和支持各类服务机构、银团资助等多渠道方式，建议设立上海人力资源服务产业发展研究基金，作为专门的产业发展研究基金，重点资助和支持人力资源服务业发展的战略规划、产业政策及重大项目研究。

（八）推动国内人力资源服务产业的战略联盟

1. 探索组建上海人力资源服务产业联盟

以集聚产业资源、打造产业品牌和推动上海人力资源服务业加快发展为目的，探索组建“上海人力资源服务产业联盟”（简称 SRIA），主要吸收上海行政区域内从事人力资源研究、开发、教育、服务及相关产业发展的企、事业单位及专业人士参加，既作为政府和产业机构之间的桥梁和纽带，也是产业机构的综合交流服务平台。

作为自愿参加的非营利性社会组织，联盟的性质系行业自治组织，可以会员制方式运作，通过组建专家顾问机构，加强政策层面沟通，扩大会员机构间信息互通，发现产业领军人物，提升上海人力资源服务产业的集聚力和影响力。

2. 构建长三角人力资源服务产业共同体

借助和依托长三角人力资源服务产业的政策协调、制度衔接和服务贯通机制，重点加强长三角地区人力资源服务集聚（园）区的资源共享、信息互联和产业合作，强化区域协调及沟通的交流合作，致力于把长三角地区率先打造成市场化程度高、国际化程度高、产业集聚度高的人力资源服务产业示范集聚区。在此基础上，逐步推动和扩大与泛珠三角、环渤海及西部地区等区域性人力资源服务产业合作机制，共同加快人力资源服务业的资源共享及合作发展。

3. 推进国家人力资源服务产业园区战略合作

依托国家人力资源服务产业园区的战略布局，建议依托上海、重庆、河南、苏州等率先形成人力资源服务产业集聚的区域或城市，在园区管理、产业政策、标准制定、指标体系、财税政策、信息服务和行业监管等领域建立合作、协作和互通机制，共同推动跨地、跨界和跨域合作。同时，适应新一轮长江经济带建设的国家战略需要，联手打造长江流域人力资源服务产业走廊及黄金水道“产业岸线”，共同推动区域性和全国性人力资源服务产业园区战略结盟与协同发展。

参考文献

［1］毛大立主编：《引领未来：“十二五”上海人才发展若干重点问题研究》，上海社会科学院出版社 2011 年版。

［2］王晓初主编：《2010 中国人才发展论坛论文汇编》，中国人事出版社 2011 年版。

［3］国务院：《国务院关于加快发展服务业的若干意见》，2007 年 3 月。

［4］国务院办公厅：《国务院办公厅关于加快发展服务业若干政策措施的实施意见》，2008 年 3 月。

［5］萧鸣政、郭丽娟、顾家栋编：《中国人力资源服务业白皮书2010》，人民出版社2011年版。
［6］朱庆阳：《上海人才服务行业发展白皮书（2009）》，华东理工大学出版社2010年版。

Research on the Institutional Environment Building for the Development of Human Resource Services of Shanghai—Taking Shanghai Human Resource Services Industrial Park as an Example

Dong Liangkun

Abstract: Taking the establishment and development of Shanghai Human Resource Services Industrial Park as an example, this article analyses the bottlenecks for the transformation of Shanghai human resource services aiming at constructing a strategic emerging industry by conducting an empirical study at an intermediate level. It is supported by the empirical data acquired by investigating the institutional environment for the development of Shanghai human resources market as well as the status-quo of the industry. By discussing and correcting the unbalanced relationship between human resources market and human resource services and reviewing the institutional environment for building a unified and standard human resources market and developing human resource services, it puts forward suggestions on building an institutional environment for accelerating the transformation of Shanghai human resources market and the development of its human resource services in terms of the management system, industrial policies, public service and market supervision, etc..

Key words: Shanghai, human resource services, building of the institution, industry cluster

（编辑：吴　帅）

深圳人力资源服务行业发展状况研究

王　颖　陈杨生　孙　明　丁　霞*

［摘要］　本文从深圳市人力资源服务业发展的现状入手，以不完全统计的资料介绍了深圳人力资源服务业的发展规模、知名机构、主要产品，及其对促进人才流动、促进就业、促进经济社会发展的价值和作用。本文从营商环境的市场化程度高、行业的法制建设滞后、国家新近不断出台产业扶持政策以及公众对本行业认知偏差等角度，分析了本行业发展面临的优劣势、机会与威胁，并就政府部门、从业机构和行业组织三个层面提出了促进人力资源服务业发展的建设性意见。

［关键词］　深圳　人力资源服务业　行业发展

人力资源服务业作为现代服务业的重要组成部分，在国民经济中发挥着越来越重要的作用。近几年来，在国家和地方各种利好政策因素的驱动下，深圳市的人力资源服务业得到了蓬勃发展，产业链条日益齐全，服务产品呈现多样化，行业的地位和影响力不断提高。但是，也还存在许多影响行业发展且亟待解决的问题，需要引起从业者及有关管理部门的重视。本研究通过 SWOT 工具分析对深圳市人力资源服务行业的发展进行了深入研究，以期通过较为全面、综合、客观阐述本行业的发展现状，提出未来发展的建议，为有关部门进一步分析本行业、制定适合本行业发展的政策起到抛砖引玉的作用。

一、深圳人力资源服务行业发展现状

（一）市场概述

深圳市人力资源服务机构的服务对象涉及的行业涵盖了深圳金融、电子、化工、航运、物流等基本上所有的行业，人力资源服务业在深圳市行业辐射面达到 100%。①

*　作者王颖系深圳市人才交流服务中心总经理，深圳市人力资源服务协会会长，高级经济师；陈杨生系深圳市人力资源服务协会秘书长，高级政工师；孙明系深圳市人力资源服务协会副秘书长；丁霞系深圳市人力资源服务协会研究室主任。

①　根据规范，人力资源服务机构持《人力资源服务许可证》的方纳入人力资源行政部门管理范围，本文所涉及数据均来自 2013 年持证机构年检数据，能从一个侧面反映深圳市人力资源服务市场的总体情况，若要对市场的实际情况作透彻的了解，则需要开展进一步深入的调研统计。

1. 人力资源服务业已形成一定的规模

目前深圳持证机构的从业人员总量约为5762人，本科及以上学历占40.19%，取得从业资格证书人员有1608人；持证机构2012年总资产超过23亿元，行业产值超过132亿元，机构营业收入净额超过10亿元，成为第三产业尤其是现代服务业的重要组成部分。

2. 深圳持证机构中民营机构占多数

截至2013年7月，深圳共有各类人力资源服务机构209家，其中民营机构178家，占总数的85.17%，国有和事业单位性质的机构分别有16家和11家。

3. 人力资源服务业服务面广，成果显著

2012年，深圳市人力资源服务机构为超过1870万人次的个人和106万家次的单位提供各类人力资源服务，实现就业和流动563.9万人次。

职业介绍、普工专送、劳务派遣为低端劳动力就业提供了积极的帮助。其中职业介绍和普工专送全年成功介绍就业超过51万人；劳务派遣服务单位5366家，派遣员工总量超过24万人。

现场招聘、网络招聘是中端劳动力的主要求职途径。现场招聘全年提供招聘岗位996.6万个，参会求职人数699万余人（次）；网络招聘全年发布岗位信息912.36万个次，求职信息660.78万个次。

猎头机构为深圳高端人才的引进贡献巨大，2012年成功推荐高端人才9036人次。

培训机构为求职者和在职人员提供了各类培训，提高了劳动力的素质和水平。2012年共举办各类人力资源培训班789班次，9万多人参加培训。

（二）不同服务产品的发展现状

1. 现场招聘逐渐萎缩

在本行业发展的早中期，现场招聘处于优势地位，然而近几年来由于网络的普及、信息技术的广泛应用和服务产品的不断创新，现场招聘业务受到较大的冲击。由于该服务产品的利润逐渐摊薄，很少有新设立的现场招聘机构，如今深圳现存的现场招聘机构都是经过若干年经营积累的，在当地有一定的求职者基础和知名度。以往此类机构的收入来自求职者入场费和用人单位摊位费，现在随着市场不景气，为保证人才市场足够的求职者人气，大部分机构对求职者实行免费进场，且对用人单位降低了摊位费标准。如何转变经营思路，利用现场招聘的优势和资源拓展新的人力资源服务产品是这些现场招聘机构需要考虑的问题。

2. 劳务派遣争议众多

2008年，《中华人民共和国劳动合同法》实施，为劳务派遣的迅速发展提供了优质土

壤。客观地说，劳务派遣在促进就业、分解用人单位管理矛盾等方面有其积极的意义，然而由于劳务派遣关系到派遣员工、派遣机构、用人单位等多方的利益，容易产生很多法律纠纷，且如果被一些用人单位滥用，就会危害派遣员工的切身利益，有可能造成新的社会不安定因素。2012 年 12 月 28 日全国人民代表大会常务委员会通过了《关于修改〈中华人民共和国劳动合同法〉的决定》，对劳务派遣的“三性”、机构设立的门槛、同工同酬三个方面进行了严格的规定；同时，人力资源和社会保障部制定下发了《劳务派遣行政许可实施办法》，各地也在相继制定和出台地方的劳务派遣行政许可实施细则，这些都引起了社会各界的高度关注。

据有关统计，深圳工商登记有“劳务派遣”的企业超过 3200 家（实际开展劳务派遣的约有 300 余家），年检资料显示在市人社局申领《人力资源服务许可证》从事劳务派遣的机构有 61 家，还有更多的是只完成工商注册未申请行政许可的劳务派遣机构，这些机构规模不等，良莠不齐，经营状况尚未列入统计。随着地方性劳务派遣行政许可实施细则的出台，所有从事劳务派遣的机构都将纳入到人力资源部门的统一监管中。

3. 猎头机构发展迅速

2011 年 1 月 1 日国家正式发布并实施了《高级人才寻访服务规范》，政策法规的完善促进了猎头业务的蓬勃发展。根据 2013 年人力资源服务机构的年检材料显示，深圳市 209 家持《人力资源服务许可证》的机构中，从事猎头相关业务的机构共 59 家，其中专业从事猎头业务的机构有 31 家，另有 28 家机构混合经营猎头业务。2012 年全年，猎头机构为本市用人单位成功推介高端人才 9036 名，猎头服务的营业收入达 11643 万元。

除此之外，还有部分公司虽未申领深圳市《人力资源服务许可证》，但实际也从事猎头业务，一类是一些规模较大、知名度较高的外资机构分公司，另一类是一些刚起步的微型猎头公司。①

（三）行业企业状况

HRoot 发布的 2013 年大中华区人力资源服务机构品牌 100 强名单中，真正属于中国本土自有品牌的人力资源服务机构有 45 家，与 2012 年相比有了显著增长，上榜的本土机构包括中智、前程无忧、北京外企、用友、智联招聘、上海外服、科锐国际、北森等，绝大多数公司总部设在北京和上海，深圳市仅“36 人才”、中国人才热线、一览英才网三家机构上榜，分别位列第 45、63、65 位，缺乏有知名度的人才测评、培训、管理咨询、软件开发等高端人力资源服务产品品牌，使得深圳的人力资源服务产业链发展不均衡。目前，各人力资源服务产品的代表机构如表 1 所示。

---

① 这两类猎头机构并未纳入到市人力资源部门的统一管理中，因此其经营状况暂无统计。

表1 各服务产品知名机构列表

<table>
<tr><th colspan="2">服务产品类别</th><th>国际知名机构</th><th>国内知名机构</th><th>深圳代表机构</th></tr>
<tr><td rowspan="2">招聘</td><td>现场招聘</td><td colspan="2">有地域限制</td><td>深圳人才大市场、新路程、三和人力等</td></tr>
<tr><td>网络招聘</td><td>无</td><td>前程无忧、智联招聘、分智、104人力银行</td><td>36人才、中国人才热线、一览英才网等</td></tr>
<tr><td colspan="2">人力资源外包</td><td>ADP、任仕达、万宝盛华、怡安翰威特</td><td>中智、北京外企、上海外服、科锐国际、英格玛、CDP、易才、四达、中企人力</td><td>深圳外服、方胜人力等</td></tr>
<tr><td colspan="2">高级人才寻聘（猎头）</td><td>万宝盛华、德科、瀚纳仕、海德思哲、光辉国际</td><td>科锐国际、班库</td><td>展动力、顶才</td></tr>
<tr><td colspan="2">劳务派遣</td><td>有地域限制</td><td>中智、北京外企、上海外服、科锐国际、英格玛、CDP、易才、四达、中企人力</td><td>鹏劳、泛亚、南油外服等</td></tr>
<tr><td colspan="2">人才测评</td><td>智睿、世泓、马丁森、合益集团</td><td>北森、诺姆四达、全美</td><td>深圳人才大市场</td></tr>
<tr><td colspan="2">人才培训</td><td>马丁森、博德诺</td><td>凯洛格、专伟、中欧商业在线</td><td>深职训、中鹏、洲际人才</td></tr>
<tr><td colspan="2">管理咨询</td><td>韬睿惠悦、智睿、怡安翰威特、美世、埃森哲</td><td>北森、凯洛格、太和顾问、诺姆四达</td><td>佐佑、博华、远卓、世捷</td></tr>
<tr><td colspan="2">人力资源管理软件</td><td>SAP、甲骨文、路敏思</td><td>用友、肯耐珂萨、东软</td><td>金蝶、雇得易</td></tr>
</table>

根据机构的规模、实际运营情况以及在业内的知名度，将深圳的人力资源服务机构分为3个层级（见图1）。金字塔最上端的机构多为招聘类机构，如深圳人才大市场、中国人才热线、三和人力、新路程等，这些机构经过若干年的发展与沉淀，在深圳业内的知名度和影响力都非常大。第二层级为在某个服务产品领域非常有特色和代表性或在深圳某个区域有较大影响力的机构，如方胜人力、鹏劳、南油外服、展动力、泛亚等。金字塔最下方的为深圳本土一般的人力资源服务机构，包括大大小小的职介所、劳务派遣机构、猎头等。

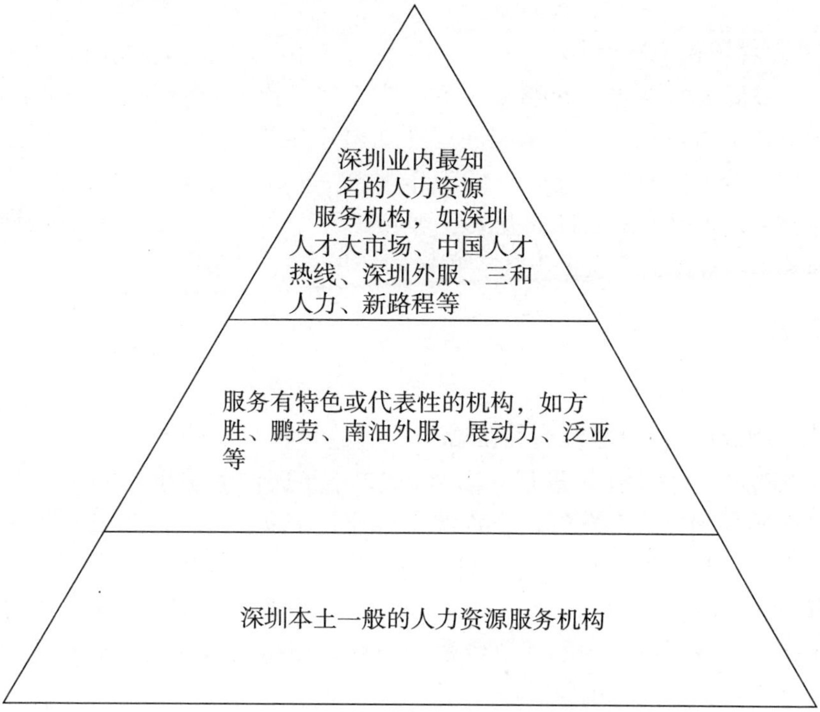

图 1　深圳人力资源服务机构层级图

二、深圳人力资源服务行业 SWOT 分析

（一）优势

1. 营商环境市场化程度高

深圳是改革开放的排头兵，市场经济发展较早、较成熟，各类企业总量大、竞争充分、活跃度高，因而推动了深圳经济总量快速增长并持续位居全国的前列。这种营商环境给人力资源服务业带来了不断创新和快速发展的优势，本土公办和民办的以及内外资跨地区发展来到深圳的各类人力资源服务机构，在深圳这个广阔的市场，百花齐放、公平竞争。另一方面，多元化的人力资源服务产品，也得到了各类企事业单位越来越广泛的应用，用人单位寻求人力资源服务商的合作与支持，成为经常性现象、大概率事件。

2. 机构发展迅猛，个性化产品抢占细分市场

深圳的人力资源服务机构发展很快，产品定位精准、专业、创新，如专做服饰行业、金融行业、政府部门、事业单位人员的派遣，做产品线外包，做细分行业的网络招聘，还有掌握丰富的校企资源的机构。差异化的服务产品和资源让这些中小型人力资源服务机构在市场上占据一席之地。

3. 行业协会发挥积极的作用

深圳市人力资源服务协会自2008年成立以来，在行业中的影响力不断提高，截至2013年7月底吸纳单位会员216家，是全国同行业协会中发展较快、知名度较高的协会之一。协会本着“依法、规范、服务、自律”的工作理念，一是通过QQ群及举办沙龙等方式宣传行业、服务会员；二是协助人社局开展管理和调研工作；三是积极开展培训，提升从业人员素质，为整个行业的健康发展发挥着积极的作用。

（二）劣势

1. 行业经济地位、社会地位有待提高

国家和广东省的“十二五”规划，以及2012年年底国务院出台的服务业发展“十二五”规划，都明确提到要大力发展人力资源服务业，上海、江苏、浙江等地也相继出台了关于加快当地人力资源服务业发展的政策，而深圳的《关于加快人力资源服务业发展若干意见》还在起草中，有些滞后。因此，由于公众对本行业的认知度不够，加之媒体时有曝光部分职介机构或劳务派遣机构不规范经营的事件，使得公众提到人力资源服务业，反应到的是“职介所”、低端，评价不够好。

2. 行业立法滞后，对行业的市场监管、调研分析亟须加强

深圳市政府于2009年实施大部制改革之后，已经具备了统一市场的行政基础，目前，建立统一的人力资源市场工作在实际推进中面临的最大问题是政策法规建设滞后。《中华人民共和国劳动法》《中华人民共和国就业促进法》等一些国家法律虽然确立了人力资源市场的基本原则，但是，人力资源服务市场的运行、管理方面的立法仍然没有出台，市场的运行和监管仍必须遵循原劳动部门和人事部门的两套市场法规，造成了监管的矛盾和不一致性。

同时，缺乏统一的行业服务规范与标准。2008年由深圳市人事局提出、深圳市质量技术监督局发布了《人才中介机构服务规范第3部分：现场招聘》，其他诸如“网络招聘”“劳务派遣”“人力资源外包”“人力资源培训”等重要的人力资源服务产品的规范并未陆续出台，使得政府对行业的管理缺乏依据。

另一方面，主管部门尚未实现管理覆盖，对本行业的系统调研与分析仍欠缺。目前深圳持《人力资源服务许可证》接受市、区级人社局管理的机构只有209家，远远低于深圳市场实际的机构数量，很多从事派遣、培训、咨询、猎头等与人力资源服务相关的公司，都有意或无意不领取许可证，极大影响了政府对市场的统一管理和对市场运营情况的掌握，也不利于政府为行业未来的发展提供方向性和指导性的意见。

3. 产业链结构不合理，低端产品同质化严重，本土品牌有待培育

深圳市人力资源服务机构普遍不具备提供满足客户初、中、高级需求的一揽子解决方

案的能力。职业介绍、普工专送、低端派遣等低技术含量的服务产品占较大比重；管理咨询、培训、测评等高端服务的差异性明显的产品占比较小；猎头机构除了少数几个发展到一定的规模外，其他都是起步较晚、业绩不突出的微小机构；本土的人力资源服务软件供应商及标准化的软件产品仍然欠缺。需要说明的是，从事职业介绍、低端劳务派遣的机构同质化严重，靠压低价格赢得客户导致盈利空间缩小，机构生存困难；或者通过从事违反法律规定的活动侵害求职者权益牟利。

HRoot 发布的 2013 年大中华区人力资源服务机构品牌 100 强中上榜的深圳企业仅三家，其他本土的人力资源服务机构在规模、品牌知名度、经济效益等方面与中智、北京外企、上海外服、前程无忧等国内知名品牌有较大的差距，无法形成合力以满足本地企业的人力资源服务需求。此外，越来越多的国内外知名服务机构进驻深圳，也使得本土机构的发展面临严峻的考验。

产业链结构不合理、服务产品发展不均衡使得本行业无法满足本土各行各业对人力资源的多层次需求，也无法形成产业链整体快速发展的良好势头。

4. 业内机构良莠不齐，从业人员素质有待提高

深圳市场上国内外知名的人力资源服务机构和无证违法运营的黑职介、黑派遣公司并存，后者的存在更是扰乱了整个市场的秩序。特别是劳务派遣领域，在缺乏监管的背景下，机构间存在着恶意竞争、违规派遣、超范围经营等现象。

2013 年机构年检数据表明，本行业仅 40.19%的从业人员为本科及以上学历，从业人员素质不能完全适应现代人力资源服务业发展的需求，具有丰富人力资源管理经验和产品开发、推广能力的高层次人才更是匮乏。

5. 价格体制不健全

目前职业介绍等所要遵守的收费制度，是物价部门 10 年前发布的，其价格标准、收费的项目等都已远远满足不了市场发展的需要。事实上，人力资源服务业的发展，已经是一个充分市场化、竞争性而非垄断性的行业，它的产品在不断创新、服务的内容在不断延伸，经营成本随着物价、工资等市场因素变动，但物价部门近年来并没有适时出台修订新的收费标准。

6. 公益性人力资源服务创新不足

一直以来，政府所属的人力资源服务机构既从事竞争性经营又直接承担人力资源公共服务，影响了公益性服务的效率和社会效益。随着市场化改革的深入，深圳市将原政府所属的以经营为主的中介服务机构转为企业，并放开竞争性经营领域的市场准入，形成了国有、私营、三资等各方的共同发展和竞争。这一改革的实施，一方面对公益性人力资源中介服务的实现方式提出了创新的要求，另一方面，也对深圳所有经营类人力资源服务机构

都提出了新机遇和挑战。[①] 目前，全市公益性人力资源服务机构仍然以提供传统的公益招聘、人事劳动代理为主，尚未根据市场的需要和时代的发展开拓新的服务模式，长此以往，不利于整个市场的健康有序发展。

（三）机会

1. 国家层面立法环境日益完善

改革开放以来，我国劳动法制建设进入快速发展阶段。特别是从1994年到现在的20年时间内，就业立法明显加快。1994年，国家颁布了《中华人民共和国劳动法》。通过贯彻落实《中华人民共和国劳动法》，我国先后建立了职业培训和职业资格证书制度、劳动关系协调制度、劳动争议处理制度、劳动标准制度、劳动保障监察制度和养老、失业、医疗、工伤、生育保险制度。2007年6月通过的《中华人民共和国劳动合同法》进一步规范了劳动关系，在《中华人民共和国劳动法》的基础上进一步加大了对员工的保护力度。同年8月通过的《中华人民共和国就业促进法》规定用人单位招用人员、职业中介机构从事职业中介活动，应当向劳动者提供平等的就业机会和公平的就业条件，不得实施就业歧视。2007年12月29日通过的《中华人民共和国劳动争议调解仲裁法》自2008年5月1日起施行。新法与原来执行的《中华人民共和国企业劳动争议处理条例》有重大调整和变化。该法案的出台，对企业人力资源现有管理方式、对劳动争议仲裁的调解和处理带来深远影响。此外，国务院制定颁发了《工伤保险条例》和《劳动保障监察条例》等法律法规。2011年7月1日正式实施的《中华人民共和国社会保险法》对社保的每个品种的缴存比例、缴存基数、领取方法作了界定。2012年12月28日通过了《全国人民代表大会常务委员会关于修改〈中华人民共和国劳动合同法〉的决定》，对劳务派遣的“三性”、机构设立的门槛、同工同酬三个方面进行了严格的规定，以促进劳务派遣的健康发展。

通过颁布和实施一系列劳动就业法律、条例和规章，涉及劳动关系的法律体系建设逐步完善，劳动者合法权益的保障机制逐渐形成。立法的完善客观上为人力资源服务机构的发展提供了良好的制度环境。

2. 国家层面行业地位得以不断提升

近年来，国家有关部门充分认识到了人力资源服务行业在国民经济中发挥的重要作用，相继出台了若干支持本行业健康规范发展的文件，使得本行业的经济地位和社会地位不断提升。具体表现在：

（1）2007年“人才服务业”第一次被写入国务院文件《国务院关于加快发展服务业的若干意见》中，其中明确提出要“发展人才服务业，完善人才资源配置机制”，而且要“扶持一批具有国际竞争力的人才服务机构”。

---

① 深圳市人力资源和社会保障局：《深圳市人力资源市场发展及管理工作情况（2010年）》，第9—10页。

（2）2008 年，国家发展和改革委员会颁布了《珠江三角洲地区改革发展规划纲要（2008—2020 年）》，明确提出要“加快发展人力资源服务业，扶持一批立足本地、辐射全国、具有国际竞争力的人力资源服务机构，促进人力资源合理流动和有效配置”。

（3）2010 年 6 月，《国家中长期人才发展规划纲要（2010—2020 年）》颁布，明确提出，“在建立统一规范、更加开放的人力资源市场基础上，发展专业性、行业性人才市场。健全专业化、信息化、产业化、国际化的人才市场服务体系。积极培育专业化人才服务机构，注重发挥人才服务行业协会作用”。2010 年年底，人力资源服务业正式列入国家发改委的鼓励类产业目录，人力资源服务业就此纳入国家服务经济体系。

（4）2011 年 1 月，本行业首个国家标准——《高级人才寻访服务规范》正式实施，对于规范高级人才寻访服务行为，促进和引领人力资源服务上水平，提升全行业的服务质量，推动人才强国战略的实施都具有十分重要的意义。2011 年 3 月，国家发改委下发《产业结构调整指导目录（2011 年本）》，首次将“就业和创业指导、网络招聘、培训、人员派遣、高级人才访聘、人员测评、人力资源管理咨询、人力资源服务外包”以及“人力资源市场及配套服务设施建设”写进政府引导和管理投资项目，要制定和实施财税、金融、土地、进出口等相应政策进行扶持，这是国家对人力资源优先开发和大力发展人力资源服务业的更为明确和积极的信号。同年，《中华人民共和国国民经济和社会发展第十二个五年规划纲要》中提出，“规范发展人事代理、人才推荐、人员培训、劳务派遣等人力资源服务”，“健全统一规范灵活的人力资源市场，完善城乡公共就业服务体系”。

3. 深圳总体经济环境向好，引才政策助力

深圳市统计局发布的 2012 年深圳经济运行情况的相关数据显示，全市生产总值 1. 295 万亿元，比上年增长 10. 0%。深圳特区优越的经济环境、不断完善的城市格局和临近香港的优越的地理位置吸引了众多求职者。

近年来，深圳高层次人才引进培养计划得以继续实施和完善，如组织实施了“千人计划”、省创新科研团队和省领军人才引进工作，加大了深圳高层次人才“1+6”文件、海外高层次人才“孔雀计划”等配套政策执行力度，还印发了《深圳市中长期人才发展规划纲要（2011—2020 年）》。高层次人才的流动给本行业的发展带来了很多机遇。

（四）挑战

1. 产业结构转移

因为扩大内需及大力发展中西部地区的基本国策，我国经济已出现从沿海地区向内陆转移的情况。受金融危机的影响，大部分出口导向的企业开始寻找内陆区域市场。再加上沿海地区的环境压力、成本压力等，部分生产制造企业开始向内陆搬迁。因此，人力资源往内陆市场转移的趋势加剧。

2. 工资与生活成本严重倒挂

深圳的工资水平几年以前尚有一些吸引力，但是近年来由于物价、房价飞速上涨，工资与生活成本出现了严重的倒挂，外来务工人员在内地可以找到差不多工资水平的工作，而生活压力却小很多。实际可支配收入的降低使得深圳对劳动力绝对的吸引力已经逐渐消失，在一项针对求职者的调查中，当问及“如果预期时间内找不到工作，您会有什么打算”时，42.51%的求职者选择“回家或去其他城市找找看”。

3. 媒体、公众对整个行业的认知偏差

媒体对本行业的宣传出现偏差，仅仅关注和曝光行业中一些黑职介和不诚信的经营行为，而对行业中其他高端服务产品对社会的贡献，如引进人才、促进就业、化解劳资矛盾等的宣传力度不够，使得公众对职业介绍所乃至整个人力资源服务行业都存有偏见和误解。

4. 劳务派遣新政策对本行业的冲击

2012年年底，国家层面为规范企业用工，对劳动合同法中劳务派遣部分进行了修改，政策环境的变化对本行业乃至社会有可能带来冲击。一方面，严格的派遣管理法规及比例要求将给派遣机构的生存发展带来严峻的挑战，众多小微型派遣机构可能因此被迫转型或歇业，行业发展的势头也将减缓；另一方面，新法实施的过渡期，大量劳资问题将会涌现，处理不好可能会出现影响社会稳定的事件。因此，如何帮助处于迷茫中的派遣机构和用工单位实现平稳过渡是政府部门应着重关注的事情。

三、深圳人力资源服务行业发展的趋势预测

（一）市场发展潜力巨大

2012年深圳第三产业增长速度高于经济增速2.3个百分点，比重达到55.7%，同比提高2.2个百分点，现代服务业占第三产业的比重达68%，人力资源服务行业作为现代服务业的重要组成部分，可以推断未来本行业的增速也较为可观。

（二）行业进一步细分

随着深圳人力资源服务业的发展，当前市场已经划分得越来越细，比如在劳务派遣领域，有的机构专做服饰行业的派遣，有的机构专做金融领域的派遣，也有的机构专做政府机构事业单位人员派遣。为提升客户对人力资源服务的满意度，同时通过客户的积聚降低服务成本，行业细分势必将成为深圳人力资源服务市场的发展趋势之一。

（三）新兴服务模式不断涌现

随着微博、社交网站（SNS）、综合性服务网站等对招聘领域的渗透，传统的在线招聘网站、猎头等受到了极大的冲击。

2010年中国互联网的最大热点当属微博的兴起，随之而来的是新兴的微博招聘。目前，含有“招聘”二字的新浪微博已逾百万，而含有“招聘”二字的微群也已有上千之多。新浪微博吸引了众多企业与个人发布招聘信息，而且这种微博招聘以其高效和高性价比的特点受到了企业与应聘者的一致认可。

社交网站的兴起为招聘开拓了新的渠道。国外的 Facebook、LinkedIn、Twitter，YouTube，国内的人人网、若邻网等 SNS 网站已经成为企业招聘高端人才的有效途径。例如，在华外企的雇员大部分都在 LinkedIn 拥有注册账号，他们的教育背景、职业履历、专业优势、人际口碑等企业所重视的简历项目在 LinkedIn 上一览无余，对用人单位而言，通过 LinkedIn 不仅获得了庞大的潜在人才库，而且可以极大地降低人才搜寻与背景调查成本。

58同城、赶集网等综合性网站让求职者和用人单位有了更多的选择，此类网站提供租房、二手货买卖、装修、招聘等众多信息，不专门做在线招聘。由于其他原因（租房、买卖二手货等）进入该网站的用户，也会逐渐应用其招聘的功能，会从传统的在线招聘网站分流一些客户。

新兴的服务模式不断涌现，与现有服务产品相互竞争又相互补充，本行业的机构须不断创新其服务产品，与时俱进，做精做细，方能在激烈的市场竞争中占一席之地。

（四）云计算正成为潮流

云计算及移动互联技术在人力资源服务领域的应用，极大提升了企业人力资源管理的效率。对于企业而言，传统人力资源管理方法相对比较滞后，很多企业只能被动应对薪酬、社保、人员招聘等相关政策法规的变动；同时，企业如果要建立自己的人才库和管理体系，需要在硬件、软件、人力等方面投入很高的成本对不同数据进行整合和处理。云计算的出现则帮助企业有效解决了这个问题，让企业在享受到高效的人力资源解决方案的同时，绕开高昂的成本。事实上，依托先进的云计算技术平台将庞大的人力资源数据汇总在网络数据库，既能集中、高效、及时地处理、管理人才信息，又能方便人力资源服务机构持续监测人力动态，如某地区在某一时间段内，同一行业的薪酬浮动水平如何，人员流动率如何，等等，而为企业人力战略规划提供全面准确的决策参考，使得企业人力资源管理更加高效、快捷，操作灵活。目前，国内的人力资源服务提供商如北森、诺姆四达、雇得易、云招科技等公司也纷纷加入了云计算的行列。

（五）人力资源外包将得到快速发展

当前，国家和地方相继出台了新的劳务派遣相关政策法规，其中对派遣比例的限定将对整个派遣业产生巨大的冲击；同时，低端劳务派遣同质化竞争严重也使得部分派遣机构考虑另谋出路。因此，很多劳务派遣机构都在考虑转向人力资源外包领域，一方面规避劳务派遣的政策风险；另一方面期望通过转型升级，提供创新的非同质的产品和服务，以谋求更大的发展。①

四、深圳市人力资源服务行业发展的相关建议

（一）管理层面

1. 加大对本行业和机构实质性的扶持力度

（1）推动建立人力资源服务产业园区。通过税收、租金、贷款、融资等方面的优惠政策，吸引各服务领域有代表性和创新性机构进驻园区，利用产业集群的聚集效应，为企业提供一站式和多样化的人力资源服务产品和解决方案。这方面可借鉴上海、苏州等地在园区建设方面的宝贵经验。

（2）对猎头机构给予充分重视和支持。应充分肯定猎头机构在引进高端人才方面的积极作用，定期发布人才供求目录，以政府补贴或购买的方式将人才引进项目交由猎头机构完成，借助猎头机构的资源、专业经验和效率实现政府层面对引进人才的需求。同时，建议从引才专项资金中拨出一部分，奖励引才效果突出的企业和猎头机构，一方面提高各方引进人才的积极性，另一方面又能推动深圳猎头机构更好地发展。

（3）对派遣机构给予培训和指导。派遣是深圳人力资源服务业的一个重要服务板块，当前相关新法正处于过渡期，很多派遣机构对如何应对感到迷茫，因此，建议政府相关部门举办讲座，深入解读新法，并对派遣机构进行必要的培训和辅导，指引其根据自身实际开发创新派遣服务或者转型升级到其他服务领域。

（4）以政府名义“引进来”“走出去”，不断扩大本行业的知名度和影响力。每年定期举办人力资源服务高峰论坛、推介会、交易会、博览会等，邀请高等院校、业内专家、行业协会和知名企业共同研讨人力资源服务发展的理论研究和实践演变，搭建信息交流的平台，吸收全国乃至全球的发展经验为深圳所用。此外，积极组团参加外省市举办的大型业内活动，学习各地的先进经验，介绍优秀企业与外地同行交流促成业务合作。

2. 促进机构规范发展

人力资源服务业作为一个新兴服务业，需要培育和引导，让其在规范中发展，在发展中规范。针对当前行业发展中出现的立法滞后、价格机制不健全、机构及人员素质良莠不齐等问题，建议：

（1）市有关部门加快推进类似“深圳经济特区人力资源市场管理条例”文件的出台；同时，以促进人力资源服务业发展为导向，深入市场调研，广泛听取一线工作者的意见和心声，及时发现问题，并尽快调整或制定支持行业和机构发展的政策。

（2）协调物价部门，对过去一些老旧的价格体系进行清理、整理，出台顺应市场发展

---

① 人力资本管理、HRoot管理世界：《2011大中华区人力资源服务品牌榜单与白皮书》，第16页、19页。

要求的价格机制，建议以市场定价为原则。至于涉及公共服务项目的部分，可以是政府定价原则。

（3）设立专项资金，支持行业协会开展针对本行业从业者的各项培训，从而提高本行业从业者的整体素质和水平；支持建立和开展规范服务、行业统计、评价机构、表彰优秀等工作，促进本行业的规范健康发展。

3. 加速人力资源服务业国际化进程

（1）扶持有实力的本土机构参与国际竞合。2011 年全球人力资源服务机构 50 强中，中智、前程无忧榜上有名，主要依靠其在国内的业务发展，然而国内机构在国际化的进程中始终走得比较缓慢。深圳目前尚无在各服务领域排名位列全国前三的机构，更没有像万宝盛华（manpower）、ADP 之类能参与到国际市场竞争中的有实力的大型机构。鉴于目前深圳本行业发展的实际情况，需要管理层面从政策上扶持和培育一批有国际竞争力的人力资源服务机构，促进其与国外同行形成战略联盟，推动国际交流合作。

（2）引进具有国际先进水平的人力资源服务机构。国际知名的人力资源服务机构在华总部大多设在北京、上海，在深圳的分支机构规模不大，主管部门应制定优惠的政策吸引更多具有国际先进水平的人力资源服务机构进驻深圳，让深圳本土的机构能从中吸取先进的经验，从而不断向前发展。

4. 让就业政策与资金更多地惠及民营人力资源服务机构

政府重视民生、重视就业，为此都有一系列的政策、措施和资金支持。但人力资源服务机构，作为在就业服务中发挥主渠道作用的一个群体，[①] 占机构总量九成多的民营人力资源服务机构，却少有来自政府方面的政策、资金的支持。鉴于民营机构有足够大的专业团队，有不断拓展的人力资源开发的渠道，能够为不断增长的就业需求提供有力的支持，政府很有必要借力市场，让就业政策与资金更多地惠及民营人力资源服务机构，把就业工程做得更好。

5. 支持行业协会的发展

行业协会充当了管理部门与业内机构沟通的桥梁，并为配合政府对行业的管理、提升行业的地位和影响力等做了相当多的工作，因此，行业协会对本行业的发展发挥了至关重要的作用，行业协会的发展与壮大也能同时推动整个行业的发展。

结合《深圳经济特区行业协会条例》的精神，应实现部分政府职能转移，将可由行业协会行使的职能逐步委托或转移给行业协会；同时，建立购买行业协会服务的制度，对职能转移或委托行业协会开展业务活动的，应给予适当的经费补贴。此外，对行业协会从事的有关促进本行业发展的研究工作，可给予必要的资金资助；行业协会起草的行业标准、

---

① 协会 2013 年年初开展的有 966 家企业、2273 名求职者参加的抽样调查显示，89.5%的企业通过本地的人力资源服务机构招聘新员工；有超过 80%的受访者表示是通过人力资源服务机构寻找工作。

产业政策、行业规划等被政府相关部门采纳的，或者举办展览会、交易会取得良好社会效果的，可给予适当补助。

（二）经营层面

1. 从自身需求出发，采取适当的业务竞争策略

面对新形势和新挑战，机构经营不能停留在原有的服务范围，必须从行业发展的实际出发，结合自身的能力和行业的需求，采取适当的业务竞争策略。

（1）在市场竞争中避免与同行机构恶性竞争，可采用共同合作、资源共享、优势互补的方式，实现双赢甚至多赢。

（2）集中优势资源，将产品定位于某一特定的行业或特定的服务领域，努力打造成为该行业或该领域的专家。锁定某个行业，即对机构实力的纵向延展，依靠机构现有的基础服务资源，为客户提供更多元化的服务和产品，打造一站式、一条龙的服务体系和定期、定制的专业服务。锁定某个人力资源服务领域，即对专业化服务的纵深开发，通过培训和吸引高层次的核心人才，快速提升机构在该领域的服务水平，形成竞争对手难以复制的核心竞争力。

2. 培育人才和吸引人才双管齐下，为产品升级积累软实力

作为服务行业，人力资源服务的优势和竞争力是“人”，因此促进人力资源服务队伍的专业化、职业化发展，提高从业者的专业技术和职业道德素质对人力资源服务机构来说尤其重要。2013年机构年检报告显示，深圳的人力资源服务机构从业人员素质普遍不高，缺乏专业的知识储备或缺少丰富的实践经验。这就要求本土机构一方面鼓励员工参加各种专业培训和资格考试，另一方面通过引入人才的方式，吸引外资机构中的资深人士，快速复制外企优势。

3. 加强机构信息化建设

信息技术在人力资源服务乃至整个服务产业中都有非常重要的作用。深圳的人力资源服务机构信息化应用水平较低，如档案管理尚未实现电子化，派遣机构多使用手工操作等，这些都不利于提高机构服务的效率和含金量。因此，深圳的人力资源服务机构需要加大信息化建设力度，这不仅是市场发展的必然趋势，同时也是提升客户满意度、增强企业核心竞争力的必然要求。

4. 加大品牌建设力度

在深圳，本行业的知名品牌多为外资企业或内地知名机构的分支，本土的人力资源服务品牌在业内叫得响的屈指可数。然而，机构若想发展壮大，必须加大品牌建设力度，成为市场的真正主体，在规范行业标准、创新服务产品和业态，全面参与国内、国际竞争中

发挥中流砥柱的作用。

（三）行业协会层面

1. 充分发挥桥梁纽带作用，促进业内机构和主管部门的有效沟通

一方面，作为政府的助推器，将政府政策、文件精神有效传达给业内机构，增强政府的执行力；另一方面，作为行业的传声筒，将机构反映的诉求和疑难问题向主管部门反映，力争获得满意的解决方法，维护业内机构的权益。

2. 加强研究，推动行业规范化发展

人力资源市场统计研究、行业标准化建设、机构等级评定等都是行业发展的重要标志，协会应充分发挥自身在行业内的号召力和凝聚力，争取业内机构的支持和配合，协助政府完成统计指标的建立和等级评定等工作，以完善深圳本行业相关建设。此外，尽快建立行规行约，从收费、业务流程等方面制定标准，为业内机构的运营提供参照模板，规范整个行业的发展。

3. 有效整合资源，促进机构间合作

通过经常联络或走访会员充分了解行业及机构情况，通过举办各类活动促进业内机构的交流，为机构间合作创造机会，实现优势互补。

4. 搭建平台促进交流，积极为会员制造商机

协会可充分利用现有的网站、QQ 群、《深圳 HR 资讯》等平台，广泛报道会员活动、展示会员风采，以进一步提高会员单位在业内外、市内外的知名度。同时，借用其他行业协会的资源，有效搭建人力资源服务机构与企业对接的平台，帮助业内机构拓展更多的业务。

5. 举办各类培训，提高从业人员素质和机构的服务水平

针对目前深圳业内从业人员素质良莠不齐，协会可不定期为会员单位提供各种讲座和培训，内容包括行业理论知识培训、当前最新政策解读、从业人员资格考试考前培训等，提高业内机构的“软实力”。

6. 积极开展正面报道，树立行业的良好形象，提高行业的社会地位

本行业在促进就业、解决企业“用工难”问题、推动劳动人事制度改革、优化企业管理制度、培养人才、提高人才素质等方面发挥着非常积极的作用，并做了大量卓有成效的工作。协会应与媒体建立良好关系，通过媒体报道反映行业积极作用的稿件和一些正面新闻，提升本行业的形象和地位，让更多人分享深圳市人力资源服务行业发展的正能量。

Research on the Status-quo of the Human Resource Services of Shenzhen

Wang Ying, Chen Yangsheng, Sun Ming, Ding Xia

Abstract: Starting with the review of the status of Shenzhen human resource service industry, with incomplete statistics, this study presents the development scale, well-known enterprises, main service products of this industry as well as its positive role in promoting the flow of labor force, employment and the economic and social development. In the respects such as the free business environment, the lag in the construction of legal system, the ever-coming supporting policies as well as public cognitive bias of this industry, etc., this study analyzes the strengths, weaknesses, opportunities and threats that this industry is facing. Finally, we propose some constructive suggestions on promoting the development of this industry in terms of the government sectors, human resource service corporations as well as industry organizations.

Key words: Shenzhen, human resource service industry, industry development

（编辑：吴　帅）

人才项目财政资金配套的问题、原因及对策*

柏良泽　杨　梅　王芳霞**

［摘要］ 财政资金是我国人才项目实施的重要保障。本文通过对国家12项重点人才项目文本分析发现，由于人才项目实施方案没有对资金结构、分配依据、拨付渠道、中央和地方责任分担、对中西部的支持等方面进行详细规定，导致运行中出现资金渠道分散、拨付到位时间迟滞、中央地方事权财权分担不清、对中西部支持不足、项目绩效评估困难等问题。而人才工作本身复杂性、部门管理体制和预算制度不完善是人才项目财政资金不配套的深层次原因。因此，本文提出，正确处理政府与市场的关系，加强人才资金多元投入、统筹分配人才项目资金、明确中央和地方责任、加大对中西部支持、完善预算管理体制，是实现人才项目财政资金配套的可行路径。

［关键词］ 人才项目　财政资金　项目预算

财政是庶政之母，人才项目实施需要财政资金配套支持。通过对国家重点人才项目文本分析，本文发现人才项目的实施方案没有对资金结构、分配依据、拨付渠道、中央和地方责任分担、对中西部的支持等方面进行详细规定，导致运行中出现资金渠道分散、拨付到位时间迟滞、中央地方事权财权分担不清、对中西部支持不足、项目绩效评估困难等问题。通过对产生问题原因的分析发现，加强人才资金多元投入、统筹分配人才项目资金、明确中央和地方责任、加大对中西部的支持、完善预算管理体制是推进人才项目财政资金配套的可行路径。

一、人才项目财政资金配套的文本分析

人才项目关于财政保障的内容主要包括人才项目资金来源、人才项目资金渠道、人才项目资金分配方式、人才项目在中央和地方之间的财政分担、中央财政对中西部人才项目的支持等方面，具体内容如表1—表5所示。

* 本文是在2013年人社部部级课题“人才项目协同管理”的部分研究报告基础上修改而成。

** 作者柏良泽系中国人事科学研究院研究员；杨梅系中国人事科学研究院公共管理研究室工作人员，博士；王芳霞系中国人事科学研究院公共管理研究室助理研究员。

表1　人才项目资金来源情况

资金构成类型	人才项目举例
全部由政府承担	“青年英才开发计划”实施方案规定，该计划由中央财政专项资金给予支持。
政府和用人单位共同承担	“国家高层次人才特殊支持计划”实施方案规定，特殊支持经费由财政部专管，地方和用人单位可配套给予适当经费支持。
政府、用人单位和个人共同承担	“企业经营管理人才素质提升工程”实施方案规定，国家财政设立“企业经营管理人才素质提升工程”专项资金，主要用于支持企业经营管理领军人才的培养、培训工作；领军人才以外的人才培养、培训工作所需经费，由企业和培训对象个人分别承担。
政府、社会、用人单位和个人等多主体共同承担	“专业技术人员知识更新工程”规定，“工程”经费主要由政府、社会、用人单位和个人投入等构成。

表2　人才项目财政资金分配渠道情况

资金分配渠道类型	人才项目举例
原经费渠道	“专业技术人才知识更新工程”实施方案规定，“紧缺人才培养培训项目”所需经费根据预算管理规定，按照原经费渠道保障。
现有经费渠道	“全民健康卫生人才保障工程”实施方案规定，根据现有经费渠道，支持医学杰出骨干人才培养和全科医师培训。
未明确经费渠道	“国家百千万人才工程”实施方案既没有指出通过原有渠道，也没有说明是新增渠道，而是表述为“多渠道”筹措资金。

表3　人才项目资金分配情况

资金分配类型	人才项目举例
无资金数额限定	“创新人才推进计划”中“科学家工作室”子项目采取“一事一议、按需支持”。
规定每个受益对象资助数额	“海外高层次人才引进计划”规定，中央财政给予每位引进人才100万元补助。
规定年度经费总额	“高素质教育人才培养工程”实施方案规定，工程经费由财政安排资金给予支持，每年共计9.4亿元。
规定对每个平台资助数额	“国家高技能人才振兴计划”规定，中央财政对每个国家级基地一次性给予500万元补贴；对每个技能大师工作室一次性给予10万元补贴。

表 4　人才项目财政资金在中央和地方间分配情况

资金承担类型	人才项目举例
由中央财政承担	“文化名家工程”实施方案规定，本方案由中央财政从专项资金中给予支持。
中央和地方共同承担	“专业技术人员知识更新工程”规定，按照分税制财政体制要求，各级政府承担的工程项目任务，由同级财政予以保障。
主要由地方财政承担	“全民健康卫生人才保障工程”实施方案规定，本项目经费由地方各级政府发挥主导作用。

表 5　中央财政资金对中西部人才项目支持情况

支持类型	人才项目举例
针对中西部设立项目	“西部之光”访问学者计划、“高校毕业生基层培养计划”中设立“大学生志愿服务西部计划”子计划等。
共同项目中实行特殊倾斜政策	“高校毕业生基层培养计划”中“三支一扶”计划规定，中央财政根据不同地区确定不同的补助标准。“千人计划”在 2013 年增加了西藏项目和新疆项目。

二、人才项目财政保障政策存在的问题

以国家中长期人才发展规划提出的 12 个重点人才项目实施方案和其他重点人才项目为文本进行分析，我国人才项目在财政资金配套上存在六个方面的重要问题：

（一）人才项目资金来源单一

我国人才项目资金来源构成主体是财政资金，资金来源较为单一。12 个重点人才项目均需要财政资金支持。其中，“创新人才推进计划”“青年英才开发计划”“高素质教育人才培养工程”“文化名家工程”等 7 项工程均由财政资金承担，占 12 个重点人才工程的 58%以上。

（二）项目经费拨付渠道模糊

财政资金作为人才项目资金来源的主体，且财政投入数额较大的情况下，人才项目财政资金分配渠道应该在实施方案中清晰而明确地反映。但是，目前我国重点人才项目实施方案对于经费渠道表述非常简单，即原有渠道、新增渠道或者不明确说明三种方式，导致部门和地方在执行部分人才项目时表示没有明确的经费渠道因此项目无法实施。

（三）项目资金分配依据不清

我国不同人才项目资金分配多寡存在明显差异。有的人才项目没有数量上限限制，如“创新人才推进计划”的“科学家工作室”子项目；有的人才项目给予每个资助对象 120 万—240 万元的资助，如“青年英才开发计划”中“青年拔尖人才支持计划”子项目；有

的给被资助对象每年1万元、1.5万元、2万元资助，如“高校毕业生基层培养计划”中“三支一扶”子项目；等等。这些人才项目财政资金分配的依据没有在实施方案中体现。

（四）项目资金统筹规定模糊

重点人才项目实施方案对不同部门人才项目、原有人才项目和新增人才项目之间进行财政资金统筹规定非常模糊。如“创新人才推进计划”实施方案规定，统筹推进现有科技计划和人才培养计划实施，加强部门协作和区域统筹，做好与部门、地方现有人才计划的有效衔接，形成部门协调有效、地方落实有力、组织实施有序、资源配置合理的工作格局。至于各部门的哪些人才工程、哪些科技计划和相关基金需要统筹、如何进行统筹既没有在实施方案中明确说明，也没有后续相关的统筹管理办法出台。

（五）中央与地方财政分担责任不清

人才项目贯彻实施需要中央和地方政府共同推动，实现上下衔接、协同管理。但是，人才项目实施方案对于中央与地方事权财权划分没有明确的规定。同时需要中央和地方共同承担的人才项目，中央与地方承担比例不清晰，经常可以看到“适当”“可以”“合理”“加大”“一定期间”的字样。如“专业技术人员知识更新工程”实施方案规定，中央财政对经审核批准的国家级专业技术人员继续教育基地给予适当资助，等等。有的人才项目甚至对于经费是中央财政承担还是地方财政承担都没有说明，如“高素质教育人才培养工程”。

（六）中央财政资金对中西部地区支持力度不足

由于我国经济社会发展严重不平衡，人才项目在中西部地区实施中遇到明显困难。除了“高校毕业生基层就业计划”对于中西部有所倾斜、2013年“千人计划”新增了新疆、西藏项目外，其他人才项目对中西部没有优惠政策。由于先天不足，东中西部在人才工作内容、工作重点和资源上存在差距，即使相同的财政投入取得的效果也不成比例。人才项目实施主要靠地方项目办争取地方党委和政府支持，要求纳入当地年度重点工作范围，向同级财政争取培训经费、工作经费。①

三、人才项目资金运行中的问题

人才项目财政资金运行中产生的问题主要体现在如下5个方面：

（一）项目资金渠道分散

人才工作是系统工程，涉及政府各个职能部门。在我国预算管理体制下，一方面多个部门掌握财政资金的分配权，如财政部门、发展和改革委员会、科技部门等都可以设立人

---

① 2012年“大学生志愿服务西部计划”实施方案写明：各级项目办要积极争取在同级财政安排的专项工作经费中，列支培训、项目管理工作经费。服务县项目办应结合实际争取党委、政府支持，将西部计划纳入当地年度重点工作范围，并将管理经费列入同级地方财政范围。

才项目，造成资金来源渠道多元；另一方面人才项目经费主要通过部门预算“项目支出”的方式进行拨付。由于不同部门间职责不清晰，信息不共享，每个职能部门，甚至同一部门内部不同业务司局都有各自的人才项目，导致人才项目交叉、重复问题严重。① 人才项目资金渠道分散导致财政资金“碎片化”。

（二）资金预算透明度低

我国人才项目预算透明度低体现在：一是很多人才项目预算并不公开。国家重点人才项目主要通过部门预算的项目支出列支，但很多中央本级部门如中组部、中宣部、团中央等牵头单位的人才项目并不对外公开。二是政府部门预算公开只是一个笼统的金额，没有各部门人才项目的具体数额。三是由于预算的专业性和复杂性，很多人才项目预算使用的术语和背景资料并没有相关解释说明，导致公众无法真正看懂项目预算，使人才项目预算实质不透明。四是中央本级部门和财政部门人才项目库不公开。公众对于哪些人才项目属于国务院研究确定项目、经常性专项业务费项目、跨年度支出项目、其他项目以及各部门各类人才项目的数量和每年拨付金额情况、结余结转情况无从知晓。五是一些部门和地区以财政信息属于国家机密为由不愿意公开。除了从审计署审计报告中可管窥一二外，其他途径无法获取项目支出方面的信息，媒体、公众无从监督。据报道，2011 年，科技部本级申报和承担的 45 个项目中，有 10 个未纳入项目库，涉及金额 153400 万元。其中，年中追加的 3 个项目无申报文本，涉及金额 9650 万元。②

（三）资金拨付时间迟滞

人才项目财政资金拨付时间受项目决策程序和财政预算管理制度的限制，拨付到位时间较晚。人才项目需要经过立项审批、任务审批等多个环节；在预算程序方面，要经过“二上二下”程序，中央财政预算 3 月底经过全国人大审批。虽然《中华人民共和国预算法实施条例》规定，财政部应当自全国人民代表大会批准中央预算之日起 30 日内，批复中央各部门预算，中央各部门应当自财政部批复本部门预算之日起 15 日内，批复所属各单位预算，但是，实际中有的人才项目资金到了年底才拨付到牵头单位。因此，《财政部关于进一步加强预算执行管理的通知》规定，有预算分配权的部门执行中下达投资计划或提出项目资金分配方案的时间，最迟不得晚于当年 10 月底。此外，有的人才项目由于申报单位自身的原因，导致项目资金拨付到位时间迟滞。如 2011 年教育部所属科技发展中心 6 月收到部拨博士点基金预算资金 3 亿元，但至 12 月 30 日才向承担有关课题的高校拨付 2.91 亿元。2011 年 11 月，人力资源和社会保障部本级才将追加的 4770 万元“专业技术人才知识更新

① 2008 年至 2011 年，扶贫办本级对一些国家扶贫开发工作重点县重复安排试点项目资金 1.2 亿元。参见审计署 2012 年第 32 号公告：中央部门单位 2011 年度预算执行情况和其他财政收支情况审计结果。

② 审计署 2012 年第 32 号公告：《中央部门单位 2011 年度预算执行情况和其他财政收支情况审计结果》。

工程”项目预算细化，12 月才将资金拨付项目承办单位，致使项目预算当年无法实施完毕。①

（四）资金使用局限性大

由于人才项目资金属于专项资金，必须遵守国家财政政策和财政专项资金管理使用规定。这给部门和用人单位使用资金带来局限性，导致无法发挥资金效益，并产生很多违规问题。如科技项目资金使用规定不适应科研实际需要，大部分经费用于购买设备、材料等硬件，而聘请科研助手的薪酬和补贴等人力资源成本开支比例过低。一方面造成大量的设备闲置浪费，另一方面从事科研项目的普通中青年科技人才得不到应有的报酬。由于专项资金范围限定，出现擅自扩大项目资金使用范围、未经批准调剂科技专项资金、申请设立专项论证不充分导致专项经费闲置、套取项目资金等问题。②

（五）项目绩效考评困难

《中央本级项目支出预算管理办法》规定，按照财政部关于开展项目支出绩效考评工作的有关规定，财政部负责统一制定绩效考评的规章制度，指导、监督、检查中央部门的绩效考评工作，中央部门负责组织实施本部门的绩效考评工作。事实上，人才项目财政资金的绩效考评非常困难，主要体现在：一是目前纳入项目绩效评价试点的项目较少，哪些人才项目纳入绩效评估范围不公开；二是人才项目开发的时间长与资金绩效评价期限较短之间存在矛盾，人才项目的阶段性成果与未来的潜力无法预见；三是人才项目的产出不仅体现在经济效益上，还体现在社会效益上，对非经济领域效益计量存在困难；四是人才项目资金绩效评价指标体系设计存在困难，如对引进海外高层次人才的投入很多涉及个人生活待遇，对这部分资金如何设计评价指标存在困难。

四、原因分析

分析人才项目财政资金配套问题的原因，既有人才工作本身复杂性的因素，也与我国

---

① 审计署 2012 年第 32 号公告：《中央部门单位 2011 年度预算执行情况和其他财政收支情况审计结果》。

② 项目经费违规使用现象非常突出，在审计署的公告中几乎随处可见各部委违规使用项目资金的问题。以下仅列举与人才有关的科技、教育、文化、卫生领域的项目经费问题。如 2011 年 12 月，文化部本级将其立项的“繁荣文艺创作”专项资金和“扶持动漫发展”专项项目预算 1600 万元列支后，拨付项目执行单位所属中国美术馆和国家图书馆，当年实际未支出。卫生部及课题承担单位实施的 209 个科技重大专项课题中，部分单位采取虚列支出等方式转移套取财政资金 529. 33 万元；改变资金用途扩大支出范围 4695. 97 万元；无预算或超预算支出 1393. 79 万元。2008 年至 2011 年，自然科学基金会扩大“自然科学基金”“项目组织实施费”“大型修缮”3 个项目和公用经费中“培训费”的支出范围，列支无关费用 2100. 62 万元。中科院 2011 年所属 9 个单位扩大科研经费等预算资金支出范围 11595. 59 万元。民族事务委员会下属中央民族大学 2009 年至 2011 年，违规从“985 工程”和“211 工程”专项中列支 228. 01 万元，用于支付与项目无关的费用等。参见审计署 2012 年第 32 号公告：《中央部门单位 2011 年度预算执行情况和其他财政收支情况审计结果》。

现行的行政管理体制和预算管理制度密不可分。

（一）人才工作涉及面宽

人才项目是我国目前阶段推动人才工作的重要抓手。而人才概念本身的内涵和外延很宽广，各方认识不一致，导致对人才工作的认识不统一；“十年树木，百年树人”，人才成长是一个长期持续的过程，需要基础教育、高等教育、职业教育和职业培训等多个环节；人才工作涉及多个部门，如教育部门、科技部门、人社部门，涉及政府、行业、用人单位和人才本身多个主体；人才工作也与多个因素有关，包括政治、产业、科技、教育、文化等。

（二）部门职能交叉重叠

人才项目是政府职能的一部分，要受到我国行政管理体制的制约。由于我国不同部门间职责划分不清、职能交叉重叠现象严重，导致各个部门对于与本部门相关的、有利益的项目积极推动，没有利益的不做或者少做。各个部门围绕利益争相设置项目导致项目重复，渠道分散导致资金“碎片化”。在纵向层级上，中央和地方人才项目的事权和财权划分不清晰。由于中央和地方在人才项目方面的责任权界不清晰，导致中央和地方在人才项目财政责任分担上模糊，无法充分发挥中央和地方的积极性。

（三）预算管理体制与相关立法冲突

我国预算管理中，项目预算在部门预算的项目支出中核算。由于我国项目预算主体多元，项目支出和基本支出的边界不清，项目预算分配标准不科学，预算期间不合理，会计科目设置功能性不足，项目监督未有效发挥作用，预算绩效评估制度不完善，政府预算不透明，以及预算法与教育法、农业法、科技法之间的冲突，导致我国人才项目财政保障方面无法实现协同管理。

五、人才项目财政资金配套的政策建议

为保障人才项目有效实施，必须在财政资金配套方面进行完善。为此，一是正确处理人才项目政府与市场的关系，建立多元化投入机制；二是打破部门利益的桎梏，从全局上考虑人才项目的财政资金配套，清理、整合、规范由财政资金支持的人才项目；三是明确人才项目中央与地方事权划分；四是对建立中西部地区人才项目的特殊支持；五是改革现行人才项目预算体制，建立规范公开透明的人才项目支出预算制度。具体内容如下：

（一）建立人才资金多元化投入机制

人才投入是赢得未来的战略性投入，是效益最大的投入，需要集聚政府、用人单位、社会和人才等方方面面的资源。《国家中长期人才发展规划纲要（2010—2020年）》提出，要实行人才投资优先，健全政府、社会、用人单位和个人多元人才投入机制，发挥市场对人才资源配置的重大作用，提高人才投资效益。

1. 建立政府对人才的投入机制

人才资源是第一资源。人才项目是为实现特定的宏观政策及事业发展战略目标而设立的，在我国特定的发展阶段有其存在的价值。因此，需要进一步加大人才发展资金投入力度，保障人才发展重大项目的实施。

一是人才投入是长期性投入。国家对于基础性的人才培养和紧缺、尖端人才引进等方面的工作，财政资金要持续稳定地提供支持。

二是发挥政府资金的引导作用。借鉴上海浦东实施“成本+利息”退出的国资投入的做法，改变国资单纯以盈利为目的的投入机制。浦东新区统筹安排20亿元，通过浦东科投、张江科投两个国有创投公司，重点支持“千人计划”“高新技术产业化项目”等高端人才创业企业，投资金额超过4亿元；同时，撬动社会资本约2.4亿元，推进企业成为产业创新的中坚力量。

三是改变财政资金支持人才工作的方式。由直接投入向间接投入转变，通过将财政资金投入到教育、医疗、就业，推动基本公共服务均等化途径，以及通过加强环境保护、完善各类基础设施等间接投入的方式创造良好的生活环境，使财政资金惠及更多的人才。

2. 推动用人单位成为人才投入主体

实施人才项目是为了推动人才工作，使人才更好地为国家、社会作出贡献，用人单位是人才发挥作用的舞台。因此，政府应通过税收、金融政策措施鼓励用人单位成为人才投入的主体。在重大建设和科研项目经费中，应规定安排部分经费用于人才培训。对于企业，通过减免所得税、财政贴息、研发费用加计扣除、提高企业教育经费提取比例等手段鼓励其加大人才工作投入，加强员工培训，鼓励研发投入，等等。

一是积极借鉴国外经验。如美国大工业企业用于科技人员更新、拓宽知识领域和深化知识的经费每年增长，其中国际商用机器、通用汽车、麦道飞机、杜邦化工、福特汽车等企业本项支出达到很大比例。IBM公司每年的培训投入占销售额的1%，达到7亿美元。

二是鼓励国内企业加大研发投入。如华为10年来累计投入1200亿元人民币用于研发，其中2012年研发投入达299亿元人民币，占收入的13%以上，研发人员由2011年年底的6.2万人增至7万人。①

3. 鼓励社会组织和个人对人才项目投入

人才投入是个持续性的过程，需要吸引各方面的资金和力量。鼓励各类社会组织建立人才发展基金，对人才项目进行投资；鼓励社团在人才工作中通过政府购买服务承载更多的公共服务职能，有效壮大自己；充分利用国际金融组织和外国政府贷款，投资人才开发项目；人才个体应充分利用各种机会开展继续教育和职业培训，提升职业能力。

---

① 《华为10年累计投入研发1200亿元，研发人员过半》，2013年1月22日，搜狐网。

（二）统筹分配不同人才项目财政资金

人才项目资金分配需要有科学合理的依据。我国目前人才项目资金分配在很多情况下是职能部门与财政部门讨价还价的结果，并不是根据人才项目的受益对象、实际需求进行的。因此，必须合理、科学统筹分配不同项目人才资金，具体而言可以从如下三个方面着手：

1. 对现有人才项目进行清理和整合

《国家中长期人才发展规划纲要（2010—2020 年）》颁布实施以来，我国人才项目的数量激增。除了人才规划颁布的 12 项国家重点人才工程，各部门、各地区计划实施一系列人才工程。据统计，截至 2011 年，各部委已累计实施各类人才工程 83 个，计划实施了人才工程累计 150 个；全国 31 个省（区、市）和新疆生产建设兵团计划实施人才工程共计 449 个，全国 421 个市（地、州、盟）计划实施人才工程共 3570 个。① 面对人才项目过多、过滥、层次不清以及交叉重复的问题，有必要对人才项目进行清理和整合。一是要严格控制新增财政支持的人才项目。国家有关法律法规、党中央和国务院文件要求设立的专项转移支付可直接设立；严格控制通过扩大现有人才项目子项目数量的方式新增人才项目②。二是清理现有人才项目。对各部门人才项目库和财政部人才项目库进行公开（属于国家机密的除外），建立人才项目的评估制度，对到期项目、一次性项目以及不再需要设立的人才项目进行清理。三是整合已有的人才项目。在横向上，打破部门界限，将人才项目按照受益对象、性质等进行整合；在纵向上，鼓励地方人才项目与国家人才项目有效对接，完善人才项目整合途径。

2. 统筹安排各类人才项目资金

一是对项目套叠、受益对象重合、研究性质相同的重点人才项目的财政资金进行整合，避免部分资金分散以及部分人才通过申请多个项目重复享受各类资助奖励；二是对多部门设立的、但项目受益对象统一或者相近的、由中央专项资金转移支付的人才项目，由中央财政部门在年度预算时初次统筹，或者通过财政一般转移支付但指定用途的方式鼓励地方政府对此类经费进行二次统筹打捆使用，扩大地方对项目资金的使用参与权和自主权；三是对不同类别无法整合的人才项目，合理分配项目资金数额，对基础性、长期性人才项目按照实际需要适当进行倾斜。

---

① 中国人事科学研究院课题组：《〈国家中长期人才发展规划纲要（2010—2020 年）〉实施一周年总结评估报告》（内部资料）。

② “千人计划”实施以来，从 2008 年 4 个子项目已经发展到 7 个子项目；计划 5—8 年引进 2000 名海外高层次人才，至今实施 5 年来，已经累计引进海外高层次人才近 4000 人，部分子项目期限延长到 10 年。

3. 对引进类人才项目财政投入要因地制宜

我国人才项目实行高端引领，但目的是“以用为本，服务发展”。从国家层面，“千人计划”是真正意义的“国家计划”，是国家在世界范围内吸引优秀人才，但是，目的还是服务于中国经济社会发展的实际需要。目前，我国部分地区在人才引进方面出现误区，盲目攀比，制造了很多人才“政绩工程”。因此，要做到知己、知彼，结合区域综合竞争力，提出符合本地实际的高层次人才引进计划。具体而言，一是引进类人才项目财政投入要与本地经济发展阶段相结合，量力而行，以用为本，不能为了引进而引进，盲目投入；二是对于引进类人才项目要与本地的产业环境配套相匹配，对有完善的上下游产业链衔接的人才项目积极引进；三是引进类人才项目与本地人力资源现状相匹配，避免人才项目发展面临人才资源不配套的问题。

（三）明确中央和地方财政的人才项目支出责任

人才工作作为政府的职能面临着政府间事权的划分问题。由于我国对人才工作的中央与地方事权划分不清，导致中央和地方责任不明。因此，需要明确划分人才项目的中央和地方事权范围，进而确定相应财政责任，实现事权和支出责任相对应。

1. 明确人才项目中央和地方事权划分

中央和地方事权划分受到一国政治、历史、文化等特定国情因素影响，不存在统一划分的模式，但通常遵循如下原则：一是适宜性原则。政府职能的本质属性决定了其在各级政府间最适配置。如国防、外交等与国家利益密切相关，受益范围惠及全民的公共服务由中央负责；地方基础设施和消防，受益范围限于某一区域的服务项目由相关地方政府负责。二是效率原则。地方政府更了解辖区内居民需求，由地方政府处理的行政效率更高。三是法制规范原则。各级政府支出责任的界定和调整需要通过法律形式明确。

1994年分税制改革后，中央财政主要承担国家安全、外交和中央国家机关运转所需经费，调整国家经济结构、协调地区发展、实施宏观调控所必需的支出以及由中央直接管理的事业发展支出。地方财政主要承担本地区政权机关运转所需支出以及本地区经济、事业发展所需支出。2013年《中共中央关于全面深化改革若干重大问题的决定》指出，适度加强中央事权和支出责任，国防、外交、国家安全、关系全国统一市场规则和管理等作为中央事权；部分社会保障、跨区域重大项目建设维护等作为中央和地方共同事权，逐步理顺事权关系；区域性公共服务作为地方事权。

因此，一是对重点人才项目中没有明确中央和地方事权的应尽快出台划分标准。我国“创新人才推进计划”“国家高层次人才特殊支持计划”“国家百千万人才工程”等人才项目尚未对中央和地方事权进行明确划分。二是调整部分重点人才项目的事权划分，将部分事权上收到中央。如“海外高层次人才引进计划”是国家参与世界人才的竞争，是真正意义上的“国家计划”，应划分为中央事权范围而避免地方间恶性竞争。“高层次教育人才培养计划”实施方案没有对该项目中央和地方事权进行划分，该计划涉及“中小学骨干教师培训”“培训职业学校‘双师型’教师”“培养高等学校学术带头人”“培训优秀校长”四个子计划，按照目前事权划分原则，只有“培养高等学校学术带头人”属于中央事权，其余应划分为地方事权。但是，基于义务教育属于基本公共服务范畴，为推动基本公共服务标准化，义务教育可以事权上收中央，由中央委托地方管理。

2. 合理分配人才项目在中央和地方的财政责任

在人才项目中央和地方事权划分的基础上，按照事权划分各级政府承担相应的支出责任。属于中央事权范围的，由中央承担财政责任；属于地方事权范围的，由地方承担财政责任；对于由中央和地方财政共同承担的，应分清主次责任，由中央与地方各级政府按照一定比例共同承担。

3. 完善人才项目中央和地方财政运行机制

人才项目要建立事权与支出责任相对应的财税体制。一是从中央层面统筹不同渠道的人才项目资金，避免资金交叉、重复、分散；二是调整人才项目支出结构，减少专项转移支付，对于经常性项目支出逐步调整为一般性转移支付，并在预算中设立相应的会计科目；三是“三农”、教育、科技、文化、医疗卫生等社会事业发展领域专项转移项目，对其中项目涉及人才培训方面的内容应逐步调整为一般性转移支付。

（四）加大对中西部地区人才项目的支持力度

我国东、中、西部地区人才工作的重点和面临的任务不同，人才项目发展的基础也不同，需要对中西部地区人才项目给予额外支持。

1. 不同地区的人才工作重点存在差异性

由于各地经济社会发展的阶段不同，不同地区人才项目的工作重点的差异性是客观现实。东部沿海地区需要提高人才国际化水平，而西部地区的当务之急是想办法用好人才、留住人才、吸引人才。因此，在人才项目实施中要充分认识到本地人才发展现状和存在突出问题，找准症结，避免攀比上项目，而有针对性提出适应本地区发展的项目措施。

2. 对不同地区人才项目提供差异化支持

人才工作存在“马太效应”。经济越发达的地区，人才工作经费越充足，人才工作基础越好，事业发展平台越大，越容易吸引优秀人才；而经济越落后的地区，人才工作经费越不充足，人才工作基础越差，事业发展平台和载体越匮乏，人才越吸引不来，即使高薪吸引来也留不住。同一省份不同区域之间，也存在着类似的人才工作不平衡的现象。特别是在贫困县市，一般都是吃财政饭，很难在人才方面有大的投入。因此，对于东、中、西部地区人才项目应该提供差异化支持。

3. 加大财政资金对中西部地区转移支付力度

经济发达地区对人才吸附作用大，欠发达地区在人才发展上处于劣势。在人才项目实施过程中，应充分考虑到中西部地区经济发展欠发达的实际，适当向欠发达地区倾斜。一是在实施重大人才工程时，对欠发达地区应该免予配套相应的工程项目资金责任，以缓解经费不足的问题。二是继续完善“引导人才向农村基层和艰苦边远地区流动政策”和加快实施“边远贫困地区、边疆民族地区和革命老区人才支持计划”的细则，加强中央对贫困地区的责任。三是通过增加财政转移一般支付，逐渐加大对中西部地区教育、卫生、文化方面发展的投入，通过实现基本公共服务均等化的途径加强西部人才工作的基础。①

（五）完善人才项目预算管理体制机制

人才项目预算是财政预算的一部分，财政预算存在的问题在人才项目预算管理中同样存在。在人才项目预算管理中，应该从以下方面入手：

1. 统筹人才项目财政资金分配渠道

对各部门涉及人才的支出进行合理区分，合理界定基本支出和项目支出的边界，从不同的资金渠道予以拨付。对于不易区分的支出，可以设定一定的比例于预算总额以进行调剂使用。对于有财政分配权的部门，在设立与人才项目有关的项目时，应在统一的时间上报到人大预算审核部门。其他部门统一上报到财政部门，使各部门的信息充分共享，避免因信息不对称导致重复立项。

2. 改进人才项目预算编制办法

改进人才项目预算编制办法，提高人才项目资金预算的规范化、精细化水平。财政部门对重点人才项目，应尽可能地通过建立项目支出的标准化指标进行分配，避免按照部门强势程度不同分配预算；提高预算的精细化水平，完善预算会计科目设置，使预算科目能够清晰反映项目支出的实际情况；涉及上下级转移支付的人才项目，将数额固定的专项转移支付指标通知地方，要求地方编入预算，提高地方预算编报的完整性，以有利于人大监督。改革我国预算编制期间，解决目前预算法律空白期的问题。在预算法未进行修订前，应针对专项转移支付项目实施情况，由全国人大常委会采取适当授权的方式，提前预拨资金。加强专项资金执行考核管理，均衡项目资金拨付进度。此外，减少人才项目分配和执行的随意性，建立预算问责机制。

3. 提高人才项目预算透明度

提高透明度有利于加强对项目资金立项、执行、结项全过程监管。建立人才项目库公

---

① 中国人事科学研究院课题组：《〈国家中长期人才发展规划纲要（2010—2020年）〉实施一周年总结评估报告》（内部资料）。

开时间表，除国家要求保密的以外，公开财政部门和其他部门的人才项目，接受人大、财政、审计和社会的监督；对每个人才项目资金的设立和资金分配，要做到有明确、合理、可查的依据和操作规程；改革预算项目审批制度，尝试建立分项审批制；提高公众获取预算的可及性，通过网站、报纸、电视等多种渠道获取政府预算报告，并普及有关人才项目的背景、资金口径范围、专业术语，主动接受人大、社会公众、媒体对人才专项资金管理的监督。

4. 完善人才项目绩效评估制度

完善人才项目绩效评估制度，对人才专项转移支付资金进行追踪问效，是加强人才项目预算管理的应有之义。一是逐渐扩大项目预算绩效评估试点范围，并对纳入试点的人才项目进行公开。二是设计人才项目绩效评估体系指标多元。设计人才项目绩效评估体系时除了考察财政资金的安全性、规范性以外，还要考虑效益性。三是评价主体多元。评价主体除了政府部门代表、相关领域专家以外，还要包括人才项目专项转移支付的受益人。四是要充分重视和运用评估的成果。评估结果要与人才专项资金的安排结合起来，作为次年编制和安排经费预算的重要依据，以便及时调整和优化人才经费预算支出的方向和结构，合理配置资金，提高资金使用的效益。

5. 提高人才项目预算管理法治化水平

尽快修订《中华人民共和国预算法》，提高预算编制的法定性、预算执行的强制性、预算的透明性、人大在预算监督的权威性；对于科技法、教育法、农业法等强制性支出与财政收入或 GDP 挂钩的法律规定，进行研究、论证，进行合理的清理、整合或取消，减少预算法与其他法律之间的冲突；同时，有效提高预算编制的科学性、合法性，减少人才项目立项和执行的随意性；建立预算编制、执行和绩效的问责机制；完善科技经费管理办法和国家科技计划管理办法，改革目前多头申报、重复立项、反复评审的规则，规范科技经费使用办法，增加人员绩效奖励，建立科研项目资金使用“黑名单”制度，与人才项目资金管理的政策相衔接。

参考文献

［1］包立萍：《政府预算》，东北财经大学出版社 2011 年版。
［2］李燕：《政府预算理论与实务》，中国财政经济出版社 2010 年版。
［3］审计署 2012 年第 32 号公告：《中央部门单位 2011 年度预算执行情况和其他财政收支情况审计结果》。
［4］谢旭人：《加快改革财税体制，完善公共财政体系》，《经济日报》2012 年 11 月 20 日。
［5］周子亚：《高层次人才引进需要“量体裁衣”》，《组织人事报》2013 年 3 月 22 日。
［6］楼继伟：《解读三中全会深化财税改革重点》，《人民日报》2013 年 11 月 21 日。

［7］楼继伟：《健全财力与事权相匹配的财政体制》，《上海证券报》2013年11月20日。
［8］楼继伟：《消除机制体制弊端，建立现代财政制度》，新华社2013年11月21日。
［9］铂木丁：《别只在钱上攀比》，《人民日报》2010年8月23日。

Problems, Related Reasons and Counter-measures Concerning Supporting Financial Funds for Talent Projects

Bai Liangze, Yang Mei, Wang Fangxia

Abstract: Financial fund is an important guarantee for talent project implementation. By making a textual analysis on the 12 national key talent projects, the authors found many problems such as scattering funding sources, delay in allocation, vague division of administrative and financial power between the central and local governments, insufficient support to the central and western China, and difficulties in project performance assessment due to lack of detailed regulations in the project implementation plans on funding structure, distribution criteria, allocation channels, duty division between the central and local governments, and the supportive policies to the central and western parts of China. The deep reasons behind are the complexity in talent work, and incomplete management and budgetary systems of the relevant organizations. Therefore, this papers points out that the feasible approaches for achieving well-matched financial funding for talent projects are rightly handling the relationship between the government and the market, diversifying the financial investment in talent projects, overally allocating the funds for talent projects, clarifying the duties between central and local governments, intensifying the support towards the central and western parts of China, and completing the budgetary management system.

Key words: talent project, financial fund, project budget

（编辑：刘　洋）

人才聚集力模型与开发实证研究*

陈小平**

[摘要] 为了为人才聚集提供理论支撑，产生人才比较竞争优势，本研究构建了人才聚集力模型，提出了相关对策建议。本研究在 2011 年和 2012 年期间，主要采取文献查阅研究法、深度访谈法和问卷调查法，共访谈 26 人次，共发放调查问卷 2570 份，回收有效问卷 2129 份。研究结果表明：人才聚集力模型可包括产业聚集力、政府聚集力、单位聚集力、市场聚集力、环境聚集力五个维度。基于该研究发现，本文从多方面提出了较为翔实的人才聚集力开发对策建议。

[关键词] 人才聚集力 模型构建 开发建议

当前，科学技术突飞猛进，经济全球化加速发展，知识经济蓬勃兴起。在知识经济占主导地位的 21 世纪，掌握先进技术和拥有最新知识的人才资源成为第一资源，是经济社会发展的最大驱动力和决定性因素。当前，许多发达国家与地区都在积极实施人才竞争战略，特别是高度重视人才的聚集与培养工作，为经济社会发展提供人才资源保障。本研究主要采取定性和定量相结合的方法，对人才聚集力模型与开发进行实证研究分析。

一、引言

人才聚集是指在一定的时间内，随着人才的流动，大量同类型或相关人才按照一定的联系，在某一地区（物理空间）或者某一行业（虚拟空间）所形成的聚类现象。人才聚集力指的是衡量一个国家或者地区的人才吸引、激励、培养、配置、保留等方面能力的一种综合体现，人才聚集力越强，聚集的人才数量越多、质量越高、效益越好，人才聚集度将会不断提升，人才资本将会越多，将进一步推动经济社会发展。在中国当前背景下，加强人才聚集力研究具有重要价值：

（一）人才聚集力研究是适应人才工作挑战的需要

新中国成立以来，伴随着社会进步和经济发展，我国在人才资源开发上取得了显著的成就，人才资源总量得到了增加，人才资源素质不断提升。但由于历史、文化、经济、体

* 本文系北京市优秀人才资助项目“北京市国际人才集群化发展体系建设实证研究”（40476357360006）基金资助项目。

** 作者系首都经济贸易大学劳动经济学院副教授，博士。

制等方面的原因，目前我国在人才资源的开发和利用方面存在着诸多的矛盾和挑战：人力资源总量多，但高端人才资源短缺；人才结构不合理，资源配置不科学；人才资源面临“能力‘瓶颈’”；人才资源流失现象严重；人才使用效益不高；人才创新能力偏低，竞争力不强；等等。这些问题在一定程度上影响了经济的发展和社会的进步。从某种程度上说，区域经济社会的协调发展，关键在于人才的支撑和合理分布，核心在于人才聚集力的增强。因此，加强人才聚集力研究，有助于解决人才工作面临的挑战，促进经济社会协调持续发展。

（二）人才聚集力研究有助于提供人才工作绩效横向比较的客观指标体系

我国各级政府领导非常重视人才工作，人才工作不仅务实，也能通过人才工作不断地探寻人才发展规律。但是由于历史等层面的原因，地区间的人才竞争力相差甚远，例如在北京市，海淀区因一大批知名大学而具有较大的人才存量，而朝阳区过去是工业化的区域，与海淀区相比，朝阳区的人才存量基础的可比性较低。因此，我们清晰地意识到人才存量和人才流动是有区别的，人才存量不可比，但是人才流动可比性比较强。

（三）人才聚集力研究有助于促进人才工作规范化、科学化和定量化发展

同时，在近年来的人才工作实践中，我们发现人才工作需要规范化、科学化、定量化发展，但是这遇到了缺乏可量化的评估指标体系的“瓶颈”。为了突破人才工作科学化、定量化、规范化的发展“瓶颈”，为人才工作提供量化的绩效衡量指标体系，不断提高区域对人才吸引力，也就是人才聚集的能力，我们于 2011 年和 2012 年开展人才聚集力研究，这对于推进人才工作具有很强的理论价值和现实意义。

通过查阅国内外文献发现，目前对产业聚集的研究成果较多，也有一些学者对人才聚集力进行了相关研究。但是相对于管理实践来说，学术研究仍然滞后于实践发展。此研究是对前辈们研究的一种延伸，为推动人才事业发展的人才聚集力提供理论依据。

二、人才聚集力模型构建

（一）研究方法

1. 研究对象与样本

本研究历时比较长，2011 年和 2012 年连续开展问卷调查实证研究。本研究中的调研对象主要选取了北京市、山西省、广东省、湖南省、海南省等区域内的相关单位。考虑到样本的代表性和研究结论的可推广性，我们在取样时采用分层分类抽样的方法。共发放调查问卷 2570 份，回收有效问卷 2129 份，有效率达 82.8%，属于大样本，符合统计分析要求。调研样本的单位类型结构、规模结构、行业结构等方面特征和区域内各类型单位样本总体的结构比较一致，因此，调研样本具有较强的代表性。

2. 研究工具

此研究工具主要是在文献查阅和深度访谈基础上，结合国内外的相关调查问卷，自编制调查问卷，分为 A 卷和 B 卷，A 卷主要对人才聚集力模型进行调查，B 卷主要调查各单位的组织绩效和组织环境。主要用于探讨人才聚集力模型与组织绩效关系，以便进一步验证人才集聚力模型的有效性。调查问卷采用李克特 5 点量表制，计分 1 表示评价得分最低，5 表示得分最高。统计分析结果显示，问卷各分量表的内部一致性系数均超过 0.9，达到统计学相关要求。

3. 控制变量

在所有的统计分析中，控制组织类型、成立时间长度等组织特性变量。

4. 统计方法

数据分析采用 SPSS18.0 和 Amos18.0 软件进行相应的统计分析：首先，利用 SPSS18.0 软件对原始资料再编码后形成研究变量；其次，利用 SPSS18.0 软件对相关变量进行探索性因子分析，探索研究结构特征；最后，利用 Amos18.0 软件对变量进行验证性因子分析。

（二）数据分析结果

1. 探索性因子分析

问卷的一半数据用作探索性因子分析，另一半数据用作验证性因子分析。

探索性因子分析是对人才聚集力模型的构成要素作进一步相关性分析，将具有复杂关系的指标综合为少数几个因子，确定人才聚集力模型构成的若干维度。[①] 首先通过 KMO 抽样作适当性检验和 Bartlett 球形检验，判断是否适合作因子分析。KMO 的可接受范围应在 0.8—0.9 之间，本研究经检验 KMO 值为 0.948，表示变量间的共性因素较多，适合作因子分析。[②] Bartlett 球形检验值为 0.000，统计显著水平<0.001，说明变量间相互关联，适合作因子分析。

针对用于探索性因子分析的调查问卷数据，采用主成分分析和方差极大正交旋转法进行因子提取，得出探索性分析碎石图。本研究中特征值大于 1，因素负荷小于 0.5 的项目有两项，根据通用的要求对其进行删除。删除后保留 25 项因素，使每个人才聚集力要素的因素负荷都大于 0.5。按照以最少的公共因子对总变异作最大解释的通用原则，人才聚集力模型划分为 5 个维度，根据各要素包含题目的意义，对各维度进行了命名，并根据各因子的方差解释率计算出各自的重要性权重，从而得出的人才聚集力模型如表 1 所示。

---

① 邱皓政：《量化研究与统计分析》，重庆大学出版社 2009 年版，第 256 页。

② 甘怡群等：《心理与行为科学统计》，北京大学出版社 2006 年版，第 240 页。

表1　探索性因子分析得出的人才聚集力模型

序号	一级因子	权重（%）	具体指标
F1	单位聚集力	22	B14 单位人才的工作绩效得到了公正的评价
			B12 单位有详细的人才引进战略与计划
			B13 单位为人才提供了富有竞争力的薪酬
			B15 单位为人才提供了培训或职业发展学习机会
			B11 单位领导非常重视人才
F2	市场聚集力	21	B23 当地的人才市场信誉度很高，权威性很强
			B24 当地的人才市场发布职位信息丰富
			B22 当地的人才市场服务机构很多
			B25 当地的人才市场服务质量很高
			B21 单位用人自主权很强
F3	政府聚集力	20	B17 当地政府奖励了所在单位的优秀人才
			B18 当地政府出台了支持单位人才发展优惠政策
			B19 当地政府积极为单位提供优质的人才服务
			B20 当地政府为单位人才发展进行了资金投入
			B16 当地政府对单位的优秀人才非常重视
F4	产业聚集力	20	B9 当地经常有新公司产生
			B8 当地聚集了大量世界知名品牌企业
			B10 贵单位与其他相关单位互相交流，实现隐性知识相互传播
			B7 当地的企业发展潜力很大
			B6 您单位所在地已形成产业链条，相关单位之间形成网络关系
F5	环境聚集力	17	B2 当地的交通条件便利
			B3 当地的休闲、娱乐、饮食条件丰富多样
			B4 当地的治安稳定，道德风气良好
			B5 当地的购物环境便利
			B1 单位所在地的自然环境优美

通过信度和效度分析发现，该指标体系的可信度较高，各项指标信度系数 α 都在0.85以上；效度也较好，该指标体系的内容能够涵盖整体人才聚集力要素的70.437%的内容。

2. 验证性因子分析

探索性因子分析确立了人才聚集力模型的初步结构，其正确性、稳定性需要进一步检验。在进一步的研究中，需要以探索性因子分析结果为依据，将用于探索性因子分析的调查样本用于验证性因子分析，以检验模型结构的合理性。本研究采用AMOS18.0软件对模型进行验证性因子分析。

（1）一阶验证性因子检验分析。统计分析得出该结构模型的路径结果图如图1所示。

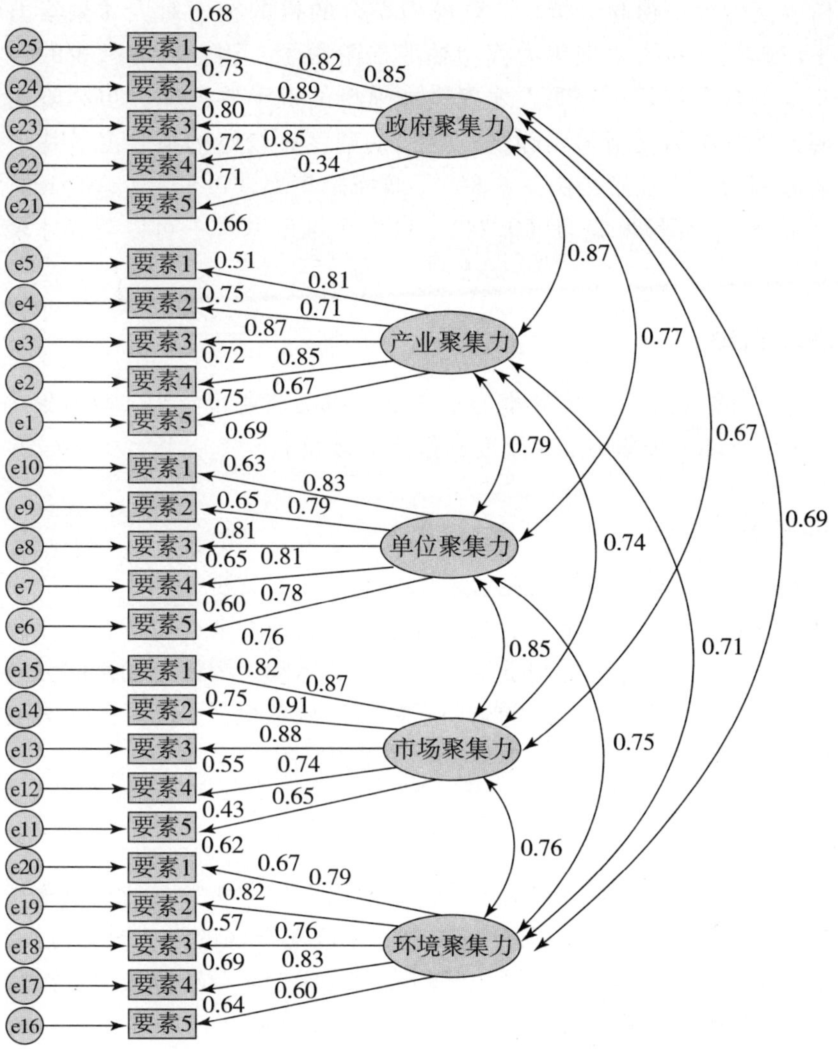

图 1　人才聚集力结构模型的一阶验证性因子分析路径结果图

统计分析得出的主要拟合度指标如表 2 所示。

表 2　人才聚集力结构模型一阶验证性因子分析拟合度指标结果

χ^2	df	χ^2/df	GFI	NFI	RFI	IFI	CFI	RMSEA
879.958	265	3.32	0.911	0.910	0.890	0.936	0.935	0.064

从表 2 给出的统计数据中可以看出，一阶验证性因子分析得出的模型的拟合度参数比较好：

①测量模型的 χ^2/df 值为 3.32，接近于 3，小于 5。

②测量模型的 RMSEA 值为 0.064，低于 0.08。

③GFI、NFI、RFI 都高于 0.80，IFI、CFI 都大于 0.90。

（2）二阶验证性因子检验分析。二阶模型拟合的目的在于对人才聚集力模型五个维度的合理性予以确认。对人才聚集力模型抽取二阶因子，因自由度减少的卡方值变化不大，说明二阶模型拟合较好。表明人才聚集力模型的五个维度能在更高阶上聚合为同一个因素，说明人才聚集力模型与实际观测数据模型具有较好的拟合度。其中五个因子的标准载荷系数分别为：产业聚集力（0.86）、政府聚集力（0.82）、单位聚集力（0.80）、市场聚集力（0.78）、环境聚集力（0.74）。这五个维度基本上可以对人才聚集力模型进行集中体现。

（三）基本结论

通过上述研究分析发现，人才聚集力模型主要包括产业聚集力、政府聚集力、单位聚集力、市场聚集力、环境聚集力五个维度，具体阐释如下：

1. 产业聚集力

马歇尔指出，同一产业越多的企业聚集于一个空间，就越有利于企业所需生产要素的聚集，这些要素包括劳动力、资金、能源、运输以及其他专业化资源等。作为生产力的重要组成要素——人才资本的运动受制于生产力的整体运动，因而它的空间分布取决于生产力的空间布局。同一产业或相关产业的企业在特定区域集聚，必然导致人力资本向该区域流动、集聚。产业集聚区域对各类人才具有吸水泵的作用。

2. 政府聚集力

政府在人才聚集中发挥着特别关键的作用。政府引导力主要是通过政策和法律等变量来影响人才聚集的形成。政府通过政策、法规等手段对辖区的人才资源进行规划、培育、调配等。人才聚集在国际上和国内不同地区的实现实际上是政府间人力资源政策竞争的结果，构成企业人才集聚的政策环境。

3. 单位聚集力

人才聚集是积极的人才资源开发管理活动，组织的中观层面的人才资源开发与管理对于人才的聚集力具有显著影响。组织作为具体的用人单位通过内部管理来规划、吸引、培育、使用人才资源。人才聚集也是组织间强化人才管理竞争的结果。国内外学者进行的最佳企业实践研究或标杆企业研究都揭示了模范企业具有优良的管理实践和拥有人才优势的商业事实。实际上，组织聚集人才的努力最终都落脚于内部管理创新。

4. 市场聚集力

作为市场经济体系重要组成部分的人才市场，对人才流动发挥着至关重要的作用。美国人才的社会化程度很高，人才的社会化流动也最具典型性。我国市场经济的逐步发展和对人才需求量的加大，使得我国人才短缺与人才积压并存的矛盾更加突出。为了合理地配置人才资源，必须搞好人才流动，也必须建立和发展人才市场。人才市场建设越完善，人才市场服务质量越高，人才流动越畅通，人才聚集效果越好。

5. 环境聚集力

包括文化、法律和社会等方面环境是某一特定人类社会在其长期发展历史过程中形成的，它影响和制约着人们的观念、需求、工作行为和生活方式，对人才聚集行为产生直接影响。

三、人才聚集力开发建议

我们前面构建了人才聚集力模型，为人才发展工作提供了理论指导和实践参考。根据实践需求，此研究对人才聚集力开发提出下列建议：

（一）促进产业聚集，提升人才聚集需求力

人才的聚集，需要产业的聚集，提升产业对人才需求层次和数量，从而提升人才聚集的需求动力。为了聚集人才，在产业聚集方面的主要活动包括：培育优势产业集群，夯实人才依附“根基”；以科技创新产业园为平台，积极引进和推动企业与高校、科研院所采取“点对点，零距离”的对接方式，联合建立研发机构，推进人才、智力、成果整体引进开发；依托大学，形成大学、创业企业和社会资本服务的紧密结合，真正成为战略性新兴产业的源泉；加强公共服务平台建设，形成重大科技成果转化机制，聚集科技中介服务机构，吸引聚集高端创新创业人才，完善孵化加创投的机制；支持留学人员创业园吸引高端创新创业人才的措施；根据示范区大力发展战略性新兴产业的要求，提出支持科技企业孵化器建设关键共性技术服务平台，聚集特色产业的支持措施。

（二）优化政府人才政策，提高政府人才聚集的引导力

在国家或区域的人才聚集中，政府的作用尤为关键。为了进一步优化引进、留住、用好人才，政府需要多方协调，整合力量，不断加大政策扶持力度。根据此次调研研究结果，我们建议政府重点优化如下人才政策：人才培育政策，人才激励政策，人才社会保险与住房政策，人才落户政策，人才创业扶持政策。

（三）完善人才市场体系，改善人才聚集的服务力

在社会主义市场经济中，人才聚集工作也需要充分发挥市场的调节与配置力量，通过市场来聚集经济社会发展需要的人才。我们可以从下列方面来完善人才市场体系，改善人才聚集的服务力：健全人才管理的法规体系，构建和谐的劳动关系；加强人才市场服务的信息化建设，提高人才市场服务的便捷性；人才市场服务以能力建设为中心，强化服务功能创新；支持发展民营的人才服务平台，打造人才服务快车道。

（四）完善组织人才管理机制，形成人才吸引和保留力

组织作为人才的使用单位，对于人才的聚集至关重要，尤其是人才管理机制尤为关键。为了从组织层面提升人才聚集力，建议做好下列方面工作：制定科学合理的人才战略与规划，并认真贯彻执行；加强人才绩效考核工作，为人才提供公平合理的薪酬；重视人才的自我发展需要，为人才提供培训和职业发展机会。

（五）加强社会文化环境建设，打造人才聚集影响力

社会文化环境对于人才聚集影响显著，良好的社会文化环境有利于人才聚集。如果社会文化环境不好，一般而言，个人往往会离开这个环境，转到一个更舒适的环境去工作和生活，这就会造成人才流失。为了吸引和留住人才，我们建议重点加强以下方面的社会文化环境建设：加快实施自然环境改善工程，改善人才工作生活自然环境；加快交通建设，改善交通条件；不断优化治安人居环境；优化尊重人才资源的文化环境；全力打造人才的生活文化环境。

参考文献

[1] 萧鸣政：《人力资源开发与管理》（第二版），北京大学出版社 2009 年版。

[2] 胡蓓：《产业集群的人才集聚效应：理论与实证研究》，科学出版社 2009 年版。

[3] 张樨樨：《中国人才集聚的理论分析与实证研究——基于 IMSA 分析范式》，首都经济贸易大学出版社 2010 年版。

[4] 张杰、蒋三庚：《中央商务区（CBD）人才聚集因素分析：产业发展与对策建议》，《首都经济贸易大学学报》2009 年第 2 期。

[5] 牛冲槐、崔静、高凤莲：《人才流动与人才聚集效应的作用机理研究》，《山西农业大学学报（社会科学版）》2010 年第 1 期。

[6] Andersson T., Serger S. S., Sorvik J., Hansson E. W., "The Cluster Policies Whitebook", *International Organisation for Knowledge Economy and Enterprise Development*, *Malmo*, 2004.

[7] Asheim B., Cooke P., Martin R. (Eds.), "The Rise of the Cluster Concept in Regional Analysis Policy: A Critical Assessment", *Clusters and Regional Development: Critical Reflections and Explorations*, Routledge, London, 2006.

The Empirical Study on the Model and Development of Talent Clustering

Chen Xiaoping

Abstract: The research establishes an talent clustering model and puts forward relevant suggestions for providing theoretical support to talent clustering practice and producing talent comparative advantages. The research methods mainly include literature review, interviews and questionnaire surveys. We interviewed 26 talent, disseminated 2570 pieces of questionnaires, and received 2129 pieces of applicable feedback in 2011 and 2012. The results show that the talent clustering model may include industry clustering, government clustering, organization clustering, market clustering and environment clustering. Based on these findings, this paper puts forward some concrete suggestions on talent clustering development from various aspects.

Key words: talent clustering, model construction, development suggestion

（编辑：刘　洋）

“五位一体”人才发展环境评价指标体系研究*

司江伟　陈晶晶**

［摘要］ 本文构建了包含经济环境、政治环境、文化环境、社会环境、生态环境5个一级指标和27个二级指标的“五位一体”人才发展环境评价指标体系，并以深圳、武汉、青岛、南京四个城市为例，验证了指标体系的合理性和可行性。提出了“五位一体”人才发展环境评价指标体系的实施步骤，为应用此指标体系提供参考。

［关键词］ 五位一体　人才发展环境　指标体系　层次分析法

党的十八大报告指出：“要坚持以经济建设为中心，以科学发展为主题，全面推进经济建设、政治建设、文化建设、社会建设、生态文明建设，实现以人为本、全面协调可持续的科学发展。”“加快确立人才优先发展战略布局，造就规模宏大、素质优良的人才队伍，推动我国由人才大国迈向人才强国。”按照党的十八大报告的要求，必须在“五位一体”总体布局下思考和推动人才的发展问题。

人才生长在一定的环境中，必然要受到所处环境的制约。正如马克思、恩格斯曾经在《德意志意识形态》中指出的那样：“人创造环境，同样，环境也创造人。”从系统的角度来看，人才发展环境是指与人才的成长发展密切相关的各种外部要素的总和。按照“五位一体”总体布局的要求，可以把人才发展环境概括为经济环境、政治环境、文化环境、社会环境、生态环境五个方面。

如何对这五个方面进一步细分，科学地设定人才发展环境评价的二级指标？如何运用这些指标体系对区域人才发展环境进行评价，挖掘各地区人才发展环境中存在的问题？如何分析这些问题是哪些因素造成的，进而分析这些因素在人才发展环境中的作用程度有多大？这些方面的分析对优化各地区的人才发展环境具有重要参考价值，同时又能够为各地区人才工作部门吸引人才、使用人才、留住人才和挖掘人才潜力提供依据。

---

* 本文系山东省软科学资金资助项目（2012RKE28006）、中央高校基本科研业务费专项资金资助项目（10CX04026B）的研究成果。

** 作者司江伟系中国石油大学人才发展研究中心主任，教授，管理学博士，硕士研究生导师；陈晶晶系中国石油大学（华东）经济管理学院硕士研究生。

一、当前人才发展环境指标研究的文献综述

国外对人才环境的研究主要集中在微观层面的人员管理与激励和宏观层面的人员流动动因分析,① 鲜见人才发展环境评价指标方面的研究，而国内学者在指标构建方面已取得显著成果，主要集中在人才发展环境指标构建和权重的确定方法两个方面。

一是从人才发展环境指标构建方面来看，学者们有着不同的见解，尚未形成统一标准。查奇芬指出，人才环境综合评价指标体系由经济发展状况、科技教育和国民素质状况、人才创业和保障状况、社会服务及保障状况、城市发展状况、人才中介服务状况 6 个一级指标、14 个二级指标、26 个三级指标构成。② 王顺将人才环境分为经济环境、文化环境、社会环境、生活环境、自然环境、人才市场环境等 6 个子目标，在子目标下设立 32 个评价指标，建立了人才环境评价体系。③ 肖利哲等将人才发展环境设为一级指标，选取经济环境、科教环境、创业环境、人才市场环境、社会保障环境和基本生活环境 6 个二级指标、19 个三级指标构建人才发展环境评价指标体系。④ 倪鹏飞等综合考虑了生活环境、创业环境、创新环境及宏观环境 4 个方面，构建了一个国际可比的人才环境评价指标体系。⑤ 刘丽君等总结了人才环境评价指标体系由人才数量指标、人才素质指标、人才培养指标和人才流动指标构成。⑥

二是从人才发展环境评价指标权重确定的方法来看，主要采用层次分析法、因子分析法、指数合成法、主成分分析法等。王顺在建立人才环境评价体系时，通过构建模糊评价模型，用德尔菲法、层次分析法确定各个评价指标的权重。⑦ 肖利哲等采用因子分析法确定权重对黑龙江省人才发展环境进行了评价。⑧ 倪鹏飞等采用指数合成方法进行各指标权重的确定从而构建了人才环境评价指标体系。⑨ 刘丽君等采用层次分析法的基本思想确定各个指标的权重。⑩

学者们在人才发展环境指标研究方面已取得丰富成果，但从"五位一体"人才发展环境这一角度来看，针对人才发展环境评价指标的研究还需要进一步丰富和完善。

---

① 吴志明:《江西人才环境评价研究》，华东交通大学博士论文，2008 年。

② 查奇芬:《人才环境综合评价体系的研究》,《技术经济》2002 年第 11 期。

③ 王顺:《中国城市人才环境综合评价研究》，中国农业大学博士论文，2005 年。

④ 肖利哲、赵丽娜:《黑龙江省人才发展环境评价研究》,《经济研究导刊》2009 年第 2 期。

⑤ 倪鹏飞、李清彬:《人才环境的国际比较：指标构建及应用》,《南京社会科学》2010 年第 2 期。

⑥ 刘丽君、徐姗姗:《我国人才环境评价指标体系的构建研究》,《沈阳农业大学学报（社会科学版）》2012 年第 5 期。

⑦ 王顺:《中国城市人才环境综合评价研究》，中国农业大学博士论文，2005 年。

⑧ 肖利哲、赵丽娜:《黑龙江省人才发展环境评价研究》,《经济研究导刊》2009 年第 2 期。

⑨ 倪鹏飞、李清彬:《人才环境的国际比较：指标构建及应用》,《南京社会科学》2010 年第 2 期。

⑩ 刘丽君、徐姗姗:《我国人才环境评价指标体系的构建研究》,《沈阳农业大学学报（社会科学版）》2012 年第 5 期。

二、"五位一体"人才发展环境评价指标体系的构建

（一）评价指标框架体系

本文中，"五位一体"人才发展环境评价指标体系的研究是在解读党的十八大报告提出的全面落实经济建设、政治建设、文化建设、社会建设、生态建设"五位一体"总体布局要求的基础上进行的，将人才发展环境分为经济环境、政治环境、文化环境、社会环境、生态环境5个一级指标；遵循可比性、层次性、可操作性、全面性和代表性等原则，最终在一级指标下设立27个二级指标构建"五位一体"人才发展环境评价指标框架，具体见表1。

表1 "五位一体"人才发展环境评价指标框架

一级指标	二级指标
经济环境	城镇居民人均可支配收入（元） 商品房平均销售价格（元） 城市居民恩格尔系数（%） GDP年增长率（%） 人均GDP（元） 每十万人拥有规模以上工业企业数（个）
政治环境	科学技术奖励政策 人才引进政策 人才创业政策 政府工作效率 政府公开程度
文化环境	文化及相关产业机构数（个） 每万人拥有专利授权数（项） 平均每万人口在校大学生数（人） 图书出版总数（万册）
社会环境	教育支出占财政支出比重（%） 居民基本养老保险覆盖率（%） 城市人均住房面积（m^2） 每万人拥有医院床位数（张） 每万人拥有公共交通车辆（辆） 刑事诉讼件数（件）
生态环境	空气污染指数 城市污水处理率（%） 环境保护投资占GDP比重（%） 人均公共绿地面积（m^2） 区域环境噪声平均值（分贝） 工业固体废物综合利用率（%）

经济环境是衡量地区发展实力的根本，也是反映地区人才发展环境的最基本指标。良好的经济环境为人才提供了必要的工作条件和生活条件，有利于吸引、保持、发展人才，使人才充分发挥其价值。本文采用城镇居民人均可支配收入、商品房平均销售价格、城市居民恩格尔系数、GDP 增长率、人均 GDP、每十万人拥有规模以上工业企业数 6 个指标来评价人才经济环境。

良好的政治环境是保证人才发展方向与社会发展要求相一致的客观基础，也是人才的物质条件和精神条件得到保证的基础。① 本文采用科学技术奖励政策、人才引进政策、人才创业政策、政府工作效率、政府公开程度 5 个指标来评价人才政治环境。

文化环境指一个地区的信仰、价值观、教育水平、文化传统等。它是地区持续发展的精神源泉，是人才聚集的不竭动力，是人才发展的风向标。本文采用文化及相关产业机构数、每万人拥有专利授权数、平均每万人口在校大学生数、图书出版总数 4 个指标来评价人才文化环境。

社会环境是人才发展的重要支撑，反映了地区的现代化水平，为人才发展提供社会保障。本文采用教育支出占财政支出比重、居民基本养老保险覆盖率、城市人均住房面积、每万人拥有医院床位数、每万人拥有公共交通车辆、刑事诉讼件数 6 个指标来评价人才社会环境。

生态环境是指与人才的生存和发展息息相关的各种自然力量或作用的总和。良好的生态环境是吸引人才的重要因素。近年来，各地生态环境恶化严重，必须引起人们的足够重视。本文采用空气污染指数、城市污水处理率、环境保护投资占 GDP 比重、人均公共绿地面积、区域环境噪声平均值、工业固体废物综合利用率 6 个指标来评价人才生态环境。

（二）评价指标权重确定

在“五位一体”人才发展环境评价指标体系中，各评价指标在反映人才发展环境时的相对重要程度不同。权重的确定是建立评价指标体系的重要环节。本文采用德尔菲法和层次分析法相结合的方式确定各个评价指标的权重。运用层次分析法，具体分以下步骤进行：②

（1）建立如表 1 所示的递阶层次结构模型来表明各因素之间的关系。第一层包括 5 个指标，记为 $V=\{V_1, V_2, V_3, V_4, V_5\}$。第二层包括 27 个指标，记为 $V_1=\{V_{11}, V_{12}, V_{13}, V_{14}, V_{15}, V_{16}\}$，$V_2=\{V_{21}, V_{22}, V_{23}, V_{24}, V_{25}\}$，$V_3=\{V_{31}, V_{32}, V_{33}, V_{34}\}$，$V_4=\{V_{41}, V_{42}, V_{43}, V_{44}, V_{45}, V_{46}\}$，$V_5=\{V_{51}, V_{52}, V_{53}, V_{54}, V_{55}, V_{56}\}$。

（2）根据德尔菲法，请专家小组成员对同一层次的各元素关于在上一层次中的重要性进行两两打分，通过反复征询、打分使其意见趋于集中，构造两两比较判断矩阵，如表 3—表 8 所示。两两比较时采用 Satty 比例九标度体系，见表 2。

① 田甜：《论社会政治环境对人才成长的影响》，《人才资源开发》2010 年第 3 期。

② 储敏：《层次分析法中判断矩阵的构造问题》，南京理工大学博士论文，2005 年。

表2　Satty 比例九标度体系

标　度	定　义
1	两个元素相比，同等重要
3	两个元素相比，前者比后者稍微重要
5	两个元素相比，前者比后者明显重要
7	两个元素相比，前者比后者强烈重要
9	两个元素相比，前者比后者极端重要
2、4、6、8	上述相邻判断的中间值
倒数	两个元素相比，后者比前者的重要性标度

表3　一级指标两两判断矩阵

	V_1	V_2	V_3	V_4	V_5
V_1	1	2	3	4	5
V_2	1/2	1	2	3	4
V_3	1/3	1/2	1	2	3
V_4	1/4	1/3	1/2	1	2
V_5	1/5	1/4	1/3	1/2	1

表4　经济环境两两判断矩阵

	V_{11}	V_{12}	V_{13}	V_{14}	V_{15}	V_{16}
V_{11}	1	2	2	3	4	5
V_{12}	1/2	1	1	2	3	4
V_{13}	1/2	1	1	2	3	4
V_{14}	1/3	1/2	1/2	1	2	3
V_{15}	1/4	1/3	1/3	1/2	1	2
V_{16}	1/5	1/4	1/4	1/3	1/2	1

表5　政治环境两两判断矩阵

	V_{21}	V_{22}	V_{23}	V_{24}	V_{25}
V_{21}	1	2	3	4	4
V_{22}	1/2	1	2	3	3
V_{23}	1/3	1/2	1	2	2
V_{24}	1/4	1/3	1/2	1	1
V_{25}	1/4	1/3	1/2	1	1

表 6　文化环境两两判断矩阵

	V_{31}	V_{32}	V_{33}	V_{34}
V_{31}	1	2	3	4
V_{32}	1/2	1	2	3
V_{33}	1/3	1/2	1	2
V_{34}	1/4	1/3	1/2	1

表 7　社会环境两两判断矩阵

	V_{41}	V_{42}	V_{43}	V_{44}	V_{45}	V_{46}
V_{41}	1	2	3	4	4	5
V_{42}	1/2	1	2	3	3	4
V_{43}	1/3	1/2	1	2	2	3
V_{44}	1/4	1/3	1/2	1	1	2
V_{45}	1/4	1/3	1/2	1	1	2
V_{46}	1/5	1/4	1/3	1/2	1/2	1

表 8　生态环境两两判断矩阵

	V_{51}	V_{52}	V_{53}	V_{54}	V_{55}	V_{56}
V_{51}	1	1	2	3	4	5
V_{52}	1	1	2	3	4	5
V_{53}	1/2	1/2	1	2	3	4
V_{54}	1/3	1/3	1/2	1	2	3
V_{55}	1/4	1/4	1/3	1/2	1	2
V_{56}	1/5	1/5	1/4	1/3	1/2	1

（3）根据方根法求解判断矩阵的特征向量 W 和最大特征值 λmax，并进行一致性检验。以一级指标两两判断矩阵为例，计算得 $W=[0.4174, 0.2634, 0.1602, 0.0975, 0.0615]^T$，即经济环境、政治环境、文化环境、社会环境、生态环境权重分别为 0.4174，0.2634，0.1602，0.0975，0.0615，最大特征值 $\lambda_{max}=5.0680$，一致性比率 $CR=0.0152<0.1$，通过一致性检验。同理，依次计算 5 个二级指标两两判断矩阵的特征向量、最大特征值和一致性比率。最终得到“五位一体”人才发展环境评价指标权重，见表 9。

表 9 “五位一体”人才发展环境评价指标权重

V	V_1	V_2	V_3	V_4	V_5	占总指标的权重
	0. 4174	0. 2634	0. 1602	0. 0975	0. 0615	
V_{11}	0. 3407					0. 1422
V_{12}	0. 2068					0. 0836
V_{13}	0. 2068					0. 0836
V_{14}	0. 1217					0. 0508
V_{15}	0. 0752					0. 0314
V_{16}	0. 0488					0. 0204
V_{21}		0. 4135				0. 1089
V_{22}		0. 2576				0. 0678
V_{23}		0. 1531				0. 0403
V_{24}		0. 0879				0. 0232
V_{25}		0. 0879				0. 0232
V_{31}			0. 4668			0. 0748
V_{32}			0. 2776			0. 0445
V_{33}			0. 1603			0. 0257
V_{34}			0. 0953			0. 0152
V_{41}				0. 3750		0. 0366
V_{42}				0. 2436		0. 0238
V_{43}				0. 1504		0. 0147
V_{44}				0. 0886		0. 0086
V_{45}				0. 0886		0. 0086
V_{46}				0. 0538		0. 0052
V_{51}					0. 2965	0. 0182
V_{52}					0. 2965	0. 0182
V_{53}					0. 1799	0. 0111
V_{54}					0. 1111	0. 0069
V_{55}					0. 0700	0. 0043
V_{56}					0. 0460	0. 0028
合计						1

三、“五位一体”人才发展环境评价指标体系实证分析

深圳、武汉、青岛、南京是近年来人才快速发展的四个城市。通过对这四个城市的人才发展环境评价研究，验证“五位一体”人才发展环境评价指标体系的合理性和可行性。

（一）评价标准

设立评价标准，是对各城市进行横向比较的基础。客观指标评价标准的设置依据近年来的统计数据，主观指标评价标准的设置依据人们对“五位一体”人才发展环境现状的评价。各个评价指标最低分为 0 分，最高分为 100 分。

由于需要同时考虑四个城市指标数据的可获得性，因此，用“公共图书馆总藏量”代替“图书出版总数”，用“律师法律事务代理件数”代替“刑事诉讼件数”，用“人均公园绿地面积”代替“人均公共绿地面积”。各评价指标的评价标准如表 10 所示。①

表 10　各评价指标的评价标准

评价指标	评价标准				
	优秀 90~100 分	良好 80~90 分	一般 70~80 分	较差 60~70 分	差 ≤60 分
V_{11}	≥30000	20000~30000	10000~20000	5000~10000	≤5000
V_{12}	≤10000	10000~20000	20000~30000	30000~40000	≥40000
V_{13}	≤36%	36%~38%	38%~40%	40%~42%	≥42%
V_{14}	≥20%	15%~20%	10%~15%	5%~10%	≤5%
V_{15}	≥100000	80000~100000	60000~80000	40000~60000	≤40000
V_{16}	≥50	40~50	30~40	20~30	≤20
V_{21}	非常好	很好	一般	较差	非常差
V_{22}	非常好	很好	一般	较差	非常差
V_{23}	非常好	很好	一般	较差	非常差
V_{24}	非常高效	很高效	一般高效	较不高效	不高效
V_{25}	非常公开	很公开	一般公开	较不公开	不公开
V_{31}	≥500	400~500	300~400	200~300	≤200
V_{32}	≥40	30~40	20~30	10~20	≤10
V_{33}	≥900	700~900	500~700	300~500	≤300
V_{34}	≥8000	6000~8000	4000~6000	2000~4000	≤2000

① 王顺：《中国城市人才环境综合评价研究》，中国农业大学博士论文，2005 年。

续表

评价指标	评价标准				
	优秀 90～100分	良好 80～90分	一般 70～80分	较差 60～70分	差 ≤60分
V_{41}	≥16%	12%～16%	8%～12%	4%～8%	≤4%
V_{42}	≥80%	70%～80%	60%～70%	50%～60%	≤50%
V_{43}	≥40	30～40	20～30	10～20	≤10
V_{44}	≥50	40～50	30～40	20～30	≤20
V_{45}	≥20	15～20	10～15	5～10	≤5
V_{46}	≤30000	30000～50000	50000～70000	70000～90000	≥90000
V_{51}	≤50	50～70	70～90	90～110	≥110
V_{52}	≥95%	90%～95%	85%～90%	80%～85%	≤80%
V_{53}	≥3%	2.5%～3%	2%～2.5%	1.5%～2%	≤1.5%
V_{54}	≥20	15～20	10～15	5～10	≤5
V_{55}	≤40	40～50	50～60	60～70	≥70
V_{56}	≥95%	90%～95%	85%～90%	80%～85%	≤85%

（二）深圳、武汉、青岛、南京人才发展环境评价

指标数据分为客观数据和主观数据。客观数据取自深圳、武汉、青岛、南京四个城市的2012年统计年鉴、2011年国民经济和社会发展统计公报、2011年环境状况公报以及相关网站网页数据，并根据评价标准进行转化；主观数据通过设计并发放调查问卷，对有效问卷中的选项量化，转化成相应的分值。城市人才发展环境综合评价得分计算公式由公式（2-1）给出：

$$G=\sum_{i=1}^{5}\sum_{j=1}^{a_i} g_{ij}w_{ij}\text{，其中 } a_1=6,\ a_2=5,\ a_3=4,\ a_4=6,\ a_5=6 \tag{2-1}$$

上述公式中，G—总评价分值，g_{ij}—指标V_{ij}的分值，w_{ij}—指标V_{ij}的权重。

根据人才发展环境综合评价得分计算公式，借用*EXCEL*计算出人才发展环境综合得分G，计算结果见表11。

表11　城市人才发展环境总评价分值

城市	深圳	武汉	青岛	南京
综合得分G	87.7	81.0	82.3	84.2
所处等级	良好	良好	良好	良好

从表11不难看出，四个城市的人才发展环境均处于良好水平。深圳的人才发展环境最

好，南京次之，其次是青岛、武汉。具体可进一步计算分析各城市在5大环境及各具体指标上具有的优劣势，提出切实可行的人才发展环境优化建议及对策。

四、“五位一体”人才发展环境评价指标体系的实施

构建“五位一体”人才发展环境评价指标体系是人才发展环境评价工作的第一步，“五位一体”人才发展环境评价指标体系的实施也是评价工作的重要组成部分。如今中央组织部、人力资源和社会保障部主管人才队伍建设工作，是“五位一体”人才发展环境评价指标体系的主要使用者。具体实施步骤如下：

（一）适当调整评价指标和评价标准

本文建立的“五位一体”人才发展环境评价指标广泛适用而不针对于特定地区，不能反映地区特色；同时，指标体系的评价标准因地区、发展阶段等的不同而有所差异，指标数据极高或者极低都不适用本文中的评价标准。因此，各地区需在使用此指标体系前对评价指标和评价标准作出适当的调整。以调整后的评价标准为规范，给各个指标赋值，把各个指标量化处理，这是实施评价工作的基础条件。

（二）成立科学的评价机构，进行人才发展环境评价

成立评价小组，进行“五位一体”人才发展环境评价。评价小组成员可以由各市、县、区的组织部门和人社部门成员、优秀人才代表组成，这样有利于多方位、全面地收集地区数据，切实保障数据质量。另外，“五位一体”人才发展环境评价需自上而下推动实施，收集数据进行定期监测、评价，在实施过程中发现问题及时修改，以提高实施效率和质量。评价结果需指出哪些是强项、哪些是弱项，最终提供一份人才发展环境质量报告。

（三）发布评价结果，制定改善举措

通过官方渠道定期向公众发布人才发展环境质量报告，使评价置于公众监督之下，督促各方对评价结果作出及时、必要的反馈，也可以提高社会公众对人才发展环境建设的重视。根据评价结果与地方发展需要，制定目标和计划，下达任务和改进意见，积极改善人才发展环境。

（四）跟踪和监控计划实施情况

对地区计划的实施情况要适时跟踪、监控，建立计划实施报告制度，强化计划实施的动态跟踪。人才发展环境评价提倡全民参与，民众可通过信件、电话、网络信箱等方式对实施情况进行民意反馈，并将责任明确落实到相关部门和领导，实施奖优罚劣，即对落实中成效显著的给予奖励，对落实不力的追究相关责任。

（五）进行反馈和再评价

根据反馈的改进实施、完善情况，进行人才发展环境的再评价，这是一个循环往复的

过程。人才发展环境系统是一个动态变化的系统，各指标数据在不断地变化，因此需要对人才发展环境进行定期的监测和评价，不断优化地区人才发展环境，提高地区人才竞争力。

参考文献

[1] 吴志明：《江西人才环境评价研究》，华东交通大学博士论文，2008年。

[2] 查奇芬：《人才环境综合评价体系的研究》，《技术经济》2002年第11期。

[3] 王顺：《中国城市人才环境综合评价研究》，中国农业大学博士论文，2005年。

[4] 肖利哲、赵丽娜：《黑龙江省人才发展环境评价研究》，《经济研究导刊》2009年第2期。

[5] 倪鹏飞、李清彬：《人才环境的国际比较：指标构建及应用》，《南京社会科学》2010年第2期。

[6] 刘丽君、徐姗姗：《我国人才环境评价指标体系的构建研究》，《沈阳农业大学学报（社会科学版）》2012年第5期。

[7] 田甜：《论社会政治环境对人才成长的影响》，《人才资源开发》2010年第3期。

[8] 储敏：《层次分析法中判断矩阵的构造问题》，南京理工大学博士论文，2005年。

Research on the Evaluation Index System for Combined Talent Development Environments

Si Jiangwei, Chen Jingjing

Abstract: This paper constructs an evaluation index system for talent development which includes 5 primary indexes (namely economic environment, political environment, cultural environment, social environment, and ecological environment) and 27 secondary indexes. It then verifies the rationality and feasibility of this system with the examples of Shenzhen, Wuhan, Qingdao and Nanjing. At last, the author puts forward the approaches for implementing this system providing reference for its application.

Key words: combined talent development environments in 5 dimensions, talent development environment, index system, analytic hierarchy process

（编辑：刘　洋）

2013—2014年中国上市公司高管薪酬调研报告*

德勤人力资本咨询中国高管薪酬研究中心

[摘要] 本文运用“德勤中国高管薪酬指数评价体系”，通过对A股上市的2509家公司（截至2013年12月31日）已披露的年报及年报补充信息的数据挖掘，针对2013—2014年中国A股上市公司高管薪酬进行调研分析，得出上市公司总人工成本、高管最高薪酬均值、行业间高管薪酬水平差异、高管内部薪酬差异等10项重点发现。

[关键词] 高管薪酬　A股上市公司　薪酬调查　2013—2014年

一、研究的样本和方法

（一）研究的样本

1. 样本

截至2013年12月31日上市的A股上市公司，有效样本2509家。

2. 数据来源

上述样本公司已披露的2013年公司年报及年报补充信息。

3. 样本行业分类

采取证监会行业分类，分为采掘业、传播与文化产业、电力煤气及水的生产和供应业、房地产业、建筑业、交通运输仓储业、金融保险业、农林牧渔业、批发和零售贸易业、社会服务业、信息技术业、制造业、综合类共计13个行业。

（二）调研分析方法

本次调研，运用“德勤中国高管薪酬指数评价体系”，具体包含：高管内部公平性系数、行业间外部公平性系数、典型因素差异性分析、总人工成本占营业收入比、总人工成本利润率、行业薪酬分位值、相关性系数等指标体系。

（三）数据说明

（1）对于未在年报中明确注明高管薪酬为税前或税后的部分样本数据，在此默认其为税前数据，以便于统计分析，由此可能带来一定的不确定性，德勤人力资本咨询公司在此提示本报告数据仅作研究参考。

（2）本报告中数据分析以人民币为基础，对于个别样本以港币作为货币单位的，按照2013年期末汇率折算成人民币金额。

（3）除特别说明以外，本报告中所述高管薪酬水平、高管薪酬均值数据均以上市公司中最高的高管薪酬数据为分析数据来源；典型岗位分析中剔除了“零薪酬”等异常数据；对于个别年报中所涉及高管任期不满一年的情况，除特别注明以外，本文在统计分析时均将其薪酬作为无效数据剔除。

（4）部分样本（尤其以金融行业为典型）显示2013年发放总额包含2013年以前年度提取而在2013年实际发放的部分，同时2013年应付薪酬也存在部分延期发放额度，考虑到该类样本高管薪酬延期支付的惯例，不再对本年度发放金额进行具体的年度切分，以截止到2013年5月20日的年报及补充年报公告所披露总额数据为分析基础。

二、十大关键调研发现

（一）A股上市公司整体业绩与总人工成本分析

2013年A股2509家上市公司实现营业收入27.06万亿元，同比增长10.36%，净利润合计为2.41万亿元，较2012年2468家上市公司所创造的1.95万亿元净利润大幅增长了23.6%。2013年2509家上市公司共有2279家实现全年盈利，1325家公司业绩同比增长，其中173家扭亏，公司业绩同比增长的企业数量刚刚超过半数。另有214家上市公司出现业绩亏损，亏损企业数占比为8.53%，而2012年亏损企业数占比为13.78%。

总人工成本占营业收入比用以衡量总人工成本支出与营业收入占比关系。德勤高管薪酬研究中心分析近3年数据发现，这一指标出现平稳小幅上升，2013年行业平均值为7.5%，2012年为7.3%，2011年为6.9%，体现了总人工成本占营业收入的比例在不断上升，企业的人工成本支付压力增大。这一指标体现了较大的行业差异性，2013年这一指标的行业差异性进一步扩大，各行业指标值区间在3.1%至14.8%之间；在证监会划分的13个行业中，有8个行业该比例略高于2012年，农林牧渔业涨幅最大，达到10%，且与2012年下降5.2%形成较大反差；社会服务业、传播与文化产业、房地产业等5个行业则出现了不同程度的下降，其中房地产业已连续两年保持较为匀速的下降趋势（2013年下降5.4%，

2012 年下降 5. 6%）。从指标绝对值看，金融保险业以 14. 8%的指标值继续领跑全行业，相比上年增长并不明显，交通运输仓储业（13. 2%）与传播与文化产业（12. 5%）仍然紧随其后。指标排名后三位的行业同样没有变化，依次为采掘业（4. 6%）、房地产业（4. 1%）、批发和零售贸易业（3. 1%）。

总人工成本利润率是用以衡量人工成本效率的重要指标，表示每投入 1 元人工成本所产生的利润。德勤高管薪酬研究中心分析近 3 年数据发现，这一指标在 2010—2012 年连年下降之后，2013 年出现小幅回升，全行业平均值为 1. 19，而 2012 年为 1. 16，体现了人工成本产出效率有所好转。与行业趋势相同，大部分行业（13 个行业中的 8 个）该指标呈现了较为明显的上升趋势，涨幅最大的信息技术业的增长率达 30. 08%，电力煤气及水的生产供应业、建筑业相比 2012 年增长均超过 20%；部分行业（房地产业、综合类、交通运输仓储业、农林牧渔业）继续呈现下降趋势，其中农林牧渔业该指标降幅达 43. 68%，已经连续第二年降幅超过 30%。从指标绝对值看，该指标值同样体现了较大的行业差异性，连续 3 年占据行业最高值的房地产业该指标值虽继续下降，但仍达 3. 25（2012 年 3. 36，2011 年 3. 47），而农林牧渔业代替信息技术业成为该指标最低的行业，仅为 0. 24，与房地产业差距超过 13 倍。

（二）高管最高薪酬均值分析

高管最高薪酬均值是行业高管薪酬水平的重要风向标之一。2013 年 A 股上市公司高管最高薪酬均值达到 81. 05 万元，2012 年为 76. 87 万元，2011 年为 72. 2 万元。德勤高管薪酬研究中心分析发现，高管最高薪酬均值领先的三个行业（金融保险业、房地产业、批发和零售贸易业）已经保持了连续 4 年的领先优势，2013 年其高管最高薪酬均值分别为 319. 3 万元、138. 53 万元及 106. 82 万元；从高管个人薪酬排行榜分析同样发现，连年占据榜单前 10 的高管一半来自金融保险业与房地产业。

多数行业（13 个行业中的 11 个）高管最高薪酬均值保持一定幅度增长，但增幅较 2012 年明显放缓。除批发和零售贸易业（增幅 19. 1%）之外，其他行业增幅区间在 0. 9%—8%。另有两个行业出现下降，分别为：采掘业（下降 18. 63%）、电力煤气及水的生产和供应业（下降 0. 23%）。

从近 3 年数据看，多数行业高管最高薪酬均值（13 个行业中的 8 个）连续 3 年呈现较稳定的增长趋势，但部分行业增速放缓或呈下降趋势，例如：房地产业继 2012 年 16. 7%增长后、2013 年持续增长 9. 25%，社会服务业继 2012 年 20. 91%增长后、2013 年持续增长 8%，制造业继 2012 年 7. 34%增长后、2013 年持续增长 6. 82%；而高管最高薪酬均值最高的金融保险业并未延续在 2012 年（降幅 16. 9%）的下降趋势，在 2013 年小幅增长 3. 63%。

（三）行业间外部公平性分析

高管薪酬行业间外部公平性指标是以高管最高薪酬均值最低的行业为基准，计算其他行业与其倍数，用以衡量行业间高管薪酬水平差异。

数据统计显示，2013年农林牧渔业依旧是高管薪酬最低行业，除金融保险业之外，其余11个行业与农林牧渔业相比，外部公平性系数在1.19—2.93，与2012年（系数区间1.20—2.70）、2011年（系数区间1.12—2.38）相比变化不大但有小幅增长，体现了高管薪酬水平保持了一定的行业格局稳定性。但金融保险业高管薪酬水平依然保持了与其他12个行业的较大差异，2013年为农林牧渔业高管薪酬水平的6.75倍，较2012年的6.57倍有小幅增长态势。

（四）内部公平性分析

高管薪酬内部公平性系数是用以衡量高管内部薪酬差异度的指标，由于部分公司高管未在公司领薪而在年报中显示零薪酬，为保证数据准确性，在此用高管最高薪酬与副总最低薪酬进行内部差异性系数计算。2013年各行业这一指标均值的区间为1.51—2.28，相比2012年的1.67—2.34、2011年的1.77—3.86，体现了内部差异的进一步缩小。2013年内部公平性系数最大的行业是批发和零售贸易业，为2.28，内部公平性系数最小的是电力煤气及水的生产供应业，为1.51。

德勤高管薪酬研究中心分析发现，从近3年数据看，高管最高薪酬均值多数行业（13个行业中的9个）呈现了连续3年的下降趋势，其中农林牧渔业、金融保险业、综合类、批发和零售贸易业、信息技术业降幅最为显著。

（五）A股上市公司典型岗位高管薪酬分析

1. 最高薪酬获得者岗位：半数以上为公司董事长

2013年在2509家上市公司中，超四成（1123家）企业董事长为公司最高薪酬获得者，而最高薪酬获得者为总经理/总裁的企业数量为859家，高管副职的企业数量为523家，分别占34.2%及20.8%；较2012年，总经理/总裁为公司最高薪酬获得者的企业数量占比增多。

2. 典型岗位之总经理：总经理薪酬行业间依旧保持较大差异，房地产业增速最快，金融保险业开始实现小幅增长且绝对值依旧最高

2013年上市公司总经理平均薪酬达到68.96万元，较2012年大幅增长9.9%。金融保险业总经理薪酬均值依旧最高，达到236.59万元，开始实现小幅增长（5.5%）；而增长最快的行业为房地产业，增长幅度达到22.0%，总经理平均薪酬达到120.59万元；农林牧渔业在2013年增长幅度（19.0%）仅次于房地产业，总经理薪酬均值为41.16万元，与其他行业差距进一步减小。

从薪酬分布区间来看，全行业总经理薪酬中位值在49.82万元，P_{75}分位值在78.32万元，P_{25}分位值在31.87万元，同时总经理薪酬体现了较大的差异幅度，最高薪酬达到1431万元。

3. 典型岗位之财务负责人：财务负责人薪酬持续保持较大幅度增长，为增速最快高管岗位

2013年上市公司财务负责人（包括财务总监、CFO、总会计师、主管财务副总等同类岗位）平均薪酬达到42.98万元，较2012年增长13.4%，近3年始终为增速最快高管岗位。2013年所有行业财务负责人平均薪酬皆有不同幅度增长，其中金融保险业和传播与文化产业财务负责人平均薪酬增幅均超过20%，分别为60.3%和20.2%，其他行业增幅在5.5%—16.1%之间。

从薪酬区间来看，全行业财务负责人薪酬中位值在32万元，P_{75}分位值在49.97万元，P_{25}分位值为20.52万元。农林牧渔业财务负责人薪酬水平为所有行业最低，仅为26.8万元，金融保险业财务负责人薪酬水平最高，为210万元，是农林牧渔业的7.8倍。财务负责人最高薪酬可达到681.7万元，其中绝大多数在金融保险业。

4. 典型岗位之董事会秘书：多数行业薪酬水平实现一定幅度增长，外资企业保持最高

2013年全部A股上市公司董事会秘书平均薪酬为40.77万元，与财务负责人平均薪酬水平基本相当。金融保险业董事会秘书薪酬水平最高，为175.3万元，为农林牧渔业的6.6倍。从增速来看，全行业董事会秘书薪酬均值增长9.3%，除采掘业有较大幅度下降外，其他各行业董事会秘书薪酬均保持基本恒定或实现一定幅度增长，其中传播与文化产业增速最快（14.5%），而董事会秘书薪酬排名前三的金融保险业、房地产业及批发和零售贸易业也均有较大幅度增长，增幅均超过10%。

从上市公司控股性质来看，民营上市公司董事会秘书薪酬最低，平均为35.16万元，而外资参、控股上市公司董事会秘书薪酬保持最高，平均达到63.54万元。

从薪酬区间来看，全行业董事会秘书薪酬中位值约为31万元，P_{75}分位值约为48万元，P_{25}分位值约为20万元。农林牧渔业董事会秘书薪酬水平依旧为所有行业最低，为26.5万元，金融保险业董事会秘书薪酬水平最高，为175.3万元，是农林牧渔业的6.6倍。

5. 典型岗位之监事长：多数行业监事长薪酬不同程度增长，金融保险业监事长薪酬为农林牧渔业12倍

2013年全部A股上市公司的监事长平均薪酬为19.7万元，继2012年小幅下降后（降幅3.9%），2013年增长4.9%，2012年多数行业监事长薪酬不同幅度下降的态势并未在2013年延续，多数行业（13个行业中的9个）在2013年实现增长，但出现下降的4个行业——采掘业（下降22.8%）、传播与文化产业（下降14.8%）、综合类（下降12.1%）、农林牧渔业（下降4.2%）则降幅较为明显。

从薪酬区间来看，全行业监事长薪酬中位值在9.58万元左右，P_{75}分位值在26.55万元左右。农林牧渔业监事长薪酬水平为所有行业最低，仅为12万元，金融保险业监事长薪酬水平最高，为144.9万元，是农林牧渔业的12倍。

6. 典型岗位之独立董事：全行业薪酬均值小幅上升，外资企业有所下降

由于独立董事在同一家上市公司的薪酬水平有所不同，在此以每家上市公司薪酬最高的独立董事进行分析。2013年全行业独立董事年薪均值约为7.1万元，中位值约为6.0万元，P_{25}分位值约为5.0万元，P_{75}分位值约为8.0万元。

从控股性质来看，非国资委管理央企独立董事薪酬均值达到11.21万元，为全行业最高；各控股性质企业中，仅外资参、控股企业独立董事薪酬均值有所下降，降幅为3.5%，至9.07万元。

从薪酬数额来看，2509家上市公司中有2097家公司独立董事薪酬在10万元以下，超过10万元的企业仅占上市公司总数1/10左右。

（六）上市板块分析

2013年A股全板块高管最高薪酬均值涨幅5.9%，连续3年保持稳定增长。深市主板高管最高薪酬延续去年增长速度，达到93.5万元，绝对值和涨幅均领跑所有板块；沪市主板高管薪酬均值仅次于深市主板，为87.2万元，但增幅并不明显；创业板高管最高薪酬均值最小（60.9万元），但增幅达到8.3%，仅次于深市主板且与A股全板块增幅持平。

德勤高管薪酬研究中心整体分析发现，2011年和2012年沪深两市主板高管薪酬水平领跑全板块且差异不大，2013年这一格局开始打破，深市主板在薪酬绝对值和增幅方面均明显领先于沪市主板。另外，中小板和创业板与主板相比高管薪酬仍有差距，但是保持了较快的增长势头。

（七）区域分析

相比2012年，全国各区域高管薪酬水平增速明显放缓，各区域增速并未体现2012年的明显差异。其中西南地区依旧为增速最快区域，但增速（7.7%）较2012年（29.9%）下降明显；2012年增速（25.9%）仅次于西南地区的东北地区则在2013年保持基本恒定（增幅0.4%）；华南地区仍为高管薪酬水平最高区域，较2012年增长3.9%后，高管最高薪酬突破百万元（102.4万元）。

德勤高管薪酬研究中心进一步以省（区、市）为单位研究发现：北京市、上海市、广东省（含深圳市）高管最高薪酬均值继续保持全国领先优势。广东省连续3年最高，2013年达107.6万元，高出全国平均水平34.39%；北京地区的高管薪酬均值较2012年下降1.4%，至97.6万元，与广东省差距进一步拉大；而上海地区2013年高管薪酬均值小幅增长，达到89.3万元。

（八）控股性质分析

分析发现，外资参股上市公司高管薪酬继续保持领先优势但降幅最大，央企控股上市公司高管薪酬均小幅下降，民营控股上市公司高管薪酬增速显著，与地方国有控股上市公司差距进一步缩小。

从企业性质来看，2013年外资参股上市公司高管最高薪酬均值依旧保持最高，但较

2012年下降3.81%，达到135.6万元，与2012年30%增幅相比出现明显波动，且为各控股性质企业中降幅最大。

国资委和非国资委管理的央企控股上市公司高管最高薪酬均值均呈现一定幅度下降，分别为89.46万元和111.1万元；地方国有控股上市公司高管最高薪酬依旧保持平稳增长，达到80.41万元，涨幅与2012年基本持平。

民营控股上市公司高管最高薪酬增幅在各类控股性质企业中保持最快增速，2013年增长8.13%，绝对值达到74.69万元，进一步缩小了与地方国有控股上市公司的差距。

（九）股权激励实践市场整体分布分析

2013年度A股市场公告股权激励草案的上市公司累计156家。从激励工具来看，2013年上市公司采纳的激励工具分布首次呈现均衡分布特点，这是自2006年规范股权激励（试行）以来，激励方式倾向选择差异最小的一年。尤其是同时采纳股票期权和限制性股票的复合激励方式的上市公司数量明显增多，与2012年的16家数量（占比13%）相比，2013年该数量实现了翻倍，首次突破了21%。从板块分布来看，中小板和创业板仍然是规范股权激励积极的市场参与主体。从行业分布来看，采纳股权激励方式的行业中，制造业企业占全行业总数量的75%。

（十）股权激励相关社会热点与政策动态分析

党的十八届三中全会规划了国企改革蓝图，提出允许混合所有制经济实行企业员工持股，形成资本所有者和劳动者利益共同体。2013年12月17日，上海正式出台《关于进一步深化上海国资促进企业发展的意见》（简称“国资国企改革20条”），对上海国资企业明确功能定位并实施分类管理，分类设置法人治理结构，推行职业经理人制度和股权激励。2014年6月13日，上海市委常委会审议通过了《关于推进本市国有企业积极发展混合所有制经济的若干意见（试行）》，提出四个基本原则和主要目标，并具体阐述了实现股权激励，探索员工持股。

2012年8月4日，中国证监会起草并发布《上市公司员工持股计划管理暂行办法（征求意见稿）》，面向社会公开征求意见，关于上市公司持股的规范性问题一度成为专业人士讨论热点。2014年6月20日，中国证监会正式发布《关于上市公司实施员工持股计划试点的指导意见》，宣告上市公司建立员工持股机制进入了实操阶段。

2012年11月，《证券投资基金管理公司子公司管理暂行规定》施行。市场上有万家基金、东吴基金、长信基金、广发基金、易方达基金、民生加银基金等多家基金公司纷纷通过设立子公司的方式引入股权激励。

2014年5月29日，天弘基金增资扩股方案获得证监会批复，从实践角度实现了“借增资扩股之机，在新疆注册4家合伙企业，合并持有天弘基金11%激励股权”，从而宣告基金公司股权激励“破冰”成功，进入实操阶段。

研究发现，混合所有制改革大环境下，完善公司治理结构、建设长效激励机制、推进职业经理人队伍建设，成为当前国企改革关键任务之一；而民营企业长期激励趋势为，突破传统的股票期权、限制性股票与现金激励，形成更加丰富多样化、创新型的激励方案，建立物质与非物质相结合、短中长期相结合的完整薪酬结构。

三、小结

报告调研发现，2013年上市公司多数行业人工成本支付压力持续增大，同时人工成本产出效率停止下滑，实现小幅回升；而高管最高薪酬均值增长5.4%，保持持续增长态势，金融保险业、房地产业、批发和零售贸易业三行业持续领先；各行业间高管薪酬水平差异未见明显增大，而企业内部高管薪酬水平差异持续缩小，且总裁/总经理获得最高薪酬的企业数量较往年增多；深市主板高管薪酬均值继续保持增长态势，创业板也实现迅速增长；华南地区高管最高薪酬水平持续位列最高且突破百万元，广东相比北京上海的领先优势有进一步扩大趋势；外资参股及央企控股上市公司高管薪酬水平均有下滑，而民企高管薪酬水平增幅明显。

从股权激励来看，上市公司采纳的激励工具分布首次呈现均衡分布特点，同时采纳股票期权和限制性股票的复合激励方式的上市公司数量明显增多；"混合所有制"员工持股、长效激励机制建设成为当前国有企业改革关键词，而民营企业可以实现更加丰富多样且更易满足企业个性化激励需求的创新型激励方式。

2013-2014 Research Report on the Executive Compensation of China's Listed Companies

The Deloitte Human Capital Consulting China
Executive Compensation Research Center

Abstract: The paper analyses the executive compensation of China's A-share listed companies by the data collected from the annual reports and supplemental information disclosed by 2509 China's A-share listed companies (By or before Dec. 31, 2013) with the Deloitte China Executive Compensation Index Evaluation System, and arrives at ten key findings on the total labor cost of listed companies, average of the highest executive compensations of one sector, gap between the executive compensations of different sectors, gap between the executive compensations within one sector, etc.

Key words: executive compensation, A-share listed companies, compensation research, fiscal year 2013-2014

（编辑：吴　帅）

社会组织人才薪酬激励政策研究*

王爱敏　董志超**

[摘要]　在新的历史时期，加强社会建设必须激发社会组织活力，社会组织运作效率的提高必须依赖作为第一资源的人才资源。然而，社会组织中的人才资源效能并未得到充分发挥，薪酬待遇问题是制约发展的重要“瓶颈”。本文主要围绕社会组织人才的薪酬激励问题进行政策研究。

[关键词]　社会组织　人才　薪酬激励政策

党的十八大报告指出，要加快形成政社分开、权责明确、依法自治的现代社会组织体制。党的十八届三中全会也明确提出，“要改进社会治理方式，激发社会组织活力”。社会组织面临着难得机遇和严峻挑战，建设一支与其相匹配且有竞争力的专业人才队伍成为重要而紧迫的任务。然而，现阶段社会组织的人才队伍状况堪忧，比如人才的引进、培养、使用、激励及保障等方面法律法规比较缺乏，人才总量和结构不能满足组织发展需要，专业化程度与组织要求不匹配，社会组织面临的社会环境不具备足够吸引力等。无论从理论还是实践的角度，社会组织存在的诸多问题中，薪酬问题是阻碍社会组织人才队伍发展的现实“瓶颈”。

一、社会组织人才队伍薪酬状况及薪酬满意度实证分析

根据“2012年度社会组织薪酬调查”①项目调研结果，就采样数据来说，全国性社会组织薪酬状况总体平均水平低于北京市职工平均工资，社会组织专职从业人员对薪酬总体满意度不高，社会组织对优秀人才的吸引力不够。

---

*　本研究属于民政部2013年“中国社会组织建设与管理”理论研究部级课题“社会组织薪酬制度研究”（课题编号：2013MZACR001-056，课题主持人：王爱敏）研究成果之一；本研究的研究对象为全国性社会组织，即在民政部直接注册的社会组织，不包含地方性社会组织。本课题研究成果于2013年12月获得民政部2013年“中国社会组织建设与管理”理论研究部级课题二等奖。

**　作者王爱敏系中国人事科学研究院博士后，北京城市学院副教授，管理学博士；董志超系中国人事科学研究院人力资源标准化研究室主任，研究员。

①　“2012年度社会组织薪酬调查”为中国人事科学研究院与民政部民间组织服务中心合作项目。此次社会组织薪酬调查，共设计了两套问卷，就社会组织人工成本及社会组织从业人员薪酬满意度情况进行采样。

（一）社会组织人才队伍薪酬总体状况

1. 社会组织平均工资与北京市职工平均工资比较分析

2012年社会组织从业人员分析样本的年平均工资为59546元①，是北京市统计局公布的2012年北京市职工平均工资（62677元②）的0.95倍；社会组织三种类型，即行业协会商会类、科技类、公益慈善类年平均工资分别为北京市职工年平均工资的1.12倍、0.68倍、0.66倍，而基金会年平均工资为82935元，为北京市职工年平均工资的1.32倍（见图1）。

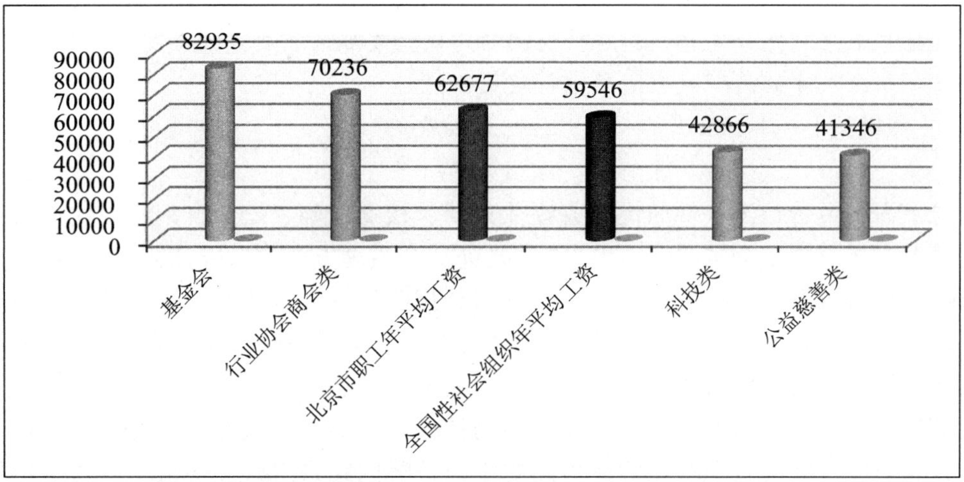

图1　社会组织与北京市职工2012年平均工资比较分析（单位：元）

2. 社会组织与北京市城镇非私营单位年平均工资比较分析

2012年全国性社会组织从业人员分析样本的月平均工资为4962元，年平均工资为59546元，是北京市统计局公布的2012年北京市城镇非私营单位就业人员年平均工资（84742元）的0.70倍（见图2）。全国性社会组织中，基金会、行业协会商会类、科技类、公益慈善类年平均工资分别为北京市城镇非私营单位就业人员年平均工资的0.98倍、0.83倍、0.51倍、0.49倍。基金会从业人员年平均工资非常接近北京市城镇非私营单位就业人员年平均工资。

---

① 数据来源：本次薪酬调查，即民政部民间组织服务中心和中国人事科学研究院“2012年度社会组织薪酬调查”。

② 数据来源：北京市统计局。职工平均工资统计范围为全市法人单位，包括国有、集体、联营、私营、股份制经济、外商投资以及港澳台商投资等类型的单位，包括个体工商户和灵活就业人员。职工包括单位的在岗职工和不在岗职工，私营法人单位、个体工商户、灵活就业人员视同职工。

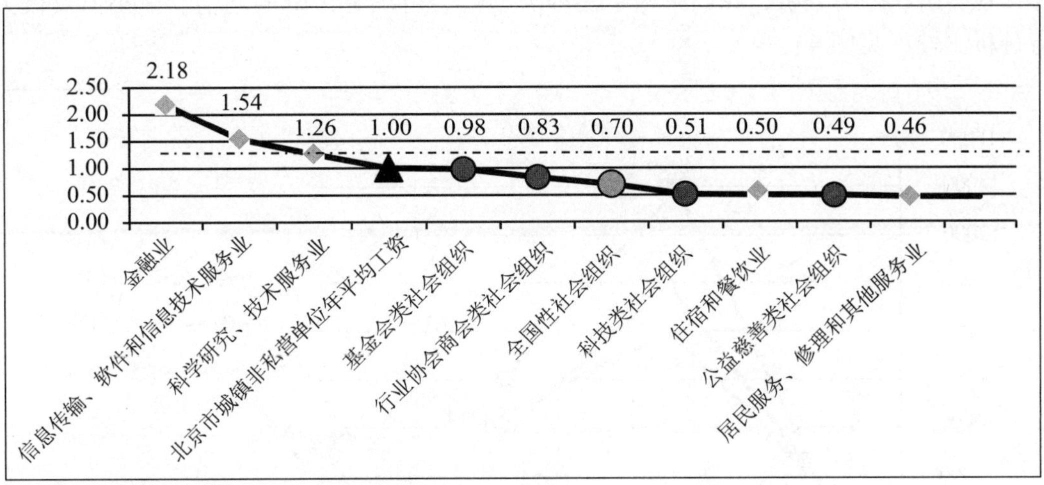

图 2　社会组织与北京各行业及北京市城镇非私营单位就业人员 2012 年平均工资比较（单位：北京市城镇非私营单位年平均工资的倍数）

3. 不同类型社会组织间薪酬状况差异分析

月薪酬低位数最低的社会组织是科技类，为 2513 元，月薪酬低位数最高的是行业协会商会类，为 4060 元；月薪酬中位数最低的是科技类，为 3333 元，月薪酬中位数最高的是行业协会商会类，为 6485 元；月薪酬高位数最低的是科技类，为 5742 元，月薪酬高位数最高的是行业协会商会类，为 7764 元。总体来说行业协会商会的工资水平明显高于其他社会组织（见图 3）。

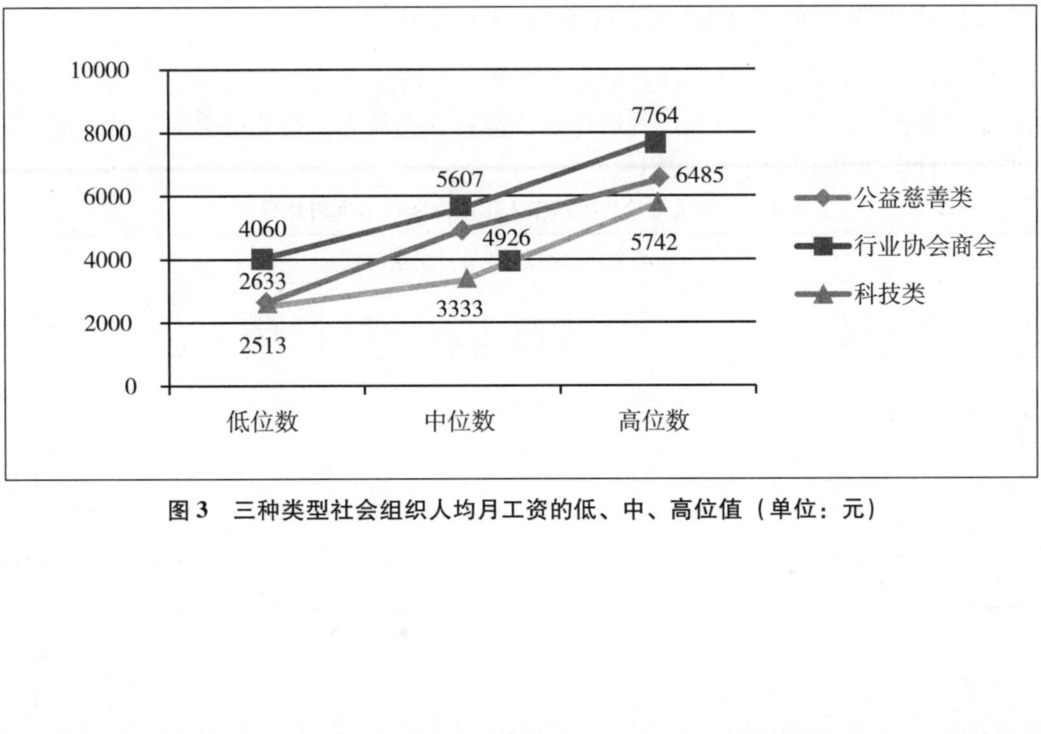

图 3　三种类型社会组织人均月工资的低、中、高位值（单位：元）

4. 不同类型社会组织月工资极小值及极大值比较分析

按社会组织分类分析，我们采样了三种类型社会组织月工资的均值、极小值及极大值进行分析比较（见图 4）。

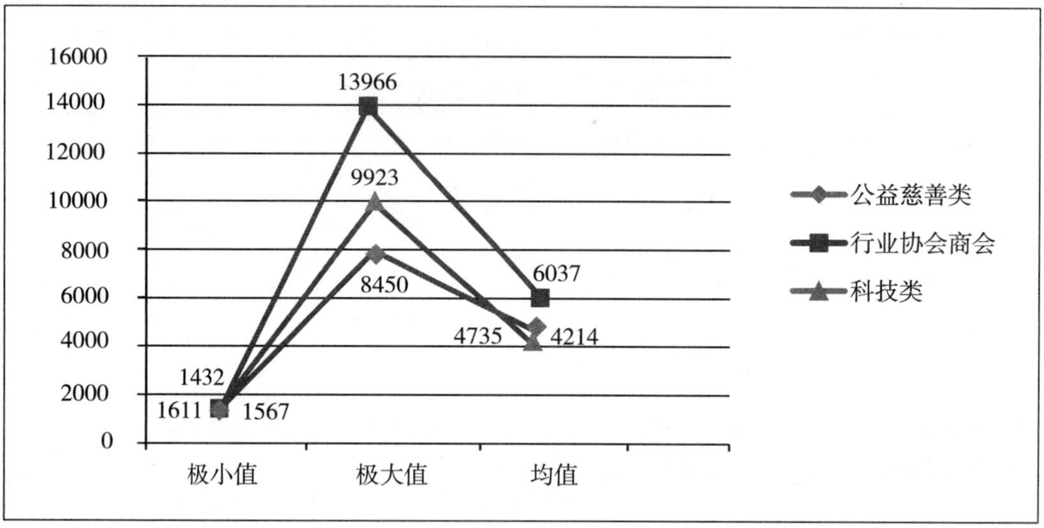

图 4　三种类型社会组织月工资的极小值、极大值和均值（单位：元）

如图所示，公益慈善类、科技类及行业协会商会类三种类型社会组织 2012 年月工资极小值基本一致，分别为 1611 元、1567 元、1432 元；极大值分别为 8450 元、9923 元、13966 元，行业协会类社会组织月工资极大值是公益慈善类的 1.65 倍。而同一类型社会组织月工资极大值与极小值比较，公益慈善类极大值是极小值的 5.25 倍，科技类社会组织极大值是极小值的 6.33 倍，行业协会商会社会组织极大值是极小值的 9.75 倍。

（二）不同类型社会组织人工成本各项比较分析

人工成本最高的社会组织为行业协会商会类；工资额最高的为行业协会商会类，最低的为公益慈善类；但“五险一金”费用却是公益慈善类最高，行业协会商会类最低，说明工资收入和社会保障不匹配（见表 1）。

表 1　不同类型社会组织中人工成本各项情况对比分析

不同类型社会组织中人工成本构成									
社会组织类型	人工成本均值（元）	工资总额（%）	培训费（%）	五险费（%）	其他保险（%）	公积金（%）	其他福利（%）	其他人工成本（%）	人工成本总计（元）
公益慈善类	5087.87	67.72	0.24	23.38	0.56	4.21	3.46	0.43	18499500
科技类	7879.08	45.34	1.04	11.87	0.83	5.02	18.33	17.57	26851700
行业协会商会类	8106.09	72.20	0.48	10.60	0.83	7.43	3.11	5.35	92928000

（三）社会组织员工薪酬满意度情况分析

1. 员工薪酬总体满意度情况分析

社会组织从业人员工资收入水平与经济发展水平相比较而言，有68%的公益慈善类社会组织从业人员认为其工资水平低于或远低于经济发展水平；科技类和行业协会商会类社会组织有63%的从业人员认为其工资水平低于或远低于经济发展水平（见图5）。

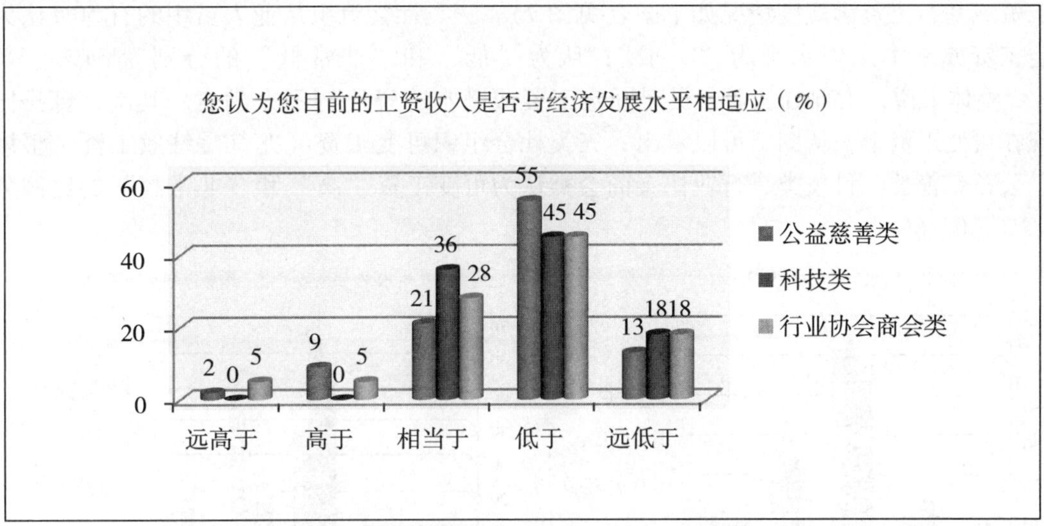

图5　三种类型社会组织人员工资水平与经济发展水平比较

总体来说，公益慈善类、科技类、行业协会商会类社会组织中，对薪酬满意度比较高的比例较少（见图6），对薪酬感到非常满意和满意的比例分别为32%、45%、36%。

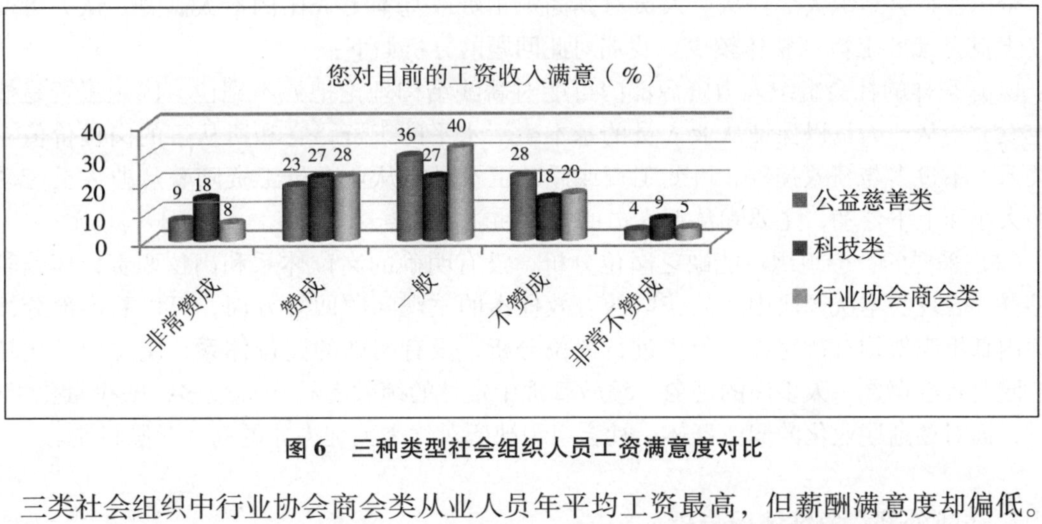

图6　三种类型社会组织人员工资满意度对比

三类社会组织中行业协会商会类从业人员年平均工资最高，但薪酬满意度却偏低。相比较而言，科技类社会组织从业人员在三类社会组织中对薪酬的满意度偏高一些。究其原因，我们推测，或许是因为所采样的科技类社会组织从业人员学历均为“本科及以下”，从事的多为行政事务，对薪酬的期望值不是太高。

2. 薪酬内部公平性满意度情况分析

薪酬内部公平性是指员工对自身工作在企业内部的相对价值认可，主要体现在自我比较和与他人比较，即将自己的付出和所得比较，同时和他人的付出所得进行比较。

就自我比较而言，首先体现在固定工资或基本工资上，三类社会组织从业人员对其固定工资或基本工资满意度情况如下图（见图7）。三类社会组织从业人员中约有50%认为其固定工资或基本工资水平为“一般”；认为“低”和“非常低”的分别为34%、36%、36%。整体来说，大部分从业人员对固定工资或基本工资比例不太满意。其次，自我比较体现在可变工资上，从图7可以看出，三类社会组织可变工资（尤其是绩效工资）整体较少。公益慈善类、科技类、行业协会商会类认为可变工资“高”和“非常高”的比例分别为13%、0、6%。

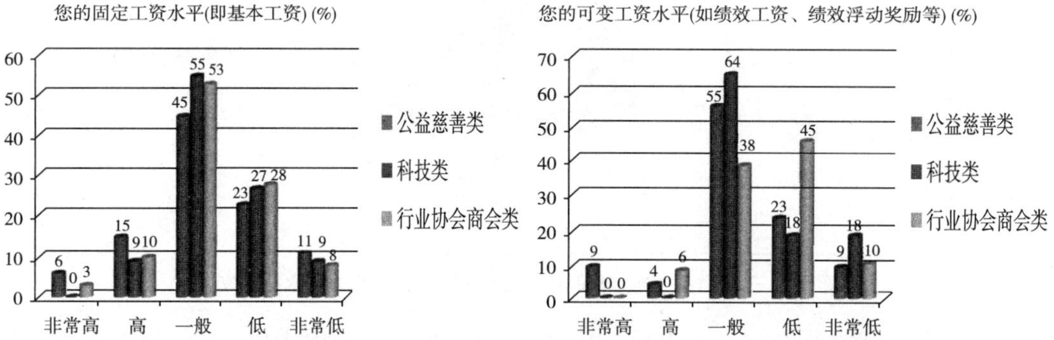

图7　三种类型社会组织从业人员对其固定工资和可变工资满意度情况

全国性社会组织大部分从业人员对其固定工资或基本工资比例不太满意，认为可变工资（尤其是绩效工资）整体较少。我们对此问题的分析如下：

（1）采样的社会组织人力资源部门可能对薪酬结构理论把握不到位。固定工资是按期固定发放给从业人员以保证从业人员的基本生活水平的工资，它和所从事的岗位价值有直接关系，不过多与绩效挂钩。可变工资或浮动工资是指从业人员工资随着从业人员劳动成果的大小而上下浮动，主要和从业人员的技能和能力有直接关系。

（2）采样的社会组织可能缺乏岗位分析，没有明确的岗位体系和岗位职责，绩效管理不够科学合理。本次调研中，从获取的有效样本的主观问题回答方面，可以看出部分社会组织内部组织架构有待完善，很少进行岗位分析，没有明确的岗位体系，岗位职责比较模糊，同时普遍存在一人多岗的现象；绩效管理中定性的绩效考核指标较多，缺少量化指标；同时，面对逐渐职业化的职业群体，社会组织缺乏对优秀关键人才的高效激励机制。

3. 薪酬外部竞争性情况分析

就薪酬外部竞争性而言，社会组织从业人员工资收入水平与社会平均工资比较，公益慈善类、科技类、行业协会商会类社会组织分别有45%、27%、53%的人员认为其工资水平为中等以下。由此看出，公益慈善类和科技类社会组织从业人员对工资水平认可度比较高，而行业协会商会类社会组织从业人员对其工资认可度或满意度不高（见图8）。

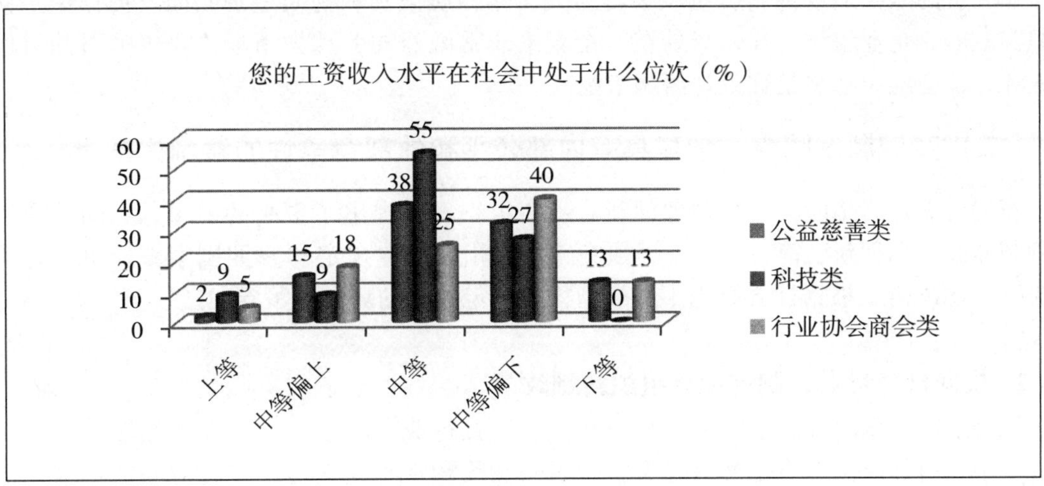

图8　三种类型社会组织人员工资水平情况

二、社会组织薪酬水平及员工满意度情况原因分析

公平性和竞争性是维护员工对薪酬满意度的两大原则。就社会组织薪酬竞争性而言，与全国、北京市平均工资及行业工资进行比较分析得出结论：社会组织从业人员薪酬对外不具有一定的竞争性。

社会组织从业人员年平均工资高于全国城镇非私营单位就业人员年平均工资，但社会组织从业人员对薪酬总体满意度不高，说明了地域差异和物价水平是影响薪酬水平的重要因素；社会组织从业人员年平均工资低于北京市城镇非私营单位就业人员年平均工资，但基金会和行业协会商会类社会组织从业人员年平均工资比较接近北京市城镇就业人员年平均工资，由此判断，二者的薪酬满意度应该不会太低，但调研数据显示，基金会和行业协会商会类社会组织从业人员薪酬满意度反而更低，这说明社会组织所处行业背景是影响薪酬水平的另一重要原因。

就内部公平性而言，社会组织从业人员对固定工资和可变工资比例不满意，说明社会组织的薪酬结构中体现岗位价值的固定工资和体现能力及业绩的可变工资不合理，出现此种情况可能的原因是社会组织薪酬设计没能进行岗位价值评估，绩效管理缺失或者不完善导致绩效工资没有或者设置不合理。同时，社会组织从业人员对社会组织提供的培训、职业发展、福利等方面也不满意。

三、完善社会组织人才薪酬激励机制的政策建议

社会组织要想吸引、使用、留住所需要的核心人才，必须重视物质激励，建立并完善科学合理、内部公平、外部有竞争性的薪酬体系和制度。

（一）以职业化为指引，重视薪酬激励，为人才发展营造政策环境

职业化路径是现代社会组织发展的必然取向，社会组织职业化建设过程中，必然要求对从业人员的激励从重视非物质激励转为关注非物质激励和物质激励共同发挥作用。社会组织与政府、企业组织一样，身处在一个竞争非常激烈的劳动力市场，要想吸引并留住优秀人才，社会组织必须足够重视薪酬激励。

（二）突破制度障碍，创建具有内部公平和外部竞争性的薪酬体系

新的历史发展阶段，社会管理创新对社会组织发展提出了更高的要求，我国社会组织薪酬制度改革和创新已箭在弦上，亟须突破以往相关法律规定“参照国家事业单位有关规定执行”的障碍，根据社会组织不同类型特点确定不同的薪酬政策导向。

1. 根据自身特点，制定社会组织薪酬政策

社会组织薪酬政策制定应遵循自身特点、所在行业薪酬水平、所在区域城镇职工平均工资水平、内部岗位价值。社会组织薪酬策略和薪酬水平要参考所在行业薪酬标准，根据所在地域薪酬水平、内部岗位价值，并且采取对行业的“跟随型”策略。比如，对于公益慈善类和科技类社会组织，参考社会组织所在地城镇职工平均工资水平设定薪酬政策；对于行业协会商会类社会组织，参考社会组织所处行业、所在区域（城镇职工平均工资水平）、岗位价值及工作业绩设定薪酬政策，以指导社会组织建立一套更适合自身发展特点、科学合理、对内公平对外具有竞争力的薪酬体系。

同时，可设立专项人才基金，激励在社会组织中作出特殊贡献的人员，比如筹资能力特别强，或在某方面产生较大且积极社会影响的人员。

2. 进行工作分析，建立任职资格管理体系

社会组织人力资源管理中一个突出的问题就是部门及岗位职责不清晰，因而不能为组织的绩效薪酬管理提供基础依据。根据社会组织不同类型、人力资源构成情况和岗位情况，可以探讨对社会组织所有岗位进行分类管理，建立任职资格管理体系。

3. 评估岗位价值，重视绩效管理，确保薪酬内部公平

公平、合理、科学的薪酬管理体系既可以巩固社会组织向心力，又能促使员工更加努力工作，提升社会组织运营效率。因此，薪酬设计的公平性显得尤为重要。薪酬设计的公平性对于组织内部来说，主要体现在根据岗位的价值和贡献设置岗位薪酬。以岗位评估确定岗位价值，以绩效管理设置绩效工资。绩效导向的薪酬制度重在依据员工的工作绩效确定薪酬水平，通过薪酬与业绩挂钩力图影响员工的工作行为和引导员工关注绩效的改进。

4. 参考行业标准，确保薪酬外部竞争性

薪酬外部竞争性强调的是薪酬支付与社会组织同所在行业及同类其他社会组织薪酬水

平的联系。要对社会组织总体薪酬水平进行外部分析，为解决薪酬外部竞争性提供参考和依据，需要采取一些方法和技巧。社会组织薪酬调查是其中的重要方法。

5. 实行弹性福利，丰富非物质激励内容

首先，社会组织在法定福利之外，可以考虑设置组织福利。有条件的社会组织可以考虑弹性福利计划。同时，引入企业年金制度，各社会组织可以根据自身经济状况为本单位专职从业人员提供一定程度的退休收入保障。

其次，以使命感和责任感、工作预期、提供培训机会或设立培训基金、晋升或参与管理来激发社会组织从业人员工作的积极性和创造力。

参考文献

[1] 寥鸿：《现代社会组织体制将怎样“炼”成？——社会组织领域专家座谈会纪要》，《社团管理研究》2003 年第 1 期。

[2] 刘红娟：《基于人力资本理论的非营利组织的员工激励机制研究》，东北财经大学硕士学位论文，2011 年。

[3] Rocque A., “Pay Raises at New York Charities Beat Inflation”, *The Chronicle of Philanthropy*, 1995 (7).

Research on the Incentive Salary Policies for Talent in Non-governmental Organizations (NGOs)

Wang Aimin, Dong Zhichao

Abstract: In the new historical period, strengthening social construction calls for the generation of the NGOs' activeness, while the enhancement of the operational efficiency of the NGOs must rely on human resources as the first resource. However, inadequate salary treatment is one of the major bottlenecks which restrained the full play of the human resources' efficiency in the NGOs. This article makes a policy research on the salary incentives for talent in the NGOs.

Key words: non-governmental organization (NGO), talent, incentive salary policy

（编辑：吴 帅）

大学毕业生创业状况调查分析*

李志更　乔立娜**

[摘要]　本文依据大学生创业调查的相关数据写作，主要包括2012届大学毕业生创业的动因、结构分布、资源获得、质量和困难等方面的状况及其变化情况。总体来看，大学生创业已经超越了就业追求，具有明显的发展取向，创业结构分布日趋合理，创业资源主要还源于自己人，创业难题相对较多，有相当一部分创业者已经取得了一定经济效益和社会效益。

[关键词]　大学生创业　创业动因　创业资源　创业质量

鼓励、支持和引导大学生创业是我国促进大学生就业的重要措施和一贯主张。随着激励大学生创业政策的不断优化，我国大学生创业率稳步提升，麦可思数据公司的调查显示，我国大学生创业率2009届是1.2%、2010届是1.5%、2011届是1.6%、2012届是2.0%。① 但是，相对欧美一些国家而言，我国高校毕业生创业率总体仍然偏低，不断提高大学生创业率仍然是我国促进大学生就业工作的重要内容。党的十八届三中全会提出了“实行激励高校毕业生自主创业政策”，2014年的《政府工作报告》在部署工作重点时明确要求“提高大学生就业创业比例”。大学毕业生创业状况是大学生创业政策制定的重要依据。本文根据问卷调查数据对2012届大学生创业的动因、分布、资源支持、质量、面临困难等问题进行了梳理分析，力图反映我国大学生创业基本状况；问卷调查对象为北京麦可思数据公司“2012届全国大学毕业生半年后社会需求与培养质量抽样调查”中所有选择自主创业的人员，总量为3596人，覆盖30个省的411所高校及其分部、分院。调查于2013年11月18日结束，持续了56天，共回收有效问卷1226份。

一、大学生创业动因

“获得成长和发展机会”“获得更多财富”是2012届大学毕业生创业者创业的主要动因，“创业政策和服务”“提升自己社会地位”对大学生创业驱动作用不甚明显，解决自身

*　本文在大学生创业问卷调查的相关数据基础上形成。调查问卷由中国人事科学研究院大学生调查课题组设计。问卷调查在北京麦可思数据公司的协助下完成。

**　作者李志更系中国人事科学研究院电子政务与绩效管理研究室主任，研究员；乔立娜系中国人事科学研究院助理研究员。

①　相关数据引自麦可思研究院编，中国社会科学文献出版社2010年、2011年、2012年、2013年出版的《中国大学生就业报告》。

就业即“找不到工作”对创业的驱动作用也不够大。在8个创业动因选项中，“获得更多成长和发展机会”选择比例最高，占37.5%；其次是想“获得更多财富”，占22.8%；“受创业政策或创业服务吸引”“提升自己的社会地位”“找不到工作”等动因所占比重较低，分别占2.4%、3.6%、4.4%（见图1）。

与2011届毕业生相比，2012届大学生创业者受“兴趣”“创业政策或创业服务”驱动的比例有所提高，“获得更多成长和发展机会”“找不到工作”“获得更多财富”“挑战自我”的比例均有所下降。由此可以看出，在大学生创业动因多元化的同时，各主要因素的程度分布出现平均化倾向；源于更高追求与兴趣爱好的内生驱动有所强化，就业压力对创业的驱动力正在弱化（见图1）。

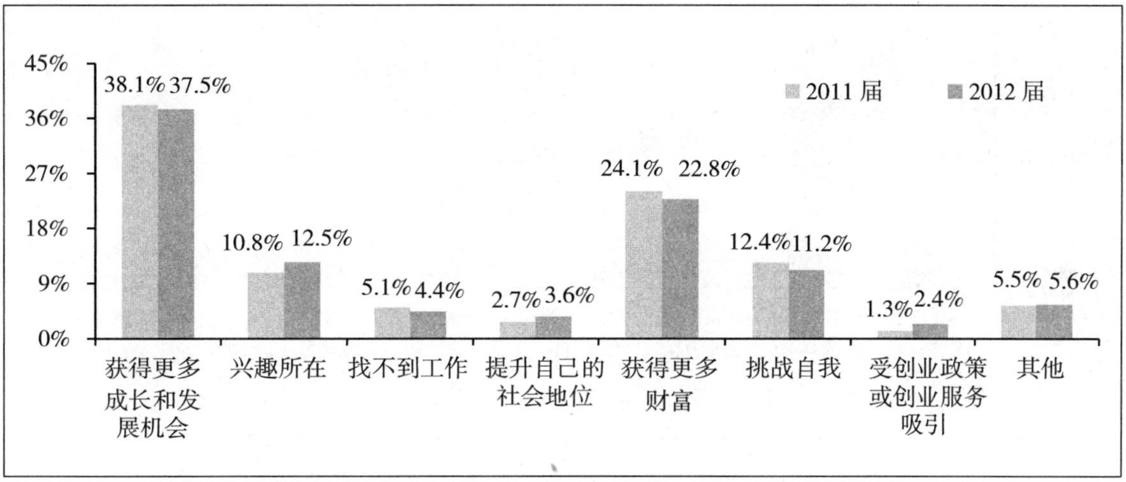

图1　2011—2012届大学生创业者的主要创业动因

二、大学生创业分布

（一）创业区域分布

（1）在被调查的2012届大学生创业者中，有超过一半的人选择在泛珠三角和泛长三角区域创业，在西部生态区域和泛东北区域创业的人则相对较少①。具体而言，泛珠江三角洲区域是2012届大学毕业生创业地的首要选择，占27.8%，其他地区依次是泛长江三角洲区域占21.6%、中原区域占17.3%、西南区域占13.4%、泛渤海区域占12.7%、陕甘宁青区域占4.7%、泛东北区域占1.6%、西部生态经济区占0.9%（见图2）。

① 8个经济体系区域分别是：（1）泛东北区域经济体，包括黑龙江、吉林、辽宁；（2）泛渤海湾区域经济体，包括北京、天津、山东、河北、内蒙古、山西；（3）陕甘宁青区域经济体，包括陕西、甘肃、宁夏、青海；（4）中原区域经济体，包括河南、湖北、湖南；（5）泛长江三角洲区域经济体，包括上海、江苏、浙江、江西、安徽；（6）泛珠江三角洲区域经济体，包括广东、广西、福建、海南；（7）西南区域经济体，包括重庆、四川、贵州、云南；（8）西部生态经济区，包括西藏、新疆。

与 2011 届相比，一是处于聚集创业者较多的前三个区域没有变化，但具体排名有调整。其中，泛珠江三角洲区域由 2011 届的第三位上升为 2012 届的第一位，提高了 11.3 个百分点；泛长江三角洲区域由 2011 届的第一位下降为 2012 届的第二位，下降了 12.3 个百分点；中原区域由 2011 届的第二位下降为 2012 届的第三位，下降了 5.5 个百分点。二是 2012 届创业者区域分布规模呈现一定的平均化态势，在 8 个经济区域中，处于聚集创业者前五位的区域人员占比规模分别为：泛珠三角区域 27.8%、泛长三角区域 21.6%、中原区域 17.3%、西南区域 13.4%、泛渤海湾区域 12.7%，规模差为 15.1%，而 2011 届处于第一位的泛长三角区域与处于第五位的泛渤海湾区域相差 26.6%（见图 2）。

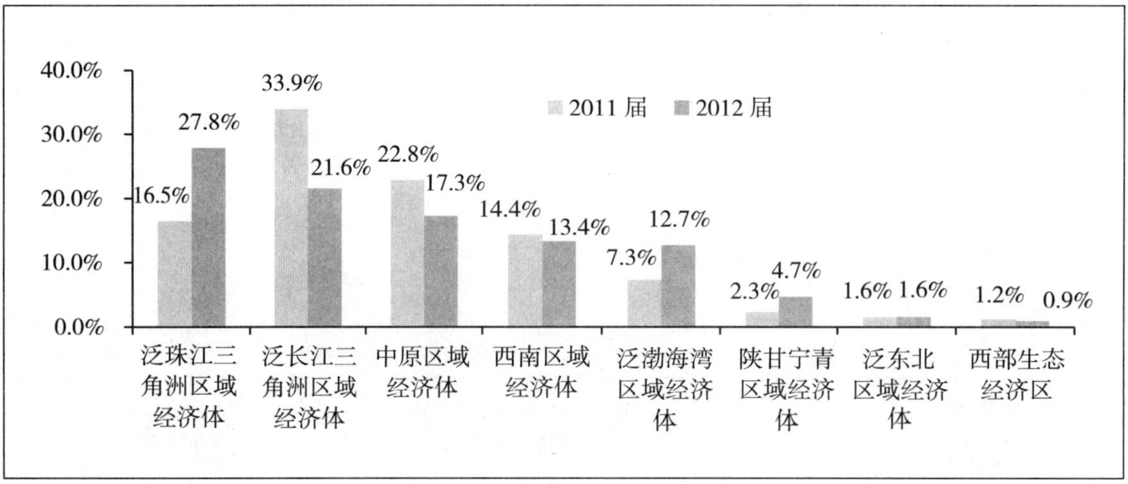

图 2　2011—2012 届大学生创业者首次创业的经济区域分布

（2）2012 届毕业生创业者主要来自泛长江三角洲区域、中原区域和泛珠江三角洲区域，而来自陕甘宁青区域、泛东北区域和西部生态经济区的生源较少。具体而言，2012 届大学生创业者主要来自泛长江三角洲区域、中原区域和泛珠江三角洲区域，分别占有效调查对象的 22.5%、20.5%和 20.1%，而来自陕甘宁青区域、泛东北区域和西部生态经济区的较少，分别占 3.5%、2.1%和 0.9%（见图 3）。

与 2011 届相比，大学生创业者的户籍区域分布总体格局没有太大改变，但却表现出更加均衡的分布态势。来自泛长江三角洲区域和中原区域的创业者占比明显下降，而来自泛珠江三角洲区域和泛渤海湾区域的创业者占比则明显上升。其中，2012 届来自泛长江三角洲区域的创业者比 2011 届下降了 11.2 个百分点，中原区域下降了 8.2 个百分点；2012 届来自泛珠江三角洲区域的创业者比 2011 届提升了 9 个百分点，泛渤海湾区域上升了 8.6 个百分点（见图 3）。

（3）根据创业者的创业地选择总量与户籍地人员总量的对比，泛珠三角区域是聚集大学生创业者能力最强的地区。具体而言，泛珠三角地区和陕甘宁青地区是 8 个经济区域中仅有的两个创业地选择人员数量大于创业者户籍人员数量的区域，其中，在泛珠三角区域创业的人员数量比户籍在泛珠三角区域的创业人员数量高出 7.7 个百分点。而泛长三角区域、中原区域、西南区域、泛渤海湾区域等都是创业者供应量大于聚集量的地区（见图 4）。

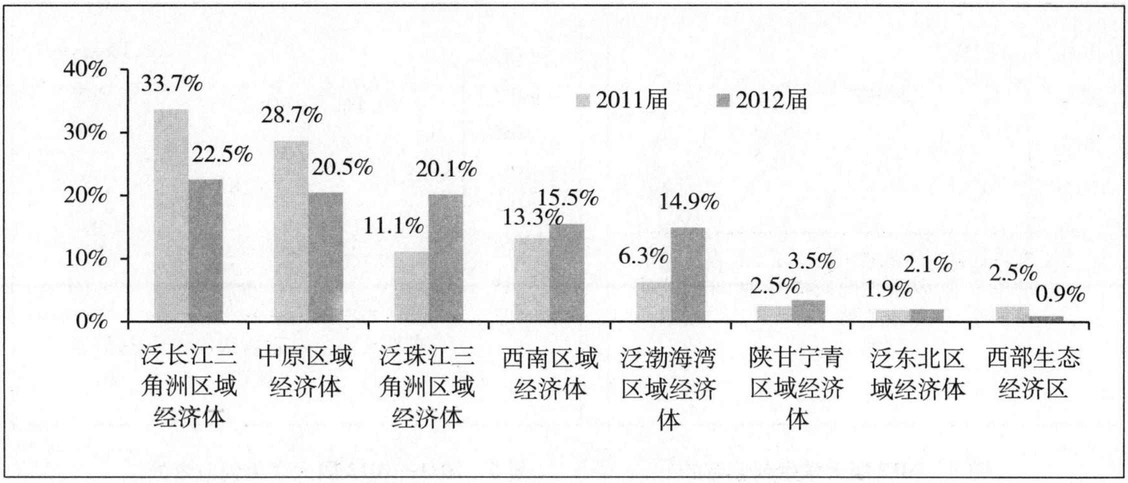

图 3 2011—2012 届大学生创业者的户籍分布

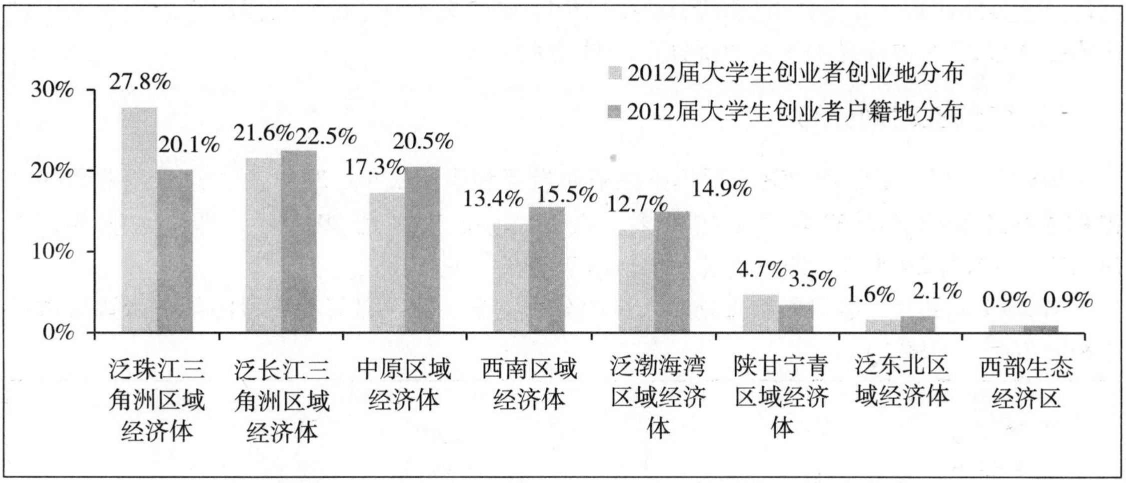

图 4 2012 届大学生创业者的创业地与户籍地分布

（二）创业地点分布

（1）户籍所在地是 2012 届大学生创业者首选的创业地点。在有效问卷中，在户籍地非毕业地创业的占 37.1%，在户籍地也是毕业地创业的占 24.9%，在非户籍地非毕业地创业的占 23.1%，在毕业地非户籍地创业的占 14.9%。因此，在户籍地创业的大学生占 62%，在毕业院校所在地创业的大学生占 39.8%。由此可以看出，熟悉和了解环境是创业者选择创业地点的重要因素（见图 5）。

（2）直辖市和副省级城市是 2012 届大学生创业者初次创业比较集中的选择地点。在被调查对象中，在 4 个直辖市创业的占 9.1%，在 15 个副省级城市创业的占 28.2%，其余 62.7%的人则分散在其他 230 多个大中小城市创业（见图 6）。

与 2011 届相比，选择到大城市创业的倾向有所加强，创业资源、市场直接影响创业地

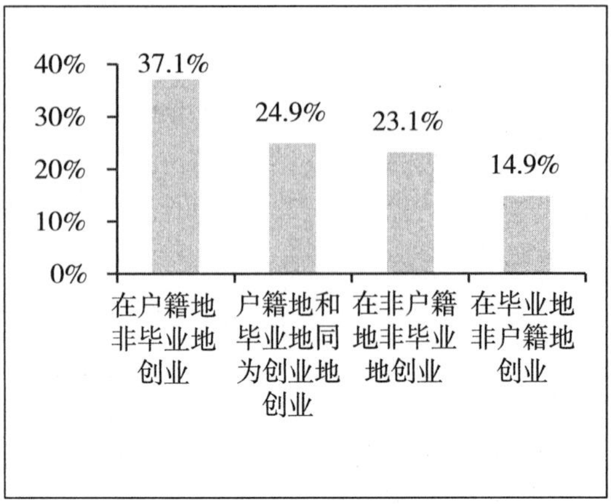

图5 2012届大学生创业者的创业地分布

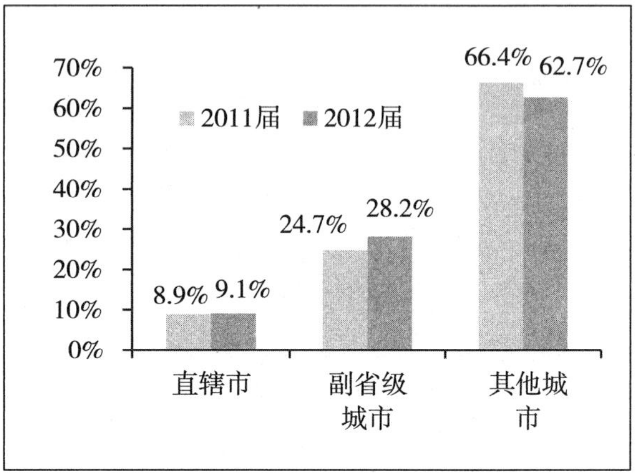

图6 2011—2012届大学生创业者的创业城市分布

点选择。具体而言，在直辖市创业的比例比2011届提高了0.2个百分点，在副省级城市创业的比例比2011届提高了3.5个百分点（见图6）。

（三）创业时间分布

2012届大学生的创业时间主要集中在毕业当年和毕业次年。2012届大学生创业者初次创业时间在2012年即毕业当年的最多，占51.2%；其次是2013年，即毕业次年，占29.4%；再次是2011年，即毕业前一年，占10.3%（见图7）。

与2011届相比，各时段首次创业人员的分布完全一致，且每一时段的创业者规模占比也相差不大（见图7）。

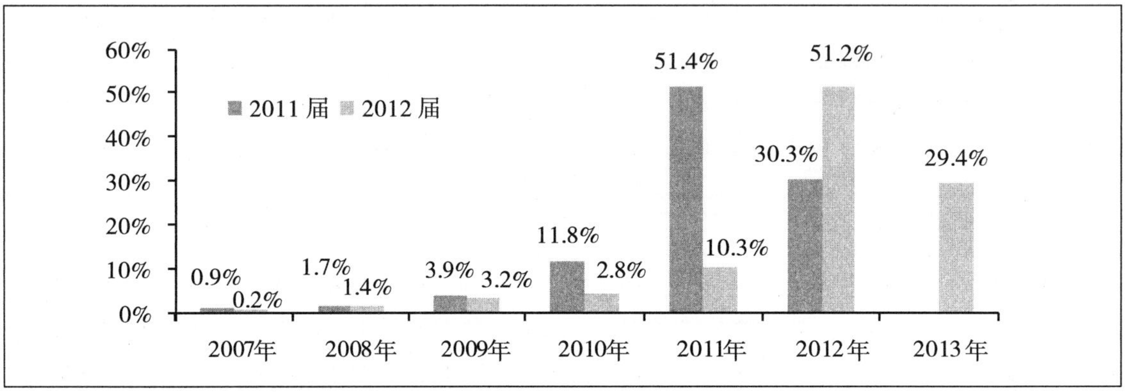

图7 2011—2012届大学生初次创业的时间分布

（四）创业行业与专业分布

（1）在接受调查的2012届大学生创业者中，初次创业选择最多的行业大类是零售商业，其次是教育业、各类专业设计与咨询服务业；选择最多的行业小类是中小学教育机构，其次是服装零售业和其他个人服务业。在行业大类中，处于前5位的具体占比情况是：零售商业为20.4%，教育业为12.3%，各类专业设计与咨询服务业为7.0%，批发商业和媒体、信息及通信产业分别为6.3%。在行业小类中，处于前5位的具体占比情况是：中小学教育机构为5.26%，服装零售业为4.39%，其他个人服务业为3.88%，广告及相关服务业为3.38%，教育辅助服务业为3.38%（见图8和表1）。

与2011届相比，行业大类分布格局没有明显变化，但每个行业创业者的具体占比份额有一定的变化；行业小类则不论是创业者占比排名还是占比份额都有明显变化；两届创业者在高新技术领域创业的比重都不高。具体而言，在行业大类中，零售商业的创业选择比例略有下降，从2011届的21.6%降到2012届的20.4%，下降了1.2个百分点；教育业的创业选择比例有所提高，由2011届的8.6%提高到2012届的12.3%，提高了3.7个百分点；各类专业设计与咨询服务业的选择比例从2011届的5.3%提高到了2012届的7.0%，提高了1.7个百分点。在行业小类中，有的行业排名变化很大，比如“在线购物及邮购业”“计算机系统设计服务业”等行业从2011届排名很靠后的行业变成2012届大学生创业比较热门的行业选择；在各行业的所占份额方面，排名比较靠前的行业，所占份额明显大于2011届，由此可以看出，2012届大学生创业者的创业行业分布比2011届的集中度有一定提高（见图8和表1）。

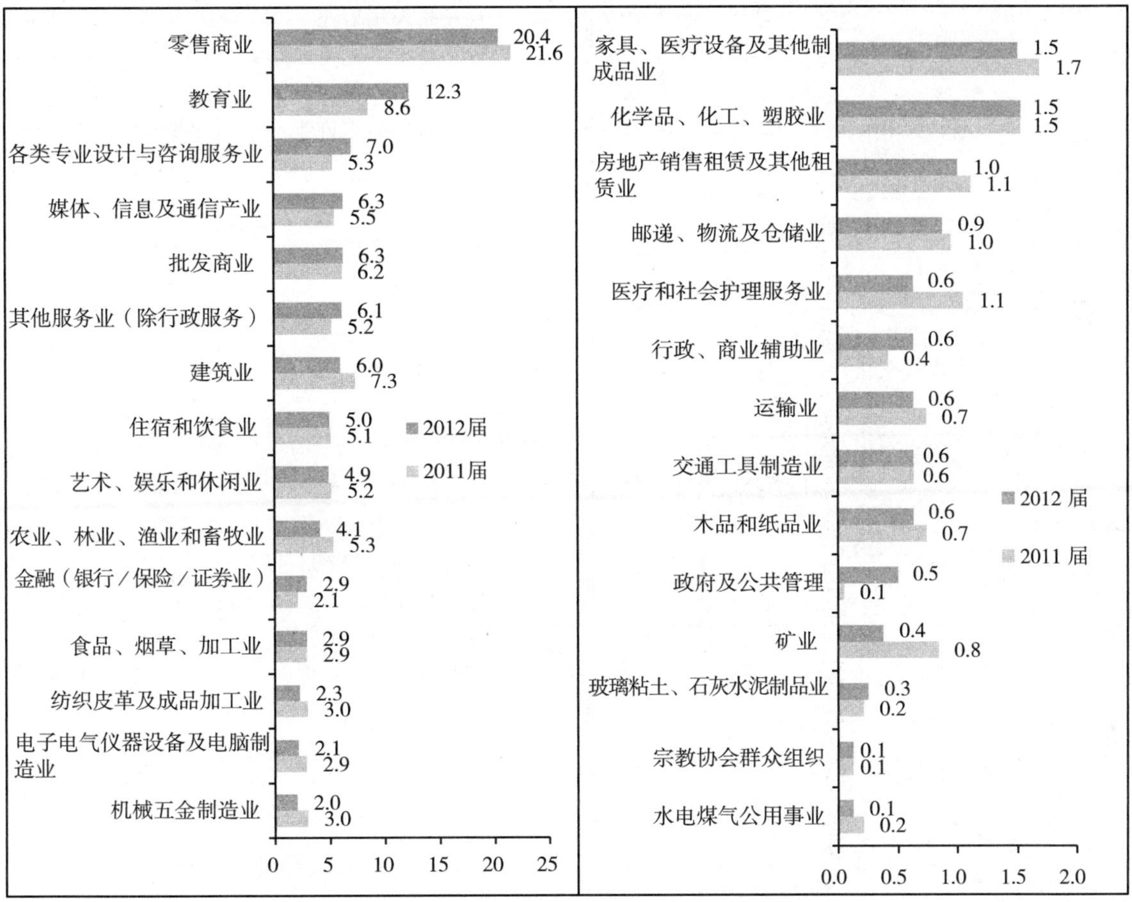

图8　2011—2012届大学生创业者的行业大类分布（单位:%）

表1　2011—2012届大学生创业者创业最多的前30位行业（单位：%）

序号	行业小类	2012届	2011届	序号	行业小类	2012届	2011届
1	中小学教育机构	5.26	3.00	16	综合性餐饮业	1.63	1.63
2	服装零售业	4.39	4.48	17	计算机系统设计服务业	1.50	0.004
3	其他个人服务业	3.88	3.06	18	电子产品和电器用品零售业	1.38	2.79
4	广告及相关服务业	3.38	3.22	19	其他食品制造业	1.13	1.00
5	教育辅助服务业	3.38	2.58	20	住宅建筑施工业	1.00	1.00
6	建筑装修业	3.26	3.74	21	服装配饰及其他服装制造业	1.00	0.005
7	互联网运营与网络搜索引擎业	2.38	1.79	22	电子批发销售业	1.00	0.74
8	在线购物及邮购业	2.26	0.007	23	其他日用品零售业	1.00	0.005
9	其他学院和培训机构	2.26	1.63	24	其他食品零售业	1.00	1.00
10	其他零售业	1.88	2.37	25	演艺公司	1.00	0.005
11	其他娱乐和休闲产业	1.88	2.58	26	汽车保养与维修业	1.00	0.005
12	快餐业	1.88	2.21	27	建筑基础、结构、楼房外观承建业	0.88	0.006
13	百货零售业	1.75	1.79	28	家具及橱具制造业	0.88	0.004
14	服装布匹批发业	1.63	1.21	29	办公用品、文具、礼品零售业	0.88	0.95
15	食品和日用品零售业	1.63	1.11	30	建筑材料、用品经销业	0.88	1.00

（2）在接受调查的2012届大学毕业生创业者中，所学专业的聚合度不高。在本科毕业生创业者中，排名处于前5位的专业是：艺术类占8.9%、电子信息科学类占6.0%、工商管理类占4.8%、教育学类占2.9%、经济学类占2.8%；在高职高专毕业生创业者中，排名处于前5位的专业类别是：电子信息类占5.7%、艺术设计类占2.9%、计算机类占2.3%、餐饮管理与服务类占2.2%、机械设计制造类占1.8%（见表2）。

与2011届相比，本科毕业的创业者所学专业的排名变化较大，高职高专毕业的创业者所学专业的排名稳定性明显高于本科毕业的创业者；从创业者的专业分布规模看，不论是本科还是高职高专毕业的创业者专业分布的离散性都有提高，这也在一定程度上表明大学生创业自主性在提高（见表2）。

表2　2011—2012届大学生创业者的主要专业分布情况（单位：%）

序号	本科专业类名称	2012届	2011届	序号	高职高专专业类名称	2012届	2011届
1	艺术类（文学）	8.9	18.6	1	电子信息类（电子信息类）	5.7	9.3
2	电子信息科学类（理学）	6.0	8.7	2	艺术设计类（艺术设计传媒类）	2.9	6.3
3	工商管理类（管理学）	4.8	11.2	3	计算机（电子信息类）	2.3	5.3
4	教育学类（教育学）	2.9	5.5	4	餐饮管理与服务类（旅游类）	2.2	3.5
5	经济学类（经济学）	2.8	7.5	5	机械设计制造类（制造类）	1.8	4.8
6	公共管理类（管理学）	2.1	2.6	6	公共服务类（公共事业类）	1.8	2.9
7	新闻传播学类（文学）	1.6	2.7	7	机电设备类（制造类）	1.7	3.5
8	机械类（工学）	1.5	3.7	8	市场营销类（财经类）	1.7	4.4
9	电气信息类（工学）	1.4	3.3	9	工商管理类（财经类）	1.6	2.4
10	工程力学类（工学）	1.3	/	10	汽车类	1.4	/

续表

序号	本科专业类名称	2012届	2011届	序号	高职高专专业类名称	2012届	2011届
11	土建类（工学）	1.2	1.9	11	财政金融类（财经类）	1.4	4.1
12	外国语言文学类（文学）	1.1	2.2	12	经济贸易类（财经类）	1.4	3.4
13	管理科学与工程类（管理学）	1.1	3.4	13	纺织服装类（轻纺食品类）	1.3	2.2
14	材料类（工学）	1	/	14	房地产类	1.2	/
15	体育学类（教育学）	0.9	2.5	15	表演艺术类	1.2	/
16	材料科学类（理学）	0.9	2.1	16	电力技术类（材料与能源类）	1.1	3.1
17	法学类（法学）	0.8	2.1	17	工程管理类（财经类）	1.1	3.4

三、大学生创业资源支持

（一）创业资金来源

2012届大学生创业者初次创业的资金主要来自亲友投资和个人积蓄，风险投资和政府扶持资金在大学生创业筹资方面发挥的作用较小。调查显示，在接受调查的2012届大学生创业者中，初次创业的资金来源，主要来自亲友投资的比例最高，占38.1%；其次是个人积蓄，占33.2%；其他选择比例均较低，其中，选择银行贷款的占4.8%，政府创业基金支持的占1.5%，选择风险投资的占1%（见图9）。

与2011届大学生创业者相比，资金来源的总分布格局未发生变化，但个别资金来源的占比略有调整，如，亲友投资的比例下降了1.6个百分点，个人积蓄的比例上升了3.7个百分点，民间借贷的比例上升了近1个百分点，信用卡透支的比例上升了近2个百分点，银行贷款的比例上升了0.6个百分点。这在一定程度上表明，大学生创业的筹资方式日益多元化，市场支持力量出现提升迹象（见图9）。

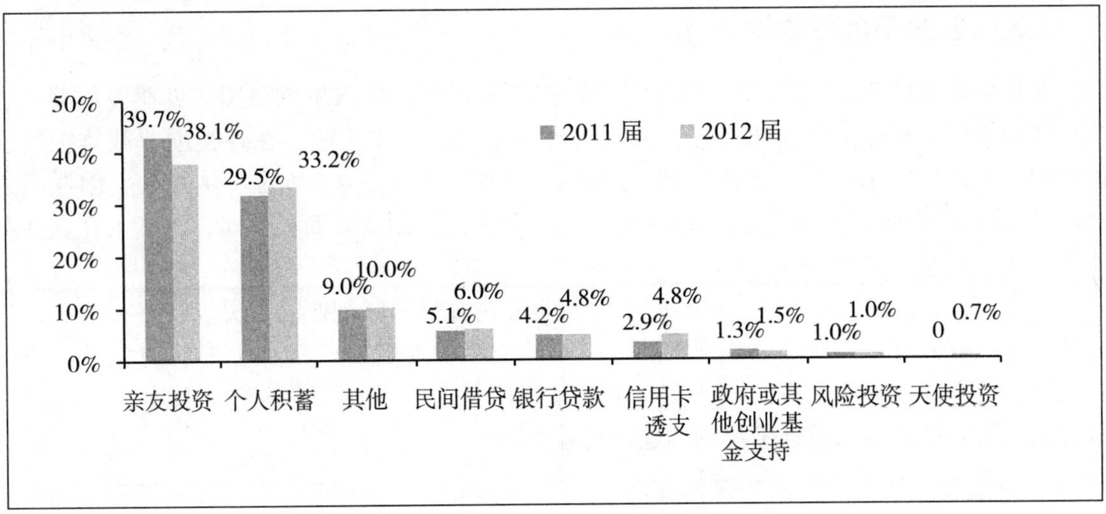

图 9　2011—2012 届大学生创业者初次创业的资金来源

(二) 创业员工来源

2012 届大学生创业者聘用员工有多种来源渠道，其中，其员工主要来源于同学的占比最大，未聘用员工（自己单干）和通过公开招聘聘用员工的人员占比分列第二、第三位。具体而言，27. 8%的创业者在初次创业时聘请同学为员工，20. 4%的人没有聘请员工，20. 2%的人通过公开招聘聘用员工，15. 2%的人聘请亲友为员工，8. 2%的人通过熟人介绍聘请员工（见图 10）。

与 2011 届相比，尽管自己单干、聘用同学和公开招聘依然是处于前 3 位的员工来源方式，但聘用同学的方式超越自己单干成为员工来源的首要渠道：聘用同学为员工的创业者占比提高了 6 个百分点。通过公开招聘用人的占比程度两届持平，而聘用亲友的创业者、自己单干不聘人和通过熟人介绍聘用员工的比重均有一定程度的下降（见图 10）。

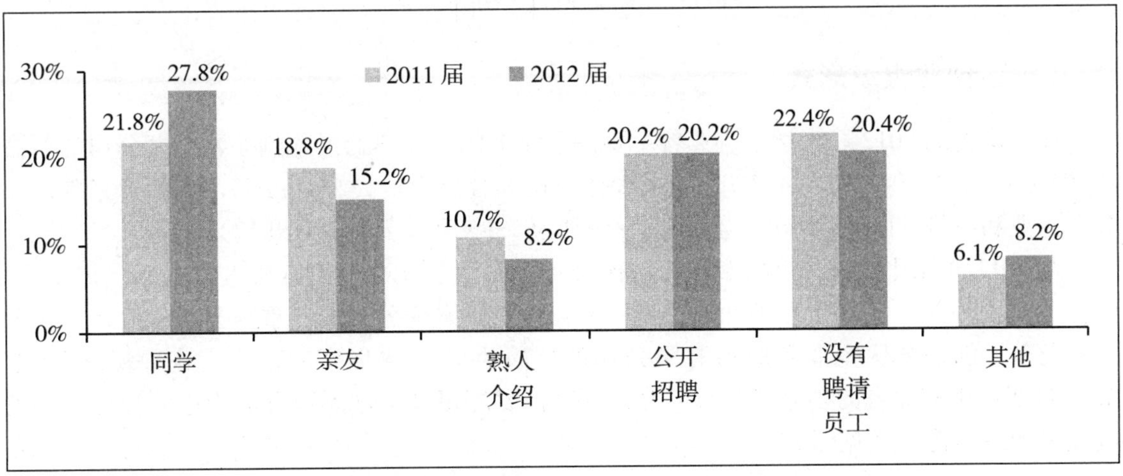

图 10　2011—2012 届大学生创业者初次创业的员工来源

（三）创业平台与载体

在接受调查的2012届大学生创业者中，在产业园区、大学生创业园、创业孵化器、大学科技园等创业载体中实现初次创业的人员规模不大。具体而言，在各类创业载体中实现创业的人员比重为13.8%，其中，4%的人在产业园区创业，4.7%的人在大学生创业园创业，3%的人在创业孵化器创业，1.1%的人在大学科技园创业，而高达87.2%的人在这些载体之外实现创业（见图11）。

与2011届相比，2012届毕业的大学生创业者在各类园区创业的人员规模略有提高，提高了0.5个百分点。这从一个侧面说明，高校毕业生创业者对经济社会发展的引导性或扶持政策缺乏一定的了解，进而对开发相关政策资源关注不够，大学生创业具有一定的注重自我追求而对社会需求重视不足的问题（见图11）。

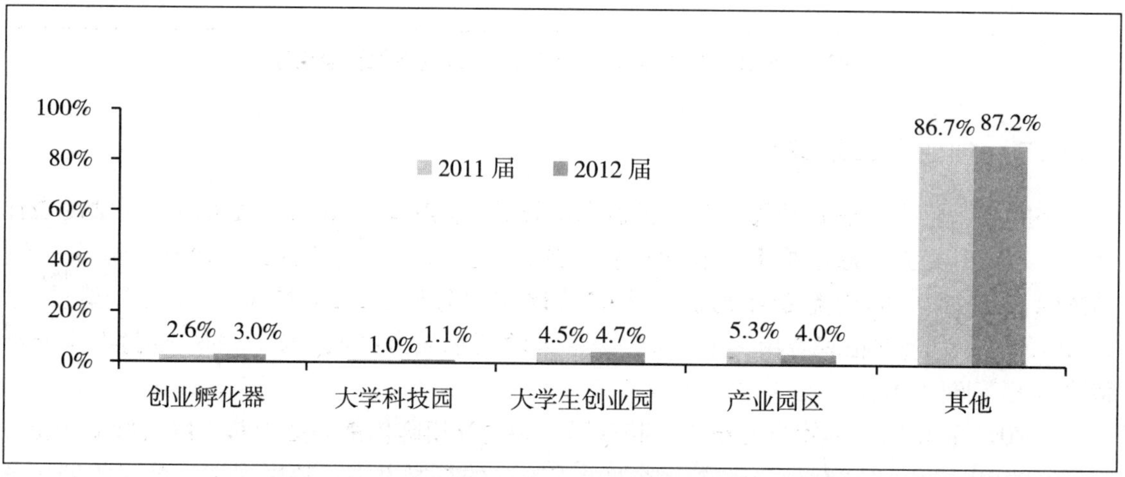

图11　2011—2012届大学生创业者初次创业的主要载体

四、大学生创业质量

（一）创业组织形式

接受调查的2012届大学生创业者主要是采取个体工商户的形式创业，创办公司的所占比例较小。个体工商户占44.7%；有限责任公司和合伙企业，分别占17.3%和16.7%；而独资企业和股份有限公司所占比例最小，分别为2.9%和2.8%（见图12）。

与2011届相比，各种组织形式的占比分布没有明显变化，但其所占比重有一定变化。个体工商户的占比下降了近10个百分点；而创办有限责任公司的比重则上升了近5个百分点；此外，创办合伙企业和股份有限公司的比重也有一定程度的提升。这种情况显示，2012届毕业生创业者的创业规模和实力有一定程度的提高，这无疑有助于创业稳定性和持续发展能力的提升（见图12）。

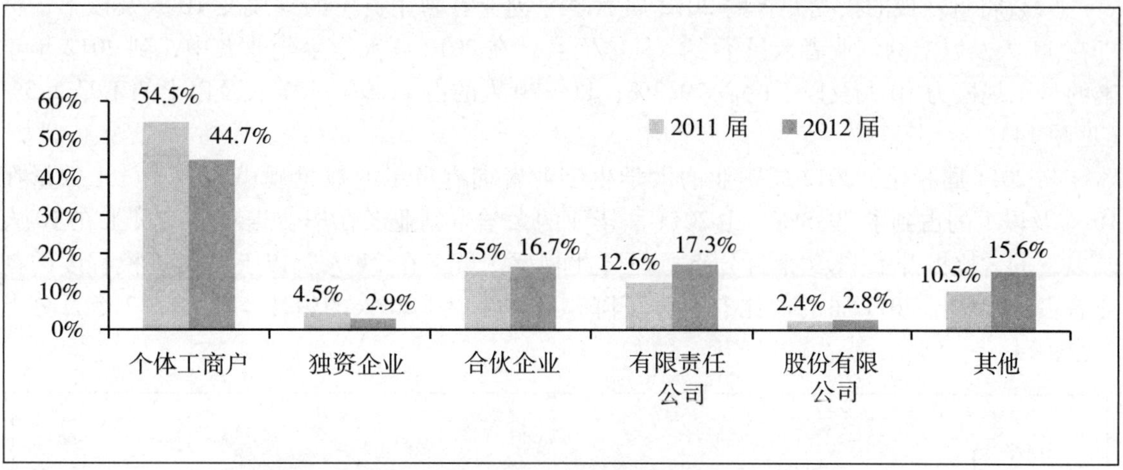

图 12　2011—2012 届大学生创业者初次创业的组织形式

（二）创业资金与员工规模

（1）将近半数接受调查的 2012 届大学生创业者初次创业的注册资金在 5 万元及以下，注册资金在 50 万元以上的创业者规模较小。具体而言，注册资金在 5 万元及以下的占 49.4%；6 万—10 万元和 11 万—50 万元的，分别占 19.6%和 16.8%；而注册资金在 101 万元及以上的人则很少，不足 5%（见图 13）。

与 2011 届相比，各类规模的注册资金总体排名分布没有变化，但注册资金除了在 5 万元及以下的占比规模 2012 届毕业生创业者与 2011 届的基本持平之外，其他额度的注册资金创业者占比规模则有升有降：6 万—50 万元的比例有所下降，降幅为 4.6 个百分点；51 万元及以上的比例有一定程度的上升，其中，51 万—100 万元的提高了 3.5 个百分点。因此，从总体上看，大学生创业的注册资金呈现出一定的投资规模增长迹象（见图 13）。

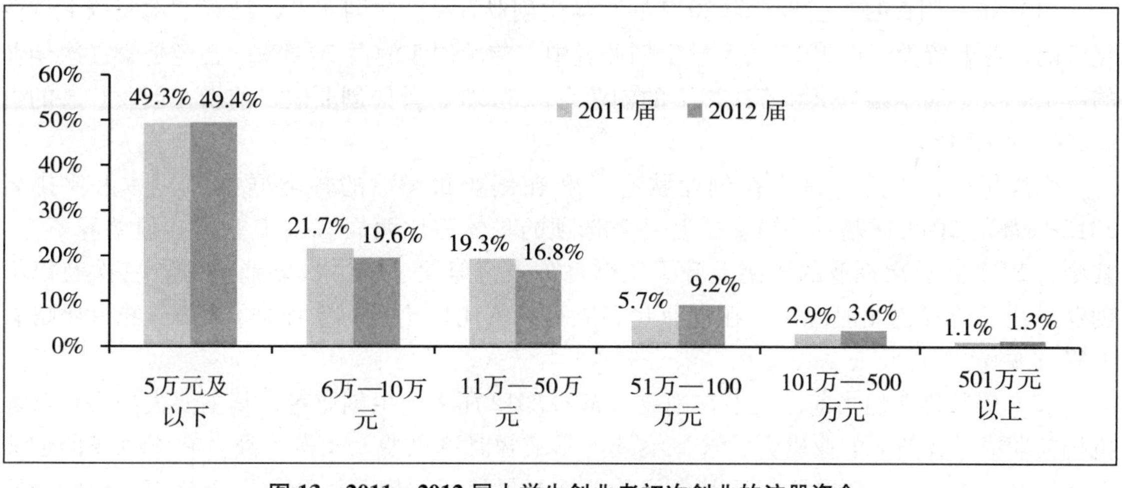

图 13　2011—2012 届大学生创业者初次创业的注册资金

（2）将近八成的接受调查的2012届大学生创业者聘用员工的规模在10人及以下，员工在11人及以上的创业者数量不多。具体而言，在2012届大学生创业者中，到2012年年末的员工规模为10人及以下的占79.3%；11—20人的占11.9%；21人及以上的不足5.3%（见图14）。

与2011届相比，2012届毕业的大学生创业者拥有员工的数量规模不大。员工数量在10人及以下的占到了79.3%，比2011届毕业的大学生创业者在毕业当年拥有员工在10人及以下的占比提升了11.7个百分点；但与此相反，员工在21人及以上各类规模程度的创业者占比则均比2011届的占比有明显下降，其中，11—20人的占比下降了5.2个百分点（见图14）。

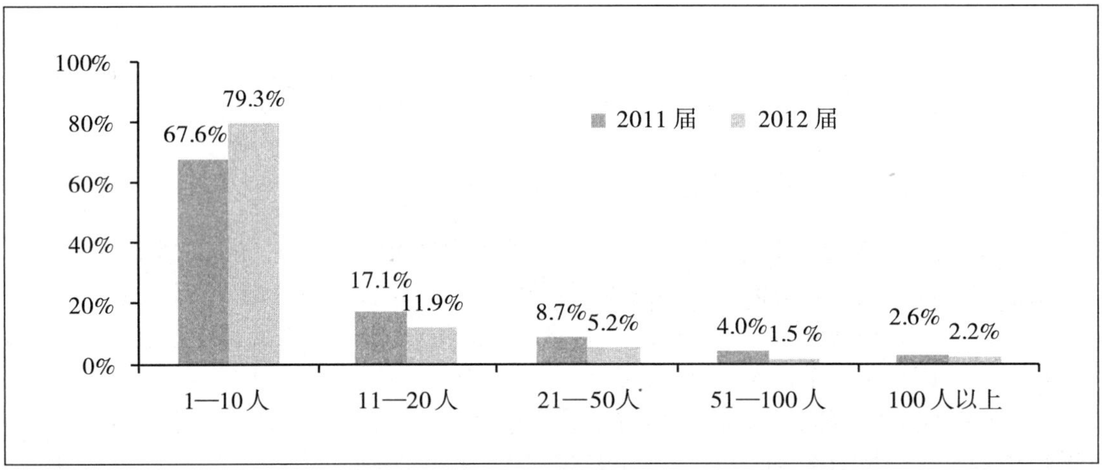

图14　2011—2012届大学生创业者创业当年的员工数量

（三）创业稳定性

（1）接受调查的将近3/4的2012届大学生创业者是初次创业者，具有三次及以上创业经历的创业者较少。在2012届大学生创业者中，首次创业的占74.5%；已经是第二次创业的占13.1%；属于第三次和三次以上的创业者占3.2%；曾经创业但目前未在创业状态的占9.2%（见图15）。

两届相比，一是“是否在创业状态”和在创业状态下的各类群体的具体占比排名2012届都与2011届基本一致。二是各类选项的具体占比两届有一定差异，但差异不大。其中，2012届首次创业的比例上升了2个百分点，但属于第二次创业、拥有三次及以上创业经历、曾经创业但现在不在创业状态人员的占比均比2011届的同类人员的占比略有下降（见图15）。

（2）曾经创业但当前已经不在创业状态的2012届大学生创业者，其主要去向是到其他机构就职或寻找新的创业机会，选择继续上学或暂时休息的人比例不高。有46.6%的创业者在接受调查时已经选择了就职其他机构；选择寻找新的创业机会、寻找就职单位的分别占16.4%、8.2%；同时在寻找创业机会和就职单位的占19.2%；而仅有1.4%的人选择暂

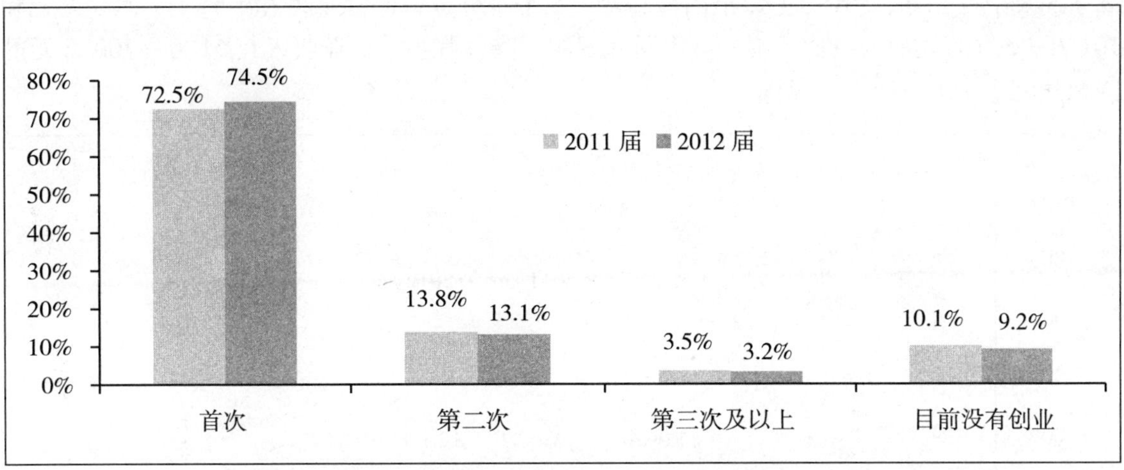

图 15　2011—2012 届大学生创业者的创业次数分布

时休息；2.7%的人选择继续上学（见图 16）。

与 2011 届相比，各种选择的排名分布略有变化，具体占比数量有一定变化，总体看体现出更加务实的职业选择态势。如，寻找创业机会和就职单位兼顾的比例有所提升，提高了 2.5 个百分点；选择继续上学的比例提高幅度较大，由 1%提高为 2.7%；选择暂时休息的比例则大幅下降，由 3.5%下降为 1.4%（见图 16）。

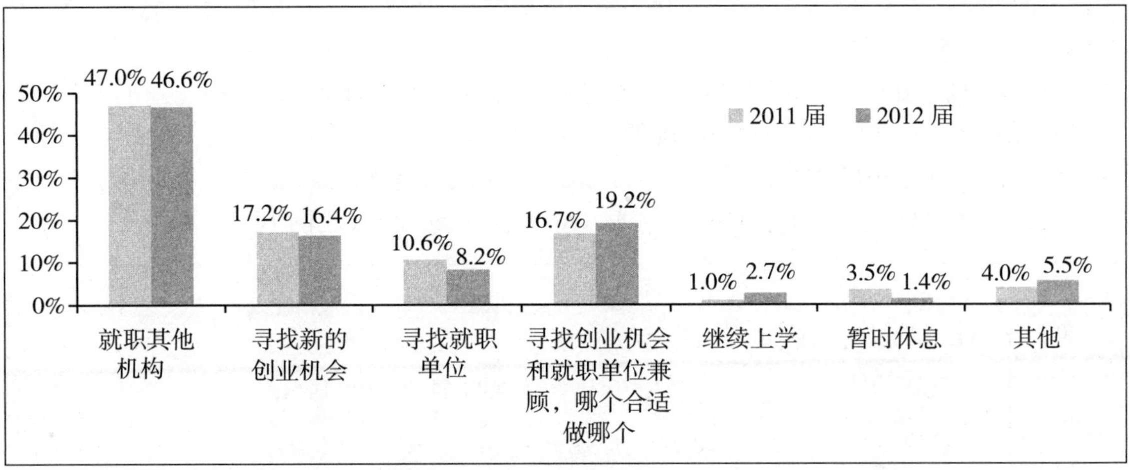

图 16　2011—2012 届大学生创业者当前不在创业状态后的去向分布

（四）创业盈利能力

（1）根据有效调查问卷，有超过 3/4 的 2012 届大学生创业者在毕业当年的营业收入不足 50 万元。2012 届大学生创业者 2012 年营业收入在 50 万元及以下的占 77.2%，51 万—100 万元的占 5.3%，101 万—500 万元的占 10.5%，501 万元以上的占 7.0%（见图 17）。

与 2011 届相比，2012 届大学生创业者在毕业当年营业收入在 50 万元及以下的占比提高了5.8个百分点，501万元以上的提高了1.5个百分点，而营业收入在51万—100万元和101万—500万元的人员比重则均有不同程度的下降，其中，营业收入在51万—100万元的降幅达到5.7个百分点（见图17）。

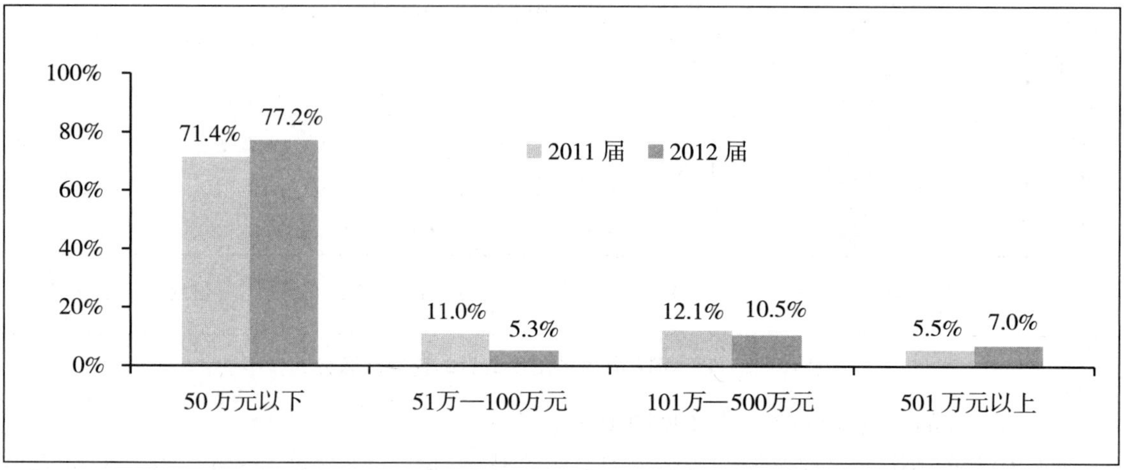

图17　2011—2012届大学生创业者在创业当年的营业收入

（2）超过半数的2012年毕业的大学生创业者毕业当年处于少量盈利状态，但总体亏损面不大。具体而言，在2012年毕业的大学生创业者中，2012年有少量盈利的占52.5%，盈亏持平的占21.3%，利润丰厚的占14.9%，而有些亏损和有较大亏损的分别占7.8%和3.5%（见图18）。

与2011届毕业生相比，2012届的大学生创业者创业当年的总体盈亏状况好于2011届。2012届创业者在2012年处于亏损状况的占11.3%，比2011届降低了3.2个百分点；处于盈亏持平状态的比2011届提高了4.8个百分点；但处于盈利状况的比2011届下降了1.6个百分点，2012届处于盈利状态的占67.4%，2011届占69.0%（见图18）。

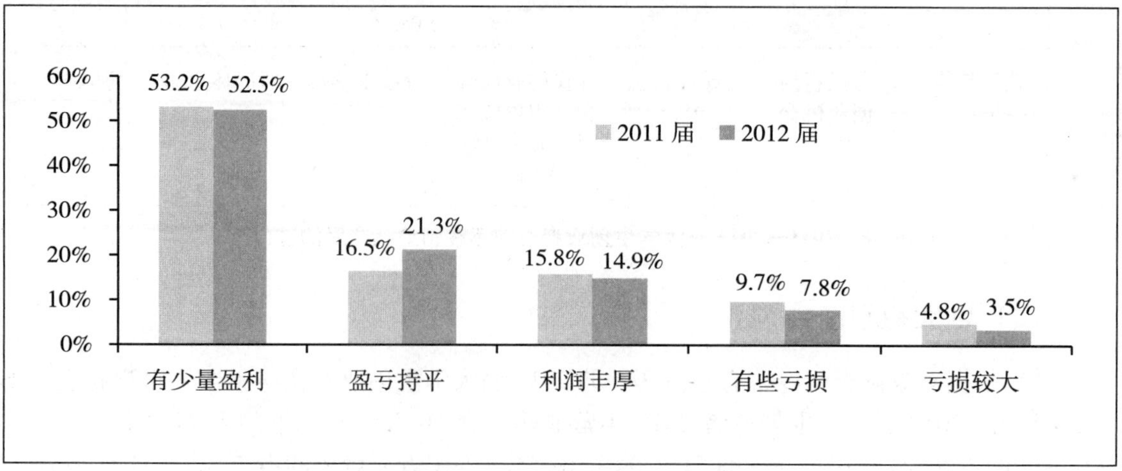

图18　2011—2012届大学生创业者毕业当年的盈利情况

五、大学生创业困难

资金短缺是2012届大学生创业者初次创业时面临的最大困难，而生活和商务环境及税费负担并不是创业的主要障碍。具体而言，在2012届大学生初次创业面临的主要困难中，资金短缺仍居首位，占42.3%；其次是市场营销不够（占25.9%）、自身素质能力不足（占18.8%）、创业支持服务不够（占18.3%）、创业团队不理想（占16.3%）、内部管理不善（占12.1%）、产品缺乏竞争力（占8.8%）等内部因素；而税费过重、商务活动条件和日常生活条件不够好等外部环境困难分别仅占5.7%、3.5%和3.4%。

与2011届相比，2012届大学生创业者创业面临的困难明显增强。其中，资金短缺和市场营销不够成为更多创业者的困难，其选择占比分别提高了5.1和6.8个百分点；面临自身素质能力不足、创业支持服务不够、创业团队不够理想困难的人员占比也都有一定程度提高，分别提高了3.9、5.2、2.7个百分点（见表3）。

表3　2011—2012届大学生创业者初次创业面临的主要困难

序号	选项	选择频次占比（%）	
		2011届	2012届
1	资金短缺	37.2	42.3
2	市场营销不够	19.1	25.9
3	自身素质能力不足	14.9	18.8
4	创业团队不理想	13.6	16.3
5	创业支持服务不够	13.1	18.3
6	内部管理不善	10.7	12.1
7	产品缺乏竞争力	7.8	8.8
8	其他	6.9	7.7
9	税费过重	5.3	5.7
10	商务活动条件不理想	3.2	3.5
11	日常生活条件不理想	2.9	3.4

Analysis on the Current Situation of Business Establishment by College Graduates

Li Zhigeng, Qiao Li'na

Abstract: This paper discusses the motivation, structure, resources acquirement, quality and difficulties concerning the university graduates' setting up businesses, based on the statistics gained through relevant investigations. Generally speaking, this paper finds that the structure of the new businesses becomes more reasonable, the resources available for setting up a business are mainly acquired from those whom the entrepreneurs are familiar with, tricky issues are relatively much, and a rather large amount of entrepreneurs have received certain economic returns and social benefits.

Key words: business establishment by college graduates, motives in setting up a new business, resources for setting up a new business, quality of the new businesses set up

（编辑：孙世鳌）

大学生村官创业影响因素的实证研究

——基于江苏省"百村千（村）官"调研成果的分析*

陈森青　仇湘云　孙　月**

［摘要］　文章以江苏省大学生村官为例，对影响大学生村官创业的因素进行调研分析，认为个人因素、创业资金、创业项目、创业模式、政策支持等方面对大学生村官创业有很大的影响，从而提出大学生村官个人应该努力提高自己的创业能力，寻找并把握创业时机，选择合适的创业模式，政府要为大学生村官提供相应的项目支撑和技能培训，提供持续性的金融等政策支持，引导大学生村官成功创业的对策建议。

［关键词］　大学生村官　创业　影响因素　实证研究

2008年，中央有关部门决定，用5年时间选聘10万名高校毕业生到村任职。①截至2011年年底，全国已累计选聘大学生村官30万人，有3万名大学生村官创办致富项目2万多个，总投资60.8亿元，领办、创办各类专业合作社6451个。②2008年10月胡锦涛同志在批示中称赞大学生村官的创业激情和奉献精神难能可贵。2012年全国有7万名大学生村官面临期满后的出路问题。有分析指出，除了留任农村外，在农村自主创业将成为大学生村官期满分流的大趋势，也是最能体现大学生村官价值的方向。③

2011年，江苏省选聘了3827名大学生村官到村、社区任职。江苏省在2009年7月14日出台了《关于鼓励和支持大学生村官创业富民的实施意见（试行）》④，全省大学生村官创业实践开展得有声有色。然而，真正创业成功的大学生村官凤毛麟角。因此，科学调研分析大学生村官创业的诸多影响因素并进行实证研究，从而提出针对性的建议，对指导大

*　本文系江苏省教育厅2011年度高校哲学社会科学研究基金资助项目（2011SJB880135）的阶段性成果。

**　作者陈森青系扬州大学讲师；仇湘云系扬州大学讲师；孙月系扬州大学辅导员。

①　中共中央组织部：《关于选聘高校毕业生到村任职工作的意见（试行）》，2008年4月11日。

②　江苏大学生村官网：《全国在岗大学生村官达21.2万人》，2012年7月31日，http://www.jsdxscg.gov.cn/html/2012-7/6901.shtml。

③　邱晨辉：《"流得动"渐成现实　"下得去"仍需努力》，《中国青年报》2011年4月22日。

④　王卫华：《大学生"村官"创业现状、问题及对策研究——以江苏省南通市为例》，苏州大学硕士论文，2010年。

学生村官创业有着丰富的理论和现实意义。

一、实证分析

（一）调研对象和方法

本次调研以江苏省为例，选取了扬州市、常州市、无锡市、淮安市、宿迁市等地的大学生村官进行调研，样本点均匀分布于苏南、苏中和苏北。采用问卷调查和个别访谈的方法，共发放调查问卷300份，收回有效问卷257份，有效回收率达85.7%；共访谈创业实践中的大学生村官80名。

（二）调研结果分析

1. 调研对象的基本描述

表1显示，大学生村官的特点倾向于有学历的农村出来的孩子。其中，有81.86%的大学生村官是本科学历。这些大学生村官家境并不富裕，出生在农村的占59.39%，父母是务工人员的占50.21%。因为男生较之女生有较强的耐挫性以及忍耐性，所以男生的比例高于女生，几乎高了20个百分点。由于国家政策的限制，中共党员和优秀学生干部优先，导致中共党员的比例占到接近80%。从表1中数据可以看出，大学生村官的收入普遍不高，其中，月收入在1000—2000元的占83.19%，因此，大学生村官刚开始创业就面临资金缺乏。

表1　受调查大学生村官的基本信息

性别	占比（%）	年龄（岁）	占比（%）	出生地	占比（%）	政治面貌（毕业前）	占比（%）
男	59.92	20—25	58.62	城镇	40.61	中共党员	79.24
女	40.08	26—30	35.78	农村	59.39	共青团员	18.64
		30以上	5.60			民主党派	0.42
						群众	1.7
文化程度	占比（%）	毕业院校	占比（%）	月收入（元）	占比（%）	父母工作性质	占比（%）
大专	16.88	综合性大学	65.20	1000—2000	83.19	公务人员	8.09
本科	81.86	专科性大学	25.98	2000—3000	9.29	企业员工	24.68
研究生	1.26	高等专科学校	2.45	3000—4000	6.64	经商人员	17.02
		职业技术学校	6.37	4000以上	0.88	务工人员	50.21

2. 结果分析

（1）大学生村官的创业倾向。近年来，受全社会创业环境影响和大学毕业生职业发展规划影响，大学生村官创业倾向较高。从图1中数据不难看出，有50.38%的大学生村官考虑过创业，有18.94%的大学生村官正在进行创业并且处于初创期，有17.42%的大学生村官正在进行创业且处于正常运行期，正在创业的人数比例超过1/3。只有5.68%的大学生村官完全没想过创业。这样的比例也普遍反映出了大多数大学生村官的创业现状：想创业但难创成业。

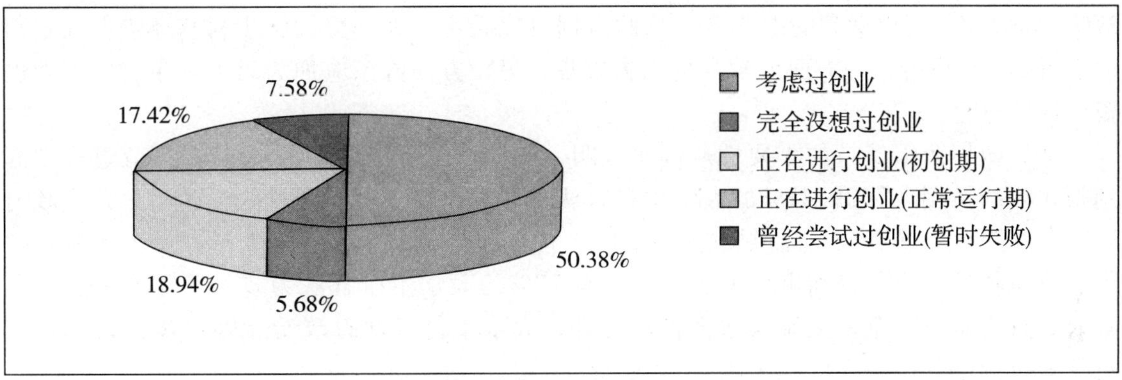

图1　大学生村官创业倾向

（2）大学生村官选择的创业领域。大学生村官选择创业的领域很多样化，主要集中在种植业、旅游业还有其他产业。调查表明，32.10%的大学生村官选择在种植业领域创业，16.05%的大学生村官选择在旅游业创业，有51.85%的大学生村官选择在其他产业创业。其中，选择特色种植业比例最高，达到19.06%，可以看出大学生村官充分利用当地特色产业进行创业是一个务实的选择。

（3）所学专业的重要性。表2中，认为大学所学专业重要性一般和重要的占到79%，认为不重要和可以忽略的占到21%。由此可以看出，大学所学专业对大学生村官创业有一定的影响作用。在此次调查中，有60%大学生村官都是出生于农村，他们对农村有一定的了解，在努力学好专业知识的基础上，结合当地的特色种植业或特色旅游业更容易创业成功。

表2　专业在大学生村官创业过程中重要性的看法

项目	认为非常重要	认为重要	认为一般	认为不重要	认为可以忽略
占比（%）	11	33	35	18	3

（4）创业项目（可行性、市场机会）的重要性。从表3数据可以看出，认为创业项目重要的大学生村官占到88%，认为一般的占12%，样本中没有人认为创业项目的可行性以及市场机会在创业过程中不重要。在此次调查中，准备创业或者已经开始创业的大学生村官，遇到的最大困难是缺乏创业项目的占到14%。可见，创业项目的缺乏也是大学生村官创业道路上的“拦路虎”。

表 3　创业项目在大学生村官创业过程中的重要性

项目	认为非常重要	认为重要	认为一般	认为不重要
占比（%）	47	41	12	0

（5）资金支持的重要性。认为资金在大学生村官创业过程中重要的占到 87.62%，认为一般的占到 11.90%。资金是大学生村官创业的硬性条件之一，也是不可缺少的企业要素，在此次调查中已经具备创业资金的大学生村官占 12%，基本具备创业资金的大学生村官占 27%，经过努力可以达到的占 43%。从此数据可以看出，大部分大学生村官还需要通过努力去得到创业资金，一方面大学生自己去筹集，另一方面国家应加大对大学生村官创业的资金扶持力度。

（6）政府政策支持的重要性。调研表明，49.41%的人认为政策支持在创业过程中起到很重要的作用，有 39.41%的大学生村官认为非常重要。有 29%的大学生村官认为政府还需要在建立专项资金、提供资金支持上给予帮助，有 20%的大学生村官认为政府在搜集、发布各种创业项目和机会上还不够，有 17%的大学生村官认为政府还需为村官建立政府、科研院所、企业交流沟通平台。另外，大学生村官期盼政府能够逐步完善创业扶持长效机制。

（7）创业能力培训的重要性。从数据可以看出，认为创业培训非常重要的占 39.69%，认为重要的占 45.36%，认为一般的占 13.40%。从理论上来讲，大学生村官刚走入社会不久，还没有完全转变好角色，将专业知识转化为生产实践需要一个过程，而这个过程就是培训。在此次调查中，在任职村官之前（含大学期间和任职前）没有接受过创业教育的占 60%，认为培训对他们有帮助的占 70%，这是值得重视的数据。农村或者当地政府应多提供这样的培训，培训大学生村官一些企业管理能力和市场营销能力。

（8）社会关系、社会资源掌握程度的重要性。调研数据表明，大学生村官认为社会关系、社会资源掌握程度非常重要的占 35.89%，认为重要的占 44.62%，认为一般的占 18.97%。调查中，有 25%的大学生村官希望经常与成功企业相互交流。创业初期，尽管政府能提供少量的担保贷款，但有的资金缺口仍然很大，如果采用“企业+村官+基地+农户”的模式，大学生村官的专业知识就会有很大的发挥空间。在项目选择上和项目培育上，如果有好的社会关系，就会有更多更好的机会。据调查，只有 17%的大学生村官认为具备这项能力。政府应当搭建各种交流平台，整合社会资源为大学生村官创业保驾护航。

另外，调研还发现性别因素、创业合作者、所在区域创业环境等也会影响到大学生村官创业。比如，有 43%的大学生村官想跟有创业成功经验的人一起创业，有 38%的人愿意跟有资金基础的人一起创业。如果创业，有 13%的大学生村官会选择独自创业，有 25%的大学生村官选择合作创业（村官+农户），有 38%的大学生村官选择合资创业（村官+企业、合作社）。

二、调研结论

（一）大学生村官创业过程中个人因素起到决定性作用

通过访谈了解到，不少大学生村官只是把村官当成跳板，并没有扎根农村的意识，脱离农村的土壤谈创业，当然不能成功。而就创业本身来说，个人因素起着决定性的作用。个人因素包括自己的专业、出身、性别、性格等。来自农村的大学生村官创业更容易成功；所学专业的不同意味着思维方式不一样，熟悉创业项目的时间也不一样；由于生理原因和社会观念影响，女大学生村官创业选择不够坚定，很多女生考虑到婚恋问题而不愿意留在农村。

（二）大学生村官创业过程中创业要素起到根本性作用

很多创业要素影响到大学生村官创业，比如创业项目、创业培训、创业资金支持等。不少大学生村官盲目选择创业项目，涉世未深，缺乏企业管理经验和市场营销技巧，风险预测与规避能力较弱，融资能力不强，最终导致创业失败。同为创业，大学生村官创业难度更高，根本性要素缺一不可。

（三）大学生村官创业过程中政策扶持起到关键性作用

任何形式的创业，其初期目标就是生存，这就需要政府完善相关政策扶助创业项目存活下来。现实情况下，虽然很多政策向大学生村官创业倾斜，但有的缺乏落实，有的覆盖面不广，有的流于形式，不能将政策优势转化为创业优势。另外，创业政策扶持机制的构建是一个系统工程，而政府的评估机制还不够完善，效果难以保证。创业能否成功，关键在于政策。

（四）大学生村官创业过程中创业模式起到积极性作用

大学生村官创业有很多模式，比如个人独立创业模式、团队创业模式、“村官+农户”模式、“村官+企业”模式等。不是所有的创业模式都是高效率的，大学生村官在选择创业模式的时候要结合项目的特点去考虑，既要客观评估自身的创业能力和当地的特色资源，又要融入农村，帮扶农民劳动致富，从而实现创业项目的经济效益和社会效益。

三、对策建议

（一）加强对大学生村官创业的引导，树立正确的创业观念

大学生村官创业应具有一定的公益属性，要引导大学生村官对创业进行正确定位，努力实现社会效益的最大化。① 政府、高校在引导大学生村官创业时，应该综合考虑个体特征

① 刘西忠：《基于农村公益导向的大学生“村官”创业研究》，《湖北社会科学》2011 年第 1 期。

和具体条件，尊重大学生村官的选择；同时应该加大宣传农村创业的意义，激发其潜在的创业意识，使他们认识到“村官”不只是个跳板，还是个创业的好起点。当然，创业过程也很精彩，要充分认识到创业可以锻炼工作能力，丰富人生履历，培养艰苦奋斗精神，促进自身的成长发展。

（二）完善大学生村官的创业要素，提升科学的创业能力

首先，加大对创业技能的培训。要将各种社会资源引入到创业培训的课堂，将培训课堂前移至大学，后移至岗位。2011年，扬州大学设立“大学生村官模拟创业实验室”就是很好的尝试。其次，金融机构要加大对大学生村官的金融支持力度，深入了解大学生村官的项目经营情况，为项目发展提供相关的业务指导和市场信息服务。2010年8月，江苏省信用再担保有限公司发起了大学生村官“创业富民、阳光育才”再担保融资工程，到2011年8月一年多时间内，已为528名大学生村官、454个创业项目提供再担保贷款8028万元，打开了大学生村官创业融资之门。

（三）坚定大学生村官的创业扶持，加大政策的持续力度

政府要制定相关的扶持政策，减免创业的费用，如无偿给予场地支持，减免登记注册、管理等相关费用，降低创业成本。① 另外，要为大学生村官营造良好的创业环境，对村官创业过程中的好做法、好经验及时宣传。江苏宿迁评选“十佳大学生村官‘创业之星’”就是一个很好的举措。

（四）丰富大学生村官的创业模式，科学整合社会资源

首先，大学生村官既要创业更要富民，将自己的优势与当地的可用资源进行有效结合，实现资源配置的最优化，达到双赢的结果，从而推动新农村建设。其次，政府要在产供销、人财物等环节上给予支持，寻求创新型创业合作模式。最后，创业模式不是一成不变的，在创业过程中每一步都存在多种选择，要不断优化自己的模式，选择合适的子模式来完善整体的创业模式。

参考文献

[1] 中共中央组织部：《关于选聘高校毕业生到村任职工作的意见（试行）》，2008年4月11日。
[2] 江苏大学生村官网：《全国在岗大学生村官达21.2万人》，2012年7月31日，http://www.jsdxscg.gov.cn/html/2012-7/6901.shtml。
[3] 邱晨辉：《“流得动”渐成现实　“下得去”仍需努力》，《中国青年报》2011年4月22日。
[4] 王卫华：《大学生“村官”创业现状、问题及对策研究——以江苏省南通市为

① 聂邦军：《大学生村官创业的长效机制研究》，《中国青年研究》2011年第6期。

例》，苏州大学硕士论文，2010 年。
[5] 刘西忠：《基于农村公益导向的大学生“村官”创业研究》，《湖北社会科学》2011 年第 1 期。
[6] 聂邦军：《大学生村官创业的长效机制研究》，《中国青年研究》2011 年第 6 期。

An Empirical Study on the Influencing Factors for Little Village Officials to Set up Business—An Analysis Based on the Research Findings on "Little Village Officials" Project in Jiangsu Province

Chen Senqing, Qiu Xiangyun, Sun Yue

Abstract: This study takes the little village officials in Jiangsu Province as an example and investigates the influencing factors on their setting up businesses. It is found that personal factors, venture capital, business targets, models for business establishment and policy support have significant impacts on their actions. Therefore it is suggested that on the one hand, little village officials should endeavor to improve their entrepreneurial ability, look for and grasp opportunities, and choose appropriate business models. On the other hand, the government should be a back-up force and provide skill training and continuous policy support including financial ones and guide those officials to set up businesses with a success.

Key words: little village official, set up a new business, influencing factor, empirical study

（编辑：孙世鳌）

大学生职业探索特点及家庭系统的影响机制*

杜 嫱 胡 平 林婷婷 邝贝贝**

［摘要］ 以自我决定理论为理论依托，本研究选取北京某高校 254 名在校大学生，利用 AMOS 构建结构方程模型（SEM），研究了大学生职业探索的发展特点，分析其家庭系统产生的影响，并探索了家庭系统产生影响的机制。结果表明：第一，女大学生的职业探索显著高于男大学生，且对于不同年级的大学生，职业探索随着毕业临近呈上升趋势；第二，大学生职业探索水平与其自尊和自主水平都呈显著正相关；第三，家庭系统中的关系因素和非关系因素都能正向预测大学生的职业探索水平，关系因素预测作用更强；第四，自主和自尊水平在家庭关系因素和职业探索之间起到中介作用。本研究还对如何完善家庭教育、提升大学生的职业探索提供了实践建议。

［关键词］ 家庭系统 自尊 自主 职业探索

一、问题的提出

大学阶段的职业探索非常重要，①一方面有助于大学生确立清晰的职业目标，为未来职业生涯进行规划以实现人生价值；另一方面也有助于大学生了解自己，发展面对激烈市场竞争所需要的核心竞争力。研究表明大学阶段的职业探索不仅会直接影响到大学生的职业选择，而且会影响到就业后的成长。②因此研究者们非常重视对大学生职业探索发展规律及其影响因素的研究。

* 本文系北京市哲学社会科学规划项目“中国梦的科学内涵及实现路径”（项目号：13SHB034）的阶段性成果及中国人民大学科学研究基金（中央高校基本科研业务费用专项资金资助）项目（项目号：12XNLL06）阶段成果。

** 作者杜嫱系中国人民大学心理学系硕士研究生；胡平系中国人民大学心理学系教授；林婷婷系中国人民大学心理学系硕士研究生；邝贝贝系中国人民大学心理学系硕士研究生。

① Super D.E.，“A Life-Span，Life-Space Approach to Career Development” in Brown，D. Brooks，L. & Associates（2nd edn），*Career Choice and Development*，San Francisco：Jossey-Bass，pp.197-261，1990.

② Werbel J. D.，“Relationships Among Career Exploration，Job Search Intensity，and Job Search Effectiveness in Graduating College Students”，*Journal of Vocational Behavior*，2000.

在当今中国的社会背景下，研究大学生职业探索及其影响因素更具意义。首先，就业形势日益严峻。据报道，2013年全国普通高校毕业生规模为699万人，预计2014年的毕业生规模将达727万人，创历史新高，① 但是就业岗位并没有随之增多，就业形势非常严峻，研究大学生职业探索的规律有助于高等学校思考如何提供更有利于大学生职业发展的环境。其次，很多研究成果②表明，家庭的社会经济资源和地位有助于大学生的就业，那么在职业探索期间，是否还存在相同的影响作用呢？对此进行探讨，不仅有助于理解影响大学生职业探索的因素，更有助于思考如何保证教育过程的公平性。第三，研究中国大学生群体的职业探索更具特别性。区别于国外的高等教育，我国大学生往往是在临近毕业的时候才开始职业探索，职业探索常常成为获取职业的一时性手段，而且这种短期的职业探索推崇实用性、速效性和技巧性，忽视其发展性、科学性和前瞻性。③ 从国内外的研究成果中可以知道，良好的职业探索是个人成长和发展的重要组成部分，而国内相关研究还比较少，因此本研究期望探讨中国大学生职业探索发展特点，同时探讨家庭在职业探索过程中所起的作用以及作用机制。

二、文献综述

职业探索（career/vocational exploration）也称职业生涯探索，起源于苏贝尔（Super）职业生涯发展理论的研究。目前学界广泛认同的职业探索是指个体在探索动机推动下，对于自我和职业发展相关的环境进行探索，形成一定技能、获得相应的认知和情感反馈的过程，其最终目的是为了自我的发展和整合。④ 现在关于职业探索的研究主要集中在职业探索的结构和影响因素等问题上。施国春、吴雪梅等人关于大学生的职业探索研究结果表明大学生职业探索是随年级变化而变化的。⑤ 随着高等教育的改革，在本科时期推行通识化教育，大学生的职业与专业匹配程度并不很高。新教育环境下的大学生职业探索又将如何呢？还有待于进一步研究。

从职业探索的概念可以看到，个体的职业探索是动态发展的过程，是个体与环境互动

---

① 《2013“史上最难就业年”比不过2014“难上难”》，《燕赵都市报》2013年12月16日。

② 闵维方等：《2005年高校毕业生就业状况的调查分析》，《高等教育研究》2006年第1期。韩翼祥等：《中国大学生的就业决策和职业期望——以浙江省为例》，《中国人口科学》2007年第3期。郑洁：《家庭社会经济地位与大学生就业——一个社会资本的视角》，《北京师范大学学报（社会科学版）》2004年第3期。

③ 王保义：《中美大学生就业指导模式比较研究》，《现代教育科学》2004年第3期。

④ Stumpf S. A., Colarelli S. M., Hartman K., “Development of the Career Exploration Survey (CES)”, *Journal of Vocational Behavior*, 1983. Blustein D. L., “The Role of Goal Instability and Career Self-efficacy in the Career Exploration Process”, *Journal of Vocational Behavior*, 1989. Taveira M. D. C., Moreno M. L. R., “Guidance Theory and Practice: the Status of Career Exploration”, *British Journal of Guidance and Counseling*, 2003. Flum H., Blustein D. L., “Reinvigorating the Study of Vocational Exploration: A Framework for Research”, *Journal of Vocational Behavior*, 2000.

⑤ 施国春：《大学生职业探索的现状与成因》，《辽宁医学院学报（社会科学版）》2008年第3期。吴雪梅、文胜：《大学生职业探索行为的调查研究》，《教育与职业》2011年第15期。

的结果，是自我整合的来源。作为与个体成长直接相关的环境，家庭的作用不可忽视。已有研究表明，父母是青少年未来职业获取支持和建议的主要来源。① 有关家庭影响因素的研究涉及的变量很多，但是不同研究注重个别变量的独立作用，难以看出整个家庭系统对个体职业探索的影响。少数涉及家庭系统的研究在家庭系统划分上存在分歧，有的研究把家庭系统区分为家庭环境子系统、父母子系统和个体子系统；② 有的研究将家庭系统分为家庭环境基本子系统、父母与儿童互动子系统和兄弟姐妹与儿童互动子系统③；还有的研究将家庭系统分为两大因素，即家庭人口学因素和家庭保护性因素。④ 总结而言，首先家庭系统区分维度并不一致，其次已有研究主要关注家庭系统对儿童及青少年的不良行为的影响，而关注对大学生职业探索影响的研究甚少。本研究期望从将家庭系统区分为非关系因素和关系因素，探讨家庭系统对大学生职业探索的影响。

家庭的基本功能是为家庭成员生理、心理、社会性等方面的健康发展提供一定环境条件。⑤ 家庭一方面要满足个体在衣、食、住、行等方面的物质需要，另一方面要促进家庭及其成员的心理及社会关系的发展，因此可以分为非关系因素和关系因素。⑥ 非关系因素指的是家庭结构、家庭经济地位、居住地、父母学历等不涉及家庭关系的因素；而关系因素主要指家庭成员之间的情感联结，如亲子关系，也包括家庭成员之间的互动等。已有文献证实了家庭非关系因素对职业探索存在显著影响，如有研究表明，城市大学生的职业探索水平比农村大学生的职业探索水平更高，⑦ 家庭经济地位能够正向预测职业探索，⑧ 父母学历

---

① Seginer R., Shoyer S., "How Mothers Affect Adolescents' Future Orientation: A Two-source Analysis", *Japanese Psychological Research*, 2012.

② 桑标、席居哲：《家庭生态系统对儿童心理健康发展影响机制的研究》，《心理发展与教育》2005年第1期。王海英：《青少年心理健康发展的家庭生态系统研究》，《东北师大学报》2012年第6期。

③ 商冲晨、莫书亮：《家庭微系统对幼儿心理理论的影响：因素、过程和机制》，《心理科学进展》2010年第6期。

④ Jordahl T., Lohman B.J., "A Bioecological Analysis of Risk and Protective Factors Associated with Early Sexual Intercourse of Young Adolescents", *Children and Youth Services Review*, 2009.

⑤ Epstein N. B., Bishop D. S., Levin S., "The McMaster Model of Family Functioning", *Journal of Marital and Family Therapy*, 1978.

⑥ 方晓义等：《家庭功能：理论、影响因素及其与青少年社会适应的关系》，《心理科学进展》2004年第4期。

⑦ Metheny J., McWhirter E. H., "Contributions of Social Status and Family Support to College Students' Career Decision Self-efficacy and Outcome Expectations", *Journal of Career Assessment*, 2013. 骆泽深、张娟、陆冠儒：《职业探索影响因素分析》，《吉林省教育学院学报（学术版）》2012年第2期。李军凯：《大学生求职行为及其影响因素研究》，《理论导刊》2012年第8期。

⑧ Penick N. I., Jepsen D. A., "Family Functioning and Adolescent Career Development", *The Career Development Quarterly*, 1992. Lindstrom L., Doren B., Metheny J., et al., "Transition to Employment: Role of the Family in Career Development", *Exceptional Children*, 2007.

能够正向预测职业探索。[①] 相比而言，关系因素对职业探索的影响的研究较少。研究表明，父母的接纳和支持会促进青少年的职业探索，[②] 家庭中成员沟通、情感卷入等会积极预测大学生的职业探索行为。[③] 本研究期望探讨家庭系统中这两类影响因素对大学生职业探索的不同影响，从而进一步丰富国内关于家庭系统对职业探索的功能性研究。

那么家庭环境作为外在环境是如何影响到青少年的职业探索的呢？自我决定理论（Self-Determination Theory，SDT）是近年来备受推崇的人类动机和人格的宏大理论。根据自我决定理论，良好的外部环境（例如家庭环境）通过满足基本心理需求，增强人类的内部动机，保证人类健康发展（包括积极的职业探索行为等）。自主属于基本心理需求之一，是指个体能够独立进行决策并贯彻这些决策的能力。[④] 根据自我决定理论，自主的获得意味着独立决策能力的增强以及对个人行为方向的主导性的增加，会促进个体的健康发展。已有研究表明，子女与父母情感融洽会使子女获得更强的自主，[⑤] 对中国被试尤其如此，[⑥] 同时，自主可以视为是未来规划的心理基础。[⑦] 另一方面，自尊是个体对自我价值积极或消极的评价。[⑧] 根据自我决定理论，将外部环境内化为内部动机的整个过程受到自尊的驱动。[⑨] 已有研究表明，父母支持是青少年自尊发展最稳定、最有效的社会来源，[⑩] 自尊水平会影响个体的成就动机，[⑪] 自尊中包括的自我悦纳因子会使得大学生在职业规划上更为积极。总结

---

① Otto L. B.，“Youth Perspectives on Parental Career Influence”，*Journal of Career Development*，2000. Kracke B.，“The Role of Personality，Parents and Peers in Adolescents Career Exploration”，*Journal of Adolescence*，2002.Sawitri D. R.，Creed P. A.，Zimmer-Gembeck M. J.，“The Adolescent - Parent Career Congruence Scale Development and Initial Validation”，*Journal of Career Assessment*，2013.

② Kracke B.，Schmitt-Rodermund E.，“Adolescents' Career Exploration in the Context of Educational and Occupational Transitions”，*Navigating through Adolescence：European Perspectives*，2001.

③ 刘天阳：《家庭因素对大学生职业探索的影响研究》，南京师范大学硕士论文，2011 年。

④ Steinberg L.，Silk J. S.，“Parenting Adolescents Handbook of Parenting”，*Children and Parenting*，Vol.1，2002.

⑤ Syed M.，Seiffge-Krenke I.，“Personality Development from Adolescence to Emerging Adulthood：Linking Trajectories of Ego Development to the Family Context and Identity Formation”，*Journal of Personality and Social Psychology*，2013.Cai M.，Hardy S. A.，Olsen J. A.，et al.，“Adolescent - parent Attachment as a Mediator of Relations between Parenting and Adolescent Social Behavior and Wellbeing in China”，*International Journal of Psychology*，2013.

⑥ Chen B.，Vansteenkiste M.，Beyers W，et al.，“Autonomy in Family Decision Making for Chinese Adolescents：Disentangling the Dual Meaning of Autonomy”，*Journal of Cross-Cultural Psychology*，2013.

⑦ 于凤杰、赵景欣、张文新：《早中期青少年未来规划的发展及其与父母教养行为的关系：行为自主的中介效应》，《心理学报》2013 年第 6 期。

⑧ Sharon S. B.，Saul M. K.，Steven，Fein，*Social Psychology*，Boston：Houghton Mifflin Company，1998.

⑨ Ryan R. M.，Deci E. L.，“Avoiding Death or Engaging Life as Accounts of Meaning and Culture：A Comment on Pyszczynski”，Greenberg，Solomon，Arndt，and Schimel.*Psychological Bulletin*，2004.

⑩ 刘春梅、邹泓：《青少年支持系统与自尊的关系》，《心理科学》2007 年第 3 期。杨福义、梁宁建：《早期经验对青少年内隐自尊的影响》，《心理科学》2008 年第 3 期。

⑪ 王沛、杨金花：《大学生职业决策和自尊、成就动机的关系》，《心理发展与教育》2006 年第 1 期。

已有研究，自主和自尊可能在家庭关系因素和大学生职业探索之间起到中介效应，其中介作用机制尚未得到实证研究支持。

综上所述，本文将对如下问题进行研究：（1）大学生职业探索的发展特点如何？（2）家庭系统中不同因素对大学生职业探索产生什么样的影响？两者关系如何？（3）根据自我决定理论，自主和自尊是否会在家庭关系因素对大学生职业探索的影响中起到中介作用？本研究期望探讨的概念模型如下：

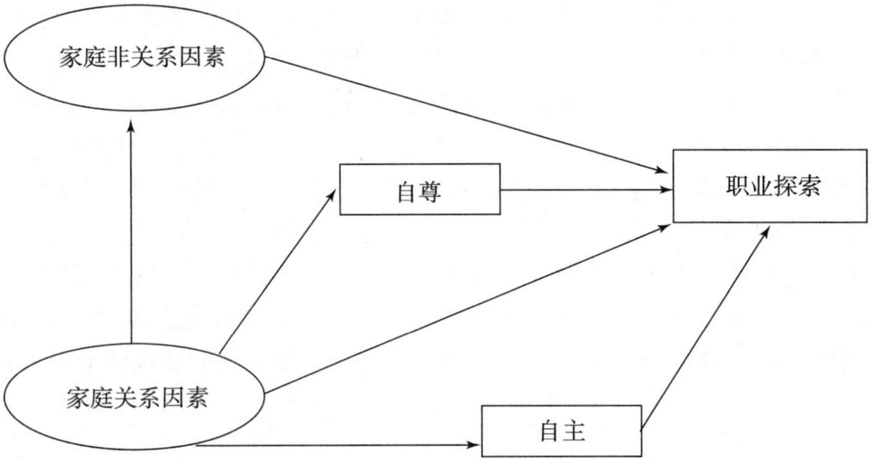

图1　家庭微系统对大学生职业探索影响的假设模型

三、实验方法

（一）被试和分析工具

被试为北京市某高校在校本科生，原始问卷共计279份，剔除空白过多或反映倾向极端的数据25份，最终有效数据254份。其中男生95名，女生159名；独生子女156名，非独生子女98名；大一学生58名，大二学生71名，大三学生63名，大四学生62名；年龄分布18—27岁，平均年龄20.6岁（SD=1.36）。

使用到的分析软件为SPSS 17.0以及AMOS 17.0。

（二）变量测量

1. 职业探索

本研究将采用Stumptetal、David Blustein的职业探索问卷（CES）作为对大学生职业探索行为的测量开展研究。共5道题目，7点自评计分（1代表完全不符合，7代表完全符合）。研究工具的翻译工作采用标准的翻译——回译程序。其内部一致性信度（Crombach α系数）为0.776。

2. 家庭系统

（1）家庭非关系因素。通过5个变量进行测量，分别是家庭社会经济地位、家庭居住地、是否为独生子女家庭、父亲学历及母亲学历。其中，家庭社会经济地位的判定参考席居哲使用的计分方法，采用国内惯例，共分为8个等级，将父母中社会经济地位较高的一方作为家庭社会经济地位。其他项目进行直接提问。

（2）家庭关系因素。通过4个变量进行测量，分别是父亲提供的情感支持和母亲提供的情感支持、父母干涉和亲子沟通，量表计分采用李克特1—7打分。

3. 自主和自尊

（1）自主：自主性量表（2 item autonomy scale）共有两道题目，李克特1—6分计分，受试者根据自身实际情况进行打分。采用内部一致性信度（Crombach α 系数）作为检验量表信度的指标。经计算，得到量表的同质性信度系数 $\alpha=0.757$。

（2）自尊：自尊量表（Self-esteem scale，SES）。该量表由5个正向计分和5个反向计分的条目组成。李克特1—4分计分，受试者根据自身实际情况进行打分。采用内部一致性信度（Crombach α 系数）作为检验量表信度的指标。经计算，得到量表的同质性信度系数 $\alpha=0.823$。

四、结果与分析

（一）描述性统计结果

本研究首先考察人口学变量对大学生职业探索的影响。由于在假设模型中，家庭非关系因素和家庭关系因素作为潜变量，均包括多个变量，这些变量的影响方向和作用方式各不相同，不能作为整体差异检验，因此，描述性统计只考察人口学变量对职业探索行为和自主、自尊的影响。

以性别为自变量，以职业探索、自主和自尊为因变量，进行单变量方差分析（ANOVA）。结果显示，男性大学生的职业探索行为（$M=4.23$，$SD=1.06$）和女性大学生的职业探索行为（$M=4.51$，$SD=0.97$）存在显著差异（$p<0.05$）。该结果与吴雪梅以重庆高校学生为样本研究的结果是一致的。在自主和自尊水平上男女无显著差异。结果如表1所示：

表1　职业探索、自主、自尊在性别上的得分

	职业探索	自主	自尊
男生	M=4.23（SD=1.06）	M=9.81（SD=1.78）	M=21.30（SD=4.03）
女生	M=4.51（SD=0.97）	M=9.67（SD=1.39）	M=21.20（SD=3.73）

以年级为自变量，以职业探索、自主和自尊为因变量，进行单变量方差分析（ANOVA）。结果显示，职业探索的最高点（大一得分）与职业探索的最低点（大三得分）在 $p<0.05$ 上存在显著差异。该结果与施国春等人、吴雪梅分析的变化趋势稍有不同，但是

都证实了在大三期间大学生职业探索强度最低这一结论。此外结果显示，自主水平在大一年级和大三年级上得分差异显著（p<0.05），自尊水平在各个年级上无显著差异。如表 2 所示：

表 2　职业探索、自主、自尊在不同年级上的得分

	职业探索	自主	自尊
大学一年级	M=4.57（SD=1.08）	M=10.01（SD=1.52）	M=21.29（SD=4.57）
大学二年级	M=4.41（SD=1.22）	M=9.83（SD=1.35）	M=20.88（SD=3.62）
大学三年级	M=4.16（SD=1.10）	M=9.42（SD=1.57）	M=21.39（SD=3.89）
大学四年级	M=4.42（SD=1.27）	M=9.64（SD=1.70）	M=21.43（SD=3.32）

为了更好说明职业探索随着年级变化的趋势，将年级设定为横坐标，职业探索得分作为纵坐标进行作图，如图 2。由图可知，大一入学时职业探索最强，到了大二有所下降，大三时下降至最低点，随着毕业在即、就业压力变大，从大三向大四转变的过程中，职业探索又开始明显上升。

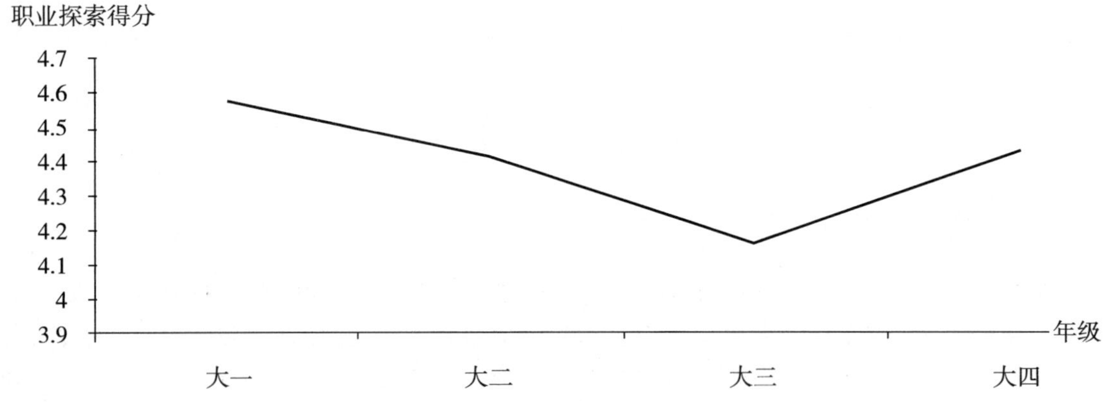

图 2　大学生职业探索随年级的变化趋势

（二）家庭系统与大学生职业探索的相关

为了进一步了解职业探索与家庭系统各个变量之间的相关，做出相关矩阵。只有这些变量之间本身存在着相关性，才有可能进一步验证中介作用，并对我们提出的假设模型进行检验。由相关分析可知，我们选择的绝大多数变量与职业探索是有显著相关的。

由表 3 可知，职业探索与家庭经济地位、独生子女家庭与否、家庭居住地和父母学历显著相关。家庭经济地位越高、父母学历越高越有利于大学生的职业探索，同时独生子女家庭和居住地为城市的家庭更有利于大学生的职业探索。

由表 4 可知，职业探索与父母提供的情感支持以及亲子沟通显著正相关。父母提供的情感支持越充足，越有利于大学生的职业探索；亲子沟通越充分，越有利于大学生的职业探索。父母干涉与职业探索呈负相关，但未达到显著水平，说明父母干涉会对大学生的职业探索产生消极影响。

表 3　家庭非关系因素各个变量与职业探索的相关

	M（SD）	职业探索	经济地位	独生子女家庭	居住地	父亲学历	母亲学历
职业探索	4.39（1.17）	1					
经济地位	5.40（1.55）	0.080	1				
独生子女家庭	1.39（0.49）	−0.112	−0.143**	1			
居住地	1.15（0.36）	−0.095	−0.323**	0.156**	1		
父亲学历	4.21（1.23）	0.144*	0.466**	−0.200**	−0.508**	1	
母亲学历	3.98（1.25）	0.160*	0.405**	−0.276**	−0.449**	0.758**	1

说明：** 在 0.01 水平（双侧）上显著相关。* 在 0.05 水平（双侧）上显著相关。其中独生子女家庭是分类变量，1 代表独生子女家庭，2 代表非独生子女家庭；居住地也为分类变量，1 代表城市，2 代表农村。

表 4　家庭关系因素各个变量与职业探索的相关

	M（SD）	职业探索	父母干涉	父亲支持	母亲支持	父母交流
职业探索	4.39（1.17）	1				
父母干涉	4.74（1.67）	−0.077	1			
父亲情感支持	4.89（0.90）	0.206*	−0.170**	1		
母亲情感支持	4.95（0.80）	0.285**	−0.289**	0.689**	1	
亲子沟通	10.57（2.60）	0.228**	0.057	0.197**	0.096	1

说明：** 在 0.01 水平（双侧）上显著相关。* 在 0.05 水平（双侧）上显著相关。

（三）自主、自尊与大学生职业探索的相关

表 5 结果显示，职业探索与自尊水平呈显著正相关；职业探索与自主水平呈显著正相关；自尊和自主彼此呈显著正相关。这说明了自尊水平和自主水平的提升能够促进个体的职业探索，同时自尊和自主作为心理健康的两个指标，关联密切。

表 5　职业探索与自尊、自主的相关

	M（SD）	职业探索	自尊水平	压力感知
职业探索	4.39（1.17）	1		
自尊水平	21.26（3.88）	1 .301**		
自主水平	9.73（1.54）	0.321*	0.269**	1

说明：** 在 0.01 水平（双侧）上显著相关。* 在 0.05 水平（双侧）上显著相关。

（四）中介作用检验

1. 自主的中介效应检验

根据研究假设，家庭关系因素会影响大学生的职业探索，自主水平在其中起到中介作用。我们依据中介分析程序，采用 AMOS 进行中介效应检验。其中家庭关系因素作为潜变量同时又是预测变量，自主水平为中介变量，大学生职业探索为结果变量。

对参数进行设置，90%的置信区间，自抽样（bootstrap）5000 次。数据迭代 7 次之后收敛。模型的卡方值为 34.3，自由度为 8。结果显示：自主水平对家庭关系因素的回归系数 a=0.361，SE=0.073，p<0.001；职业探索对自主水平的回归系数 b=0.243，SE=0.078，P<0.01；家庭关系因素对职业探索的直接作用 c=0.213，SE=0.067，P<0.001；家庭关系因素对职业探索的总效应 c′=0.306，SE=0.066，p<0.01。中介效应量 ab=0.088，占总体效应的百分比为 ab/c′=28.7%。验证了假设 3c，最终得到自主水平的中介模型如图 3：

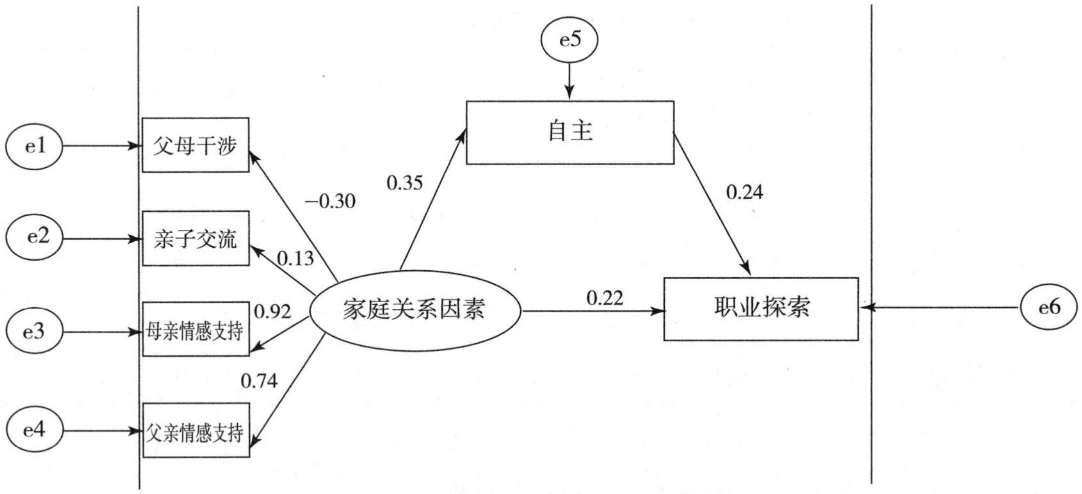

图 3　自主水平的中介作用验证模型（标准化处理）

2. 自尊的中介效应检验

类似地，对自尊的中介效应进行检验。结果显示，数据迭代到第 6 次得到收敛。模型卡方为 33.4，自由度为 8。采用 BC（bias-corrected）偏差校正法估计总体效应值，标准化估计双尾检验结果显示，总体效应显著，P<0.001。其中自尊水平对家庭关系因素的回归系数 a=0.584，SE=0.066，P<0.001；职业探索对自尊水平的回归系数 b=0.200，SE=0.085，P<0.05；家庭关系因素对职业探索的直接作用 c=0.185，SE=0.095，P<0.05；家庭关系因素对职业探索的总效应 c′=0.306，SE=0.066，p<0.001。中介效应量 ab=0.117，占总体效应的百分比为 ab/c′=38.2%。验证了假设 3b，最终得到自尊水平的中介模型如图 4：

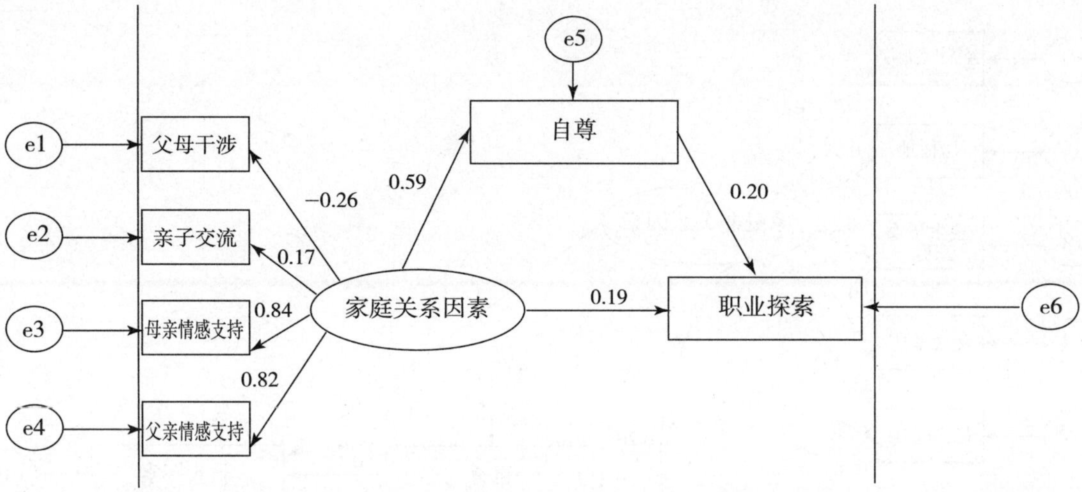

图4　自尊水平的中介作用验证模型（标准化处理）

（五）影响个体职业探索的家庭系统模型构建分析

本研究探讨家庭系统对职业探索的影响，其中两大类因素（即家庭非关系因素和家庭关系因素）都属于潜在变量，根据结构方程模型的建模要求。首先构建测量模型。其中，家庭经济地位、独生子女家庭与否、父母学历和家庭居住地构成家庭非关系因素的观察变量；父母干涉、亲子交流、父母情感支持（包括父亲情感支持和母亲情感支持）构成家庭关系因素的观察变量。将职业探索作为结果变量。对测量模型的参数估计和检验采用协方差结构模型的极大似然法。最终得到的模型如图5所示：

用于对心理及行为研究的模型，拟合优度指数（GFI）和调整的拟合优度指数（AGFI）在0.80以上，就可以承认模型构想的合理性。① 根据表6各项指数可知，本研究中模型拟合良好。利用结构方程建模（SEM）技术，证明了在家庭系统中，关系因素和非关系因素对大学生的职业探索行为起到积极预测作用。其中家庭关系因素对大学生职业探索的影响是通过自主和自尊这两个中介变量进行间接影响的。

表6　模型的拟合指数

	df	χ^2	χ^2/df	RMSEA	IFI	CFI	GFI	AGFI
模型	122.8	51	2.40	0.075	0.911	0.909	0.924	0.884

结构方程显示家庭关系因素和家庭非关系因素对于大学生的职业探索均有正向预测作用。其中非关系因素对职业探索产生的效应为0.17，为直接作用。而关系因素对职业探索产生的效应达到0.27，其中直接效应为0.07，大部分是通过中介路径产生的效应。这说明家庭系统中两个因素对大学生职业探索的作用权重是不同的，相比而言，关系因素在大学

① 董军等：《自编〈中小学生非智力因素教师评价量表〉的信效度研究》，《心理学探新》2002年第2期。

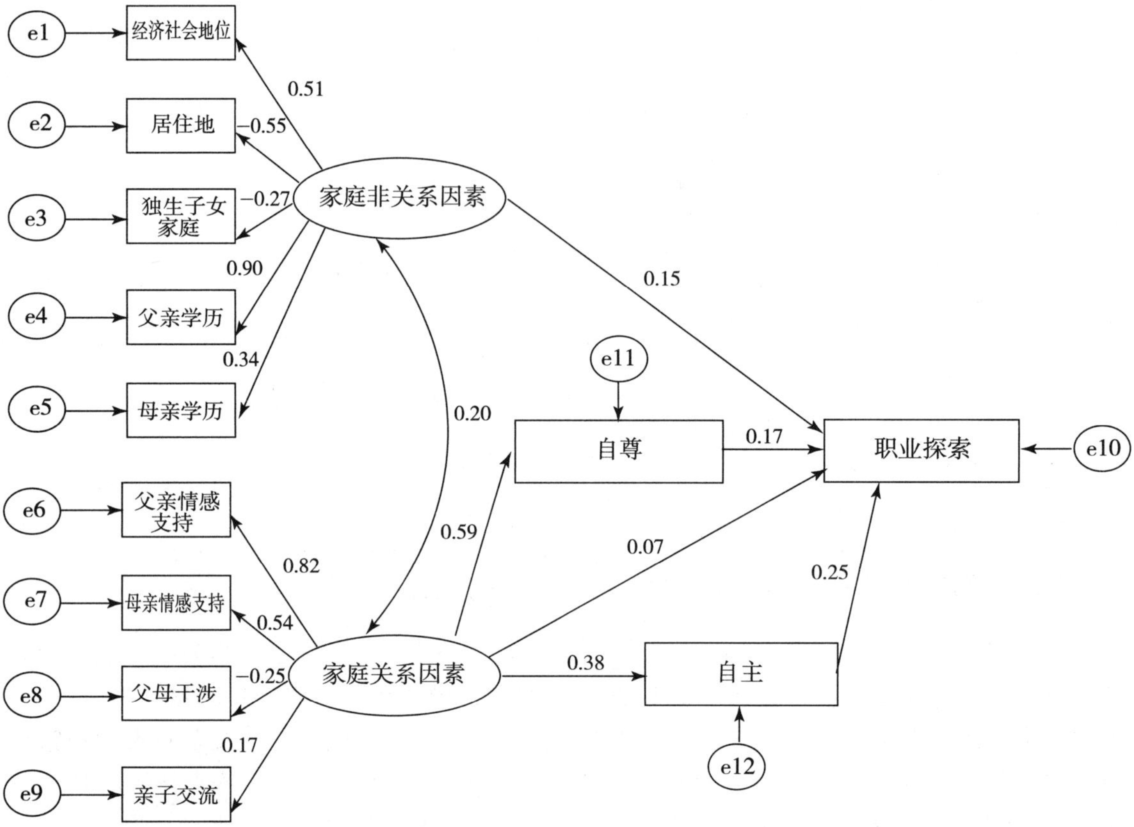

图5 家庭系统对职业探索影响的验证模型(标准化处理)

生的职业探索中发挥更重要的作用。良好的家庭关系可以提升个体的自主性和自尊水平,进而促进其职业探索。此外,关系因素和非关系因素之间存在着显著的正相关(以双向箭头表示),为0.20,说明促进大学生职业探索的家庭系统两个因素间存在着内部一致性。

五、结果讨论

本研究探讨了大学生职业探索的特点与规律,分析了家庭不同因素对职业探索的正向作用,验证了提出的全部假设。简要来说,良好的家庭系统对大学生的职业探索起到促进作用,大学生职业探索与自主、自尊呈正相关。将家庭系统具体分为两大类因素(即家庭关系因素和家庭非关系因素)后,这两类因素对职业探索起到正向作用。其中,家庭关系因素对职业探索的影响部分是通过自主、自尊这两个变量的间接中介作用发生的。

(一)大学生职业探索特点

本研究结果显示,在大学生中,女生的职业探索强度要显著高于男生。探究发现性别差异可能有如下两个原因:首先,在中国当前的社会环境下,由于工作岗位的供需不平衡以及相关制度的欠缺,就业中的性别歧视情况还十分严峻,女大学生处于就业弱势的状况并未消失，[①] 因而女生的职业探索更为强烈，她们更需要早作规划、未雨绸缪；其次，大学期间女生成绩普遍较好，在学业上占有优势，她们在职业探索方面的热情更大。因而，职业探索中的男女差异是合乎道理的。

此外，职业探索随着年级的变化发生变化，呈现先下降后上扬的趋势。探究发现这种趋势的可能原因为：大学一年级，需要完成从中学生到大学生的转变，个体进行自我同一性的重新认定，对于自己选择的这个专业是否满意或者是否适合自己，他们需要更多的探索和体验。进入大二和大三阶段，基本习惯校园生活，就业压力相对较小，面临考研继续深造或是选择考公务员或选调生，都尚未决定，故这个阶段学生的职业探索行为没有明确，因此职业探索的强度减弱，直至大三下降到最低。大三开始，职业目标日渐明晰，加之就业压力来袭，这时的职业探索又呈现上升趋势，并维持到大四。

本研究数据显示，大一学生的职业探索最强，大三学生的职业探索最弱，两者存在显著差异，而且数据显示大一学生的自主水平显著高于大三学生的自主水平。本研究得到的趋势与前人的结论稍有差异，并未证实大四学生的职业探索强到最高。这个结果可能与不同年级的职业探索内容存在差异有关。本研究关注的是与自我成长和发展有关的职业探索，随着年级的增高，大三、大四学生开展的职业探索更可能是面向未来职业世界的职业探索。大一学生的自主性更强，这与他们刚刚进入大学亟须完成自我同一性整合有关，在全新的环境下，大一新生了解自己、了解自我发展特点的动机更为强烈，因而自主性表现更强。随着年级的增长，大学生的关注焦点逐渐从自身转变到外界环境，对外界环境渐渐熟悉后，与自我成长相关的职业探索水平下降，直至大四，不仅存在职业探索，更多的是职业选择，所以相应的自主性开始提升，而伴随的职业探索水平又一次提升。

（二）家庭非关系因素对职业探索的影响

1. 父母学历对大学生职业探索的影响

本研究结果显示，父母受教育水平越高，大学生职业探索得分越高，且差异显著。这与以往的研究结果是保持一致的，从结果上看大学生的职业探索得分还是随着父母受教育水平的提高而呈上升趋势。通常认为，受教育水平高的父母对青少年的发展有着较高期望，这种期望又内化到父母教养方式之中，进而主动参与到子女的各项活动中，因此子女在职业探索过程中的活动越多，行为越积极。

2. 家庭经济地位对大学生职业探索的影响

本研究结果显示，家庭经济地位提升会促进个体的职业探索，但是不存在显著差异，这与已有的国内研究也是一致的。家庭经济地位对职业探索的影响深远，舒伦贝格（Schulenberg）、霍兰德（Holland）、西拉（Herr）和利尔（Leal）的研究发现都强调了家庭经济地位对个体职业发展具有很强的预测性。本研究的结果进一步证实了这些观点。通常认为，

① 贺永平等：《大学生就业性别歧视的成因与对策》，《中国青年研究》2011 年第 3 期。

家庭物质环境较稳定会为个体提供更优越的条件和更多的资源去进行职业探索，而物质匮乏则会限制子女的职业探索，这似乎暗示了阶层也具有“遗传性”。

3. 居住地对大学生职业探索的影响

本研究结果显示，城市大学生职业探索高于农村大学生，但无显著差异。城市大学生职业探索高于农村大学生这一结果与国内现存的研究是保持一致的。分析其原因，城市大学生家庭条件较为优越，子女与父母沟通便利，会在一定程度上促进其职业探索。然而，随着社会压力的增大和就业形势的严峻，不论居住地在城市还是农村，大学生都有着强大的内部动机，积极进行职业探索。并且，自主性的差异性检验表明居住地对大学生的自主性并无显著影响，这可能造成了其职业探索趋同，最终使得两者差异不显著。

4. 家庭子女数量对大学生职业探索的影响

本研究结果显示，独生子女家庭的大学生职业探索高于非独生子女家庭的大学生，但无显著差异。独生子女职业探索高于非独生子女职业探索这一结果也有前人支持。分析原因，首先，独生子女受到更多的家庭关注，能够独享家庭的资源和父母的关爱，因此获得的职业探索机会更多。其次，独生子女并无兄弟姐妹交流沟通，凡事只能依靠自己摸索，无兄弟姐妹可以借鉴，这可能会促进其探索性发展。然而，社会压力会使得独生子女与非独生子女职业探索趋同，自主性的差异性检验也表明独生子女与否对大学生的自主性并无显著影响。因此，独生子女的大学生职业探索强度较高，但是与非独生子女之间并不存在显著差异。

总之，家庭非关系因素作为家庭的“硬件”，对大学生的职业探索起到重要作用，其中父母学历越高越有利于大学生的职业探索，家庭经济地位越高越有利于大学生的职业探索，城市大学生比农村大学生的职业探索得分更高，独生子女家庭的大学生比非独生子女家庭的大学生职业探索得分更高。从这些变量中也可以看到，父母学历、家庭经济地位、城市以及独生子女家庭可能具有重合性，也就是说，父母学历高的，可能家庭经济地位也高，也更有可能在城市生活，也更有可能是独生子女家庭，这些不同变量都整体相似地正向预测了职业探索水平，可以看到这种整体研究的优势，就是无论哪一个条件，本质上反映了家庭经济地位或社会地位越高，大学生的职业探索水平越高，他们进行职业探索的压力可能就越小。这同样也证实了社会阶层可能固化的危险，原生家庭的经济社会地位通过影响大学生的职业探索隐性影响到了大学生未来的经济社会地位。

（三）家庭关系因素对职业探索的影响

1. 父母情感支持对大学生职业探索的影响

本研究结果显示，父母情感支持对大学生职业探索有积极预测作用。父母的情感支持是子女最重要的社会支持来源，会影响到个体的自主性与能力发展，生活在集体主义文化中的个体在职业的选择上更注重来自家庭的支持。这种情感支持可以满足个体的三种基本心理需求（即能力、归属感和自主）。满足能力需求使得个体感知到自己是有能力的个体，提升其行动力和自信；满足归属感关系到信任感培养，增强家庭亲密关系；满足自主需求会提升个体的内在能动性和自我效能感。这三种基本心理需求得到满足后，个体就具备了好的应变能力、良好的心态和积极的自我效能感，从而增强职业探索。

2. 亲子沟通对大学生职业探索的影响

本研究结果显示，亲子沟通与职业探索呈显著正相关。分析其原因，亲子沟通主要产生两方面的作用。首先，沟通的频繁与密切显示了家庭成员之间关系的融洽，表达了彼此之间相互关怀、相互理解，提供了情感上的支持。其次，经常与父母沟通交流，能从父母口中得到关于自己的看法，得到关于职业探索的宝贵经验与建议，沟通提供了信息上的支持。① 因此亲子沟通对大学生职业探索起到积极促进作用。

3. 父母干涉对大学生职业探索的影响

本研究结果显示，父母干涉与职业探索呈负相关，但是未达到显著水平。根据《中国青年报》在 2012 年作的一项民意调查发现，中国父母最经常干涉子女的事件当中，“工作与职业发展方向”的干涉以 60. 2%的比例位列第二，并且 90. 2%的人感觉父母这种做法会给子女带来很大压力。② 本研究的结果也证实父母干涉对大学生的职业探索是不利的。分析其原因，首先，由于大学生所处的成长阶段正是自我同一性建立的关键时期，父母如果给予了过多的爱护或设定了过多的规则，或者错误地设定了与其发展不相符的规则，就会成为子女的心理负担。其次，父母的干涉会影响个体的自主性发展，影响其职业探索。然而国内关于原因和机制的研究还较少，值得今后进一步探讨。

总之，家庭关系因素作为家庭的“软实力”，对大学生的职业探索起到不可替代的作用。依照自我决定理论的观点，良好的关系因素会内化为动机，影响个体内在的深层次心理状态，从而影响其职业探索行为。其中父母的情感支持和亲子沟通都能够正向预测职业探索，而父母过多干涉会阻碍个体的职业探索。家庭关系因素作为一个整体变量也说明了家庭在青少年心理成长中的重要性，无论是良好的家庭关系，还是情感支持以及亲子沟通，都说明了良好的家庭情感氛围是帮助大学生进行未来职业探索的重要心理基础。

（四）非关系因素与关系因素的对比分析

家庭系统作为与个体的发展直接相关的生态系统，可以对个体的职业探索起到作用。在我们的研究中，将系统分为两大类因素，即家庭非关系和家庭关系因素。所谓家庭非关系因素，只是一个笼统的称呼，主要指的是家庭经济水平、父母社会地位等“硬件”水平，这类因素一般来说提供的是物质上的或者信息上的支持。而家庭关系因素，更加关注父母（或其他家庭成员）与个体的关系是否融洽，互动是否充分，也可以通俗理解为家庭系统的“软实力”。家庭关系因素更加关注个体在家庭系统中心理层面上是否得到了关爱，是影响家庭成员心理发展

---

① 房超、方晓义：《父母—青少年亲子沟通的研究》，《心理科学进展》2003 年第 3 期。

② 《76. 5%受访者直言身边有很多过度干涉子女的父母》，《中国青年报》2012 年 12 月 11 日。

的深层变量。根据本研究，我们认为：家庭系统促进大学生职业探索，贵在家庭关系融洽。

根据自我决定理论，发展是人与环境拟合的结果。拟合的过程，就是人与自己生活的环境之间的相互影响、相互适应，从一种平衡状态跃迁至另一平衡状态的过程。① 在此过程中，外部环境（包括家庭）可以通过支持自主、能力、关系三种基本心理需要的满足来增强人类的内部动机、促进外部动机的内化、保证人类健康成长。因此，家庭气氛和谐，父母与子女关系融洽，子女的自主需求、能力需求、关系需求得到充分满足，会更加有利于子女的发展，这不仅仅表现在职业探索维度上，而且涉及心理健康、婚恋行为、学业行为等多方面。而子女的表现作为结果反馈，利于形成和维持家庭成员间亲密无间的关系。可见，两者是相互加强、逐步递进、螺旋式发展的过程。

家庭非关系因素和关系因素并不能割裂开来甚至对立起来，这两者是相互作用、共同影响的。由于两者发挥作用的机制不同，难以断言哪个因素更为重要。具体来说，主要有以下两个原因：（1）家庭非关系因素和家庭关系因素直接存在着正相关（本研究数据显示相关系数为0.20，达到0.001的显著水平），这说明，家庭非关系因素和家庭关系因素有很高的内在一致性。往往家庭环境的优越和父母的知识文化水平有很大的关联，知识文化水平高的父母在教育子女和子女沟通方面也会占有优势。甚至有学者认为家庭非关系因素也是通过家庭关系因素起作用的。（2）针对不同的结果变量，家庭非关系因素和家庭关系因素的权重是不同的。在本研究中，由于大学生的职业探索是探索行为的一种，这更多涉及意愿或者观念上的探索，强调个体的自主性以及能动性，因此家庭关系因素起到的作用更为强烈。即，家庭关系更为融洽，父母的情感支持可能会激励个体进行职业探索。

（五）自主和自尊的中介作用解释

探究家庭关系因素对职业探索正向促进作用的内部机制，发现了自主和自尊的中介关系。已有文献也证实了家庭功能和自主、自尊的密切关系。中国属于集体主义观念比较浓厚的国家，人们更多展现的是“互依我”，② 在这样的社会背景下，家庭关系因素与自主、自尊的关系更为密切。

在家庭生活中，自主性获得是子女与父母互动互惠的过程，最终形成良好的家庭气氛进一步促进亲子互动互惠，如此循环往复。有学者指出中国被试自主性获得源于其基本心理需求得到了满足，③ 自主性获得更能够让中国被试体验到自己是有能力的，促进其他行为。④ 结合我们的数据，自主的中介作用得到证实。根据自我决定理论，自主作为基本心理

---

① Deci E., Ryan R. M., *Self-determination Theory*, *Handbook of Theories of Social Psychology*, 2008.

② Markus H. R., Kitayama S., “Culture and the Self: Implications for Cognition, Emotion, and Motivation”, *Psychological Review*, 1991.

③ Chen B., Vansteenkiste M., Beyers W., et al., “Autonomy in Family Decision Making for Chinese Adolescents: Disentangling the Dual Meaning of Autonomy”, *Journal of Cross-Cultural Psychology*, 2013.

④ Taylor I.M., Lonsdale C., “Cultural Differences in the Relationships among Autonomy Support, Psychological Need Satisfaction, Subjective Vitality, and Effort in British and Chinese Physical Education”, *Journal of Sport & Exercise Psychology*, 2010.

需求的一种，当家庭关系融洽，自主的需求得到满足后，个体就能够积极健康发展。并且，自主体现着能动性，自主的中介作用是合乎道理的。

自尊是最重要的心理健康指标之一，较高的自尊水平与成就动机、自我效能感、归因方式等心理变量关系密切。稳定的、充满爱的、长期的人际关系对个体的幸福和快乐具有重要意义，促进自尊系统的形成。① 同时，自尊的一个主要功能是决定个体的期望，并预示了行动结果。个体自我期待的行为结果如果与现实的行为结果一致，自尊的发展就会朝向积极方面，反之，自尊水平会有所下降。因此当家庭关系因素良好，个体预期的心理需求在家庭中得到满足，家庭鼓励个体成长，家庭成员之间积极互动，就会使得个体产生更高的自尊水平，更高的自尊水平会进一步促进个体努力探索，孜孜不倦学习发展。结合我们的数据，自尊的中介作用也得到证实。

根据自我决定理论，职业探索的意向或行为与自我决定的情感、自尊及适当水平的压力联系在一起，本研究证实了自主和自尊的中介作用，验证了这一说法。家庭的互动影响性、作用过程的复杂性都决定了在大学生所处的家庭系统中还存在着影响大学生发展的中介因素，这是以往的研究经常忽视的一点。以后应当加强对影响机制的探讨。

参考文献

[1] 闵维方等:《2005 年高校毕业生就业状况的调查分析》,《高等教育研究》2006 年第 1 期。

[2] 韩翼祥等:《中国大学生的就业决策和职业期望——以浙江省为例》,《中国人口科学》2007 年第 3 期。

[3] 郑洁:《家庭社会经济地位与大学生就业——一个社会资本的视角》,《北京师范大学学报（社会科学版）》2004 年第 3 期。

[4] 王保义:《中美大学生就业指导模式比较研究》,《现代教育科学》2004 年第 3 期。

[5] 施国春:《大学生职业探索的现状与成因》,《辽宁医学院学报（社会科学版）》2008 年第 3 期。

[6] 吴雪梅、文胜:《大学生职业探索行为的调查研究》,《教育与职业》2011 年第 15 期。

[7] 桑标、席居哲:《家庭生态系统对儿童心理健康发展影响机制的研究》,《心理发展与教育》2005 年第 1 期。

[8] 王海英:《青少年心理健康发展的家庭生态系统研究》,《东北师大学报》2012 年第 6 期。

[9] 方晓义等:《家庭功能：理论、影响因素及其与青少年社会适应的关系》,《心理科学进展》2004 年第 4 期。

[10] 李军凯:《大学生求职行为及其影响因素研究》,《理论导刊》2012 年第 8 期。

---

① Leary M.R., Tambor E.S., Terdal S.K., et al., "Self-esteem as an Interpersonal Monitor: The Sociometer Hypothesis", *Journal of Personality and Social Psychology*, 1995.

[11] 刘天阳：《家庭因素对大学生职业探索的影响研究》，南京师范大学硕士论文，2011年。
[12] 于凤杰、赵景欣、张文新：《早中期青少年未来规划的发展及其与父母教养行为的关系：行为自主的中介效应》，《心理学报》2013年第6期。
[13] 刘春梅、邹泓：《青少年支持系统与自尊的关系》，《心理科学》2007年第3期。
[14] 杨福义、梁宁建：《早期经验对青少年内隐自尊的影响》，《心理科学》2008年第3期。
[15] 王沛、杨金花：《大学生职业决策和自尊、成就动机的关系》，《心理发展与教育》2006年第1期。
[16] 董军等：《自编〈中小学生非智力因素教师评价量表〉的信效度研究》，《心理学探新》2002年第2期。
[17] 贺永平等：《大学生就业性别歧视的成因与对策》，《中国青年研究》2011年第3期。
[18] 房超、方晓义：《父母—青少年亲子沟通的研究》，《心理科学进展》2003年第3期。
[19]《2013"史上最难就业年"比不过2014"难上难"》，《燕赵都市报》2013年12月16日。
[20]《76.5%受访者直言身边有很多过度干涉子女的父母》，《中国青年报》2012年12月11日。
[21] Super D. E.，"A Life-Span, Life-Space Approach to Career Development" in Brown, D. Brooks, L. & Associates (2nd edn), *Career Choice and Development*, San Francisco: Jossey-Bass, 1990.
[22] Werbel J. D.，"Relationships among Career Exploration, Job Search Intensity, and Job Search Effectiveness in Graduating College Students", *Journal of Vocational Behavior*, 2000.
[23] Stumpf S. A., Colarelli S. M., Hartman K., "Development of the Career Exploration Survey (CES)", *Journal of Vocational Behavior*, 1983.
[24] Blustein D. L., "The Role of Goal Instability and Career Self-efficacy in the Career Exploration Process", *Journal of Vocational Behavior*, 1989.
[25] Taveira M. D. C., Moreno M. L. R., "Guidance Theory and Practice: the Status of Career Exploration", *British Journal of Guidance and Counseling*, 2003.
[26] Flum H., Blustein D. L., "Reinvigorating the Study of Vocational Exploration: A Framework for Research", *Journal of Vocational Behavior*, 2000.
[27] Seginer R., Shoyer S., "How Mothers Affect Adolescents' Future Orientation: A two-Source Analysis", *Japanese Psychological Research*, 2012.
[28] Jordahl T., Lohman B. J., "A Bioecological Analysis of Risk and Protective Factors Associated With Early Sexual Intercourse of Young Adolescents", *Children and Youth*

Services Review, 2009.

[29] Epstein N. B., Bishop D. S., Levin S., "The McMaster Model of Family Functioning", *Journal of Marital and Family Therapy*, 1978.

[30] Metheny J., McWhirter E. H., "Contributions of Social Status and Family Support to College Students' Career Decision Self-efficacy and Outcome Expectations", *Journal of Career Assessment*, 2013.

[31] Penick N. I., Jepsen D. A., "Family Functioning and Adolescent Career Development", *The Career Development Quarterly*, 1992.

[32] Lindstrom L., Doren B., Metheny J., et al., "Transition to Employment: Role of the Family in Career Development", *Exceptional Children*, 2007.

[33] Otto L. B., "Youth Perspectives on Parental Career Influence", *Journal of Career Development*, 2000.

[34] Kracke B., "The Role of Personality, Parents and Peers in Adolescents Career Exploration", *Journal of Adolescence*, 2002.

[35] Sawitri D. R., Creed P. A., Zimmer-Gembeck M. J., "The Adolescent - Parent Career Congruence Scale Development and Initial Validation", *Journal of Career Assessment*, 2013.

[36] Kracke B., Schmitt-Rodermund E., "Adolescents' Career Exploration in the Context of Educational and Occupational Transitions", *Navigating through Adolescence: European Perspectives*, 2001.

[37] Steinberg L., Silk J. S., "Parenting Adolescents Handbook of Parenting", *Children and Parenting*, *Vol.* 1, 2002.

[38] Syed M., Seiffge-Krenke I., "Personality Development from Adolescence to Emerging Adulthood: Linking Trajectories of Ego Development to the Family Context and Identity Formation", *Journal of Personality and Social Psychology*, 2013.

[39] Cai M., Hardy S. A., Olsen J. A., et al., "Adolescent - parent Attachment as a Mediator of Relations between Parenting and Adolescent Social Behavior and Wellbeing in China", *International Journal of Psychology*, 2013.

[40] Chen B., Vansteenkiste M., Beyers W., et al., "Autonomy in Family Decision Making for Chinese Adolescents: Disentangling the Dual Meaning of Autonomy", *Journal of Cross-Cultural Psychology*, 2013.

[41] Sharon S. B., Saul M. K., Steven, Fein, *Social Psychology*, Boston: Houghton Mifflin Company, 1998.

[42] Ryan R. M., Deci E. L., "Avoiding Death or Engaging Life as Accounts of Meaning and Culture: A Comment on Pyszczynski", Greenberg, Solomon, Arndt, and Schimel. *Psychological Bulletin*, 2004.

[43] Deci E., Ryan R. M., *Self-determination Theory*, *Handbook of Theories of Social Sy-*

chology, 2008.

[44] Markus H. R., Kitayama S., "Culture and the Self: Implications for Cognition, Emotion, and Motivation", *Psychological Review*, 1991.

[45] Chen B., Vansteenkiste M., Beyers W., et al., "Autonomy in Family Decision Making for Chinese Adolescents: Disentangling the Dual Meaning of Autonomy", *Journal of Cross-Cultural Psychology*, 2013.

[46] Taylor I. M., Lonsdale C., "Cultural Differences in the Relationships among Autonomy Support, Psychological Need Satisfaction, Subjective Vitality, and Effort in British and Chinese Physical Education", *Journal of Sport & Exercise Psychology*, 2010.

[47] Leary M. R., Tambor E. S., Terdal S. K., et al., "Self-esteem as an Interpersonal Monitor: The Sociometer Hypothesis", *Journal of Personality and Social Psychology*, 1995.

Characteristics in the Career Exploration of the Undergraduates and the Influence Mechanism of the Family System

Du Qiang, Hu Ping, Lin Tingting, Kuang Beibei

Abstract: Based on the Self-determination Theory, this article constructs an Structural Equation Model (SEM) with AMOS, explores the characteristics in the career exploration of undergraduates, analyses the impact exerted by the family system, and explores the influence mechanism of the family system. The results show that first, career exploration by female graduates is obviously stronger than that of male graduates, and the degree of the exploration becomes higher as graduation date approaches; second, career exploration was positively related with self-esteem and independency; third, both relational factors and non-relational factors in the family system could positively predict the career exploration level of college students while the relational factors predict more accurately; fourth, the family relational factors influence the exploring activity through the mediator of self-esteem and independency of the students. This study provides practical suggestions on improving the family education and career explorations of the undergraduates.

Key words: family system, self-esteem, independency, career exploration

（编辑：孙世鳌）

餐饮行业劳动关系状况报告*

王　霞**

［摘要］　餐饮行业作为传统的服务性行业，经营实体众多，劳动用工密集，同时也是典型的低收入行业。本文总结了餐饮行业就业、用工、工资分配、工时、参保等多方面特点，分析了餐饮行业劳动关系的突出问题，探讨了构建餐饮行业和谐劳动关系的途径。

［关键词］　餐饮行业　劳动关系　集体协商

随着经济的发展和人民消费水平的提高，餐饮业发展成为商贸领域的活跃行业、第三产业中的重要行业和国民经济发展的基础行业。在湖南、云南、新疆、重庆、四川等省（区、市），餐饮业已成为当地经济发展的重要支柱。餐饮产业的发展不仅繁荣了市场、满足了社会的餐饮消费需求和人民多样化的生活需求，还带动了种植业、养殖业、旅游业等相关产业的发展，促进了农民增收和新农村建设，在刺激消费、扩大内需、促进就业、推动经济增长等各方面都有积极的贡献。

餐饮业企业规模小而分散，从业人员总量大而农民工集中，是典型的低收入行业之一。分析餐饮行业的用工特点，把握其劳动用工总体状况，剖析当前劳动关系面临的问题具有重要现实意义：一方面有利于提高餐饮行业各类用工主体对劳动用工管理的关注和重视程度，促进餐饮企业用工管理的规范化和科学化，为实现餐饮行业转型升级和健康可持续发展提供支持；另一方面，有利于发现和总结餐饮行业劳动关系的突出问题，探讨构建行业和谐劳动关系的有效模式，促进全行业的稳定与和谐发展。

一、餐饮业及其用工特点

餐饮行业的每个经营实体既是餐饮市场的参与者、竞争者，也是用工市场的主体。当前我国餐饮企业总体格局和用工有如下特点：

（一）数量庞大，发展稳定

餐饮行业属于生活性服务行业，资本进入的门槛较低，一般只需要 2 万元就可以开店。同时，行业政策宽松，管制较少，也没有刚性的技术要求，因而行业总体规模随经济发展

---

*　本文系全国总工会委托课题“2014 年餐饮行业工资福利政策指导意见研究”的阶段性成果。

**　作者系人力资源和社会保障部劳动工资研究所研究一室主任，副研究员。

稳步扩大。

餐饮业企业还是生命力较强的行业，具有抗周期性的特点。同其他行业相比，餐饮业资本规模较小、总量增长较为平稳，行业发展较为稳定，受经济面影响相对较小。2008—2012年5年间，整个住宿和餐饮业①退出经营的企业中，平均寿命达到7.49年，寿命众数为3年，均高于制造业、批发零售业和居民服务业的水平。②

（二）非公主导，差异显著

在餐饮企业中，民营企业和小型、微型企业③是主力军。全国餐饮业法人企业中，有76%为私营企业，私人控股的餐饮企业超过80%（第二次全国经济普查数据）。餐饮业的经营业态、经营方式和经营规模具有多样化、多元化的特点，经营主体之间差异悬殊。既有动辄几千平方米的航母型酒店，也有三五张桌子的摊点；既有装修豪华的大型酒店，也有设施简单的路边小店。小微企业和众多个体工商户是餐饮市场不可或缺的组成部分。他们贴近顾客、方便顾客，极大地满足了广大消费者对各类餐饮网点的需求，既活跃了餐饮市场，也为人民生活带来了方便，有力地支撑了餐饮市场的发展。不同规模、不同档次的餐饮经营主体互为补充、相互渗透，共同促进了行业的繁荣发展。

（三）竞争激烈，区域集中

餐饮市场是一个开放程度高、接近完全竞争的市场，餐企之间菜品、服务、品牌、硬件等方面的竞争趋于白热化。许多住宿餐饮企业经营3—5年就要重新装修，否则企业很快就会被淘汰。同其他行业相比，餐饮行业企业的“出生率”低于平均水平，而企业的“死亡率”高居首位，淘汰率较高。

餐饮企业还具有明显的地域集聚特点，越是流动人口多的地方，餐饮业往往更发达，竞争也更为激烈，经营效益差距也越大。以北京市为例，2012年三环路以内的餐饮企业占到全市餐饮企业的50.2%。另外，北京市每年有一半以上的餐饮企业利润总额处于亏损状态，其中小规模企业的亏损比例更高。④

（四）用工需求旺盛，人工费比例较高

餐饮业属于典型的劳动密集型行业，就业吸纳能力在各行业位居前列。

动态看，餐饮业的用工需求也很旺盛。近几年来，批发零售业和住宿餐饮业的用工总需求稳步保持在25%—30%之间（见图1），占据主要大行业第二名的位置。2012年全年住宿和餐饮业的需求比重为12%，在各行业中居第三位，仅次于制造业的34.4%、批发和零

---

① 由于数据来源问题，本报告中部分数据使用“住宿和餐饮业”的大口径进行分析。

② 国家工商行政管理总局：《党的十七大以来全国内资企业发展分析（2007年6月—2012年6月）》，2012年9月，http://www.saic.gov.cn/ywdt/ztbd/kxfz_cjhh/wjjs/201210/t20121018_130269.html。

③ 国家统计局的现行标准，餐饮业企业中10人≤从业人员数<100人且100万元≤营业收入<2000万元的为小型企业，从业人员数<10人、营业收入<100万元的为微型企业。

④ 杨柳主编：《中国餐饮产业发展报告（2012）》，社会科学文献出版社2012年版，第125页。

售业的 14.1%。①

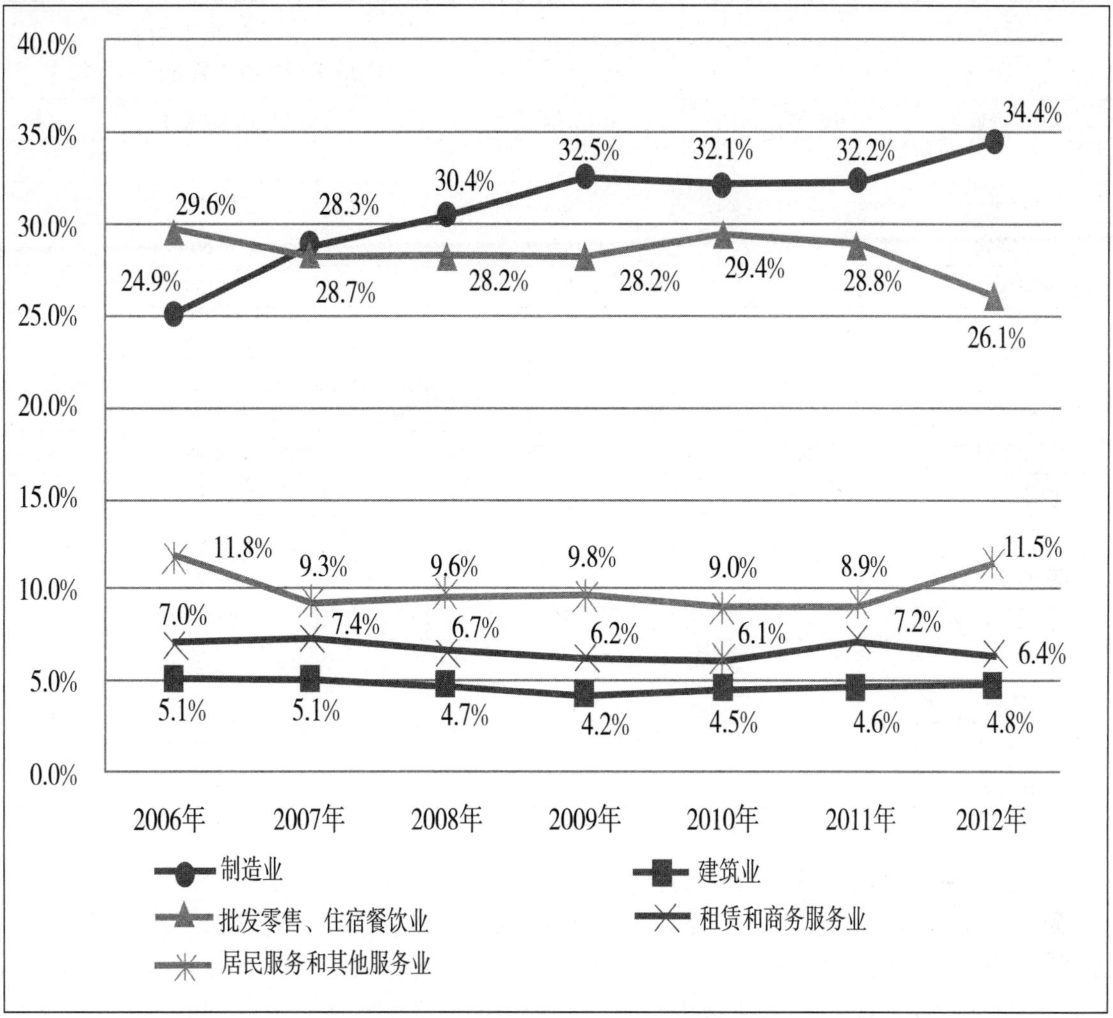

图 1　2006—2012 年部分行业市场用人需求比重变化

数据来源：人力资源和社会保障部，《2013 年度全国部分城市公共就业服务机构市场供求状况分析》。

综合各种来源的数据看，人工成本在餐饮行业的成本或营业额中约占 1/4 到 1/3 的比重。根据各地政府部门公布的相关数据，餐饮业人工成本（含工资、福利、培训、社会保险、劳动保护、住房等 7 项有关用工方面的支出）占成本总额的比例和人事费用率在各主要行业中都是最高的（见表 1）。2013 年针对餐饮业企业的问卷调查也显示，35.9%的餐饮企业认为人工成本占营业额的比重在 20%—30%之间，另有 20.7%的企业认为人工成本已经超过营业额的 30%。

① 中国人力资源市场信息监测中心：《2012 年度全国部分城市公共就业服务机构市场供求状况分析》，2013 年 1 月，www.mohrss.gov.cn。

表1　四城市主要行业人工成本情况

	人工成本相当于总成本的比重		人事费用率（人工成本相当于营业收入的比率）
地区/行业	2010年（%）	2011年（%）	2011年（%）
北京			
制造业	5.21	6.06	6.07
批发和零售业	4.59	4.69	3.85
住宿和餐饮业	24.14	28.96	24.69
上海			
制造业	5.50	5.70	5.01
批发和零售业	4.60	1.10	1.88
住宿和餐饮业	26.20	32.70	23.98
沈阳			
制造业	7.4	8.0	7.6
批发和零售业	3.5	5.2	4.9
住宿和餐饮业	14.2	20.1	15.1
长沙			
制造业			7.1
批发和零售业			3.9
住宿和餐饮业			23.7

餐饮业行业所提供服务和产品的特殊性决定了其人工成本占比水平较高。一方面，餐饮产品不能大批量地进行机械化生产，而是根据顾客的需要进行小批量加工，且大部分产品不能够储藏，须由服务员直接向顾客提供服务，因而使用人工所产生的成本在餐饮产品价格构成中所占比率较大，人工成本在营业收入中的份额也较大；另一方面，多数餐企都为员工提供包吃包住的待遇，这些行业性的福利包含在企业人工成本之内，属于工资报酬之外的隐性支出，据了解，这部分支出每月人均在四五百元上下，有的甚至更高。

（五）员工构成低端化，用工形式充分市场化

餐饮业劳动者中女性比例高达53.5%，① 远高于全国36.3%的平均水平，在第三产业各行业中低于幼教业，与卫生、零售业持平。从技能水平看，餐饮业具有中级工及以上技能资格的人员比例仅为4%，相当于各类行业平均水平的一半。根据江苏省餐饮行业典型企业调查，从业人员构成中，初中及以下学历人员占24%，高中（含中专）学历的占65%，大专学历（含进修取得的）占7.8%，本科以上学历的仅有3.2%。②

① 国家统计局：《中国劳动统计年鉴2012》，中国统计出版社2012年版。
② 苏秋成主编：《中国餐饮产业发展报告（2013）》，中国烹饪协会发布，第209页。

由于餐饮行业技术含量低，成为进城务工人员的首选行业之一，求职者只要想做事，不论学历，都可以进入餐饮行业。据统计，餐饮业约80%的从业人员来自农村。餐饮业为农村转移劳动力创造了广泛的就业机会，提供了基本工作技能培训，也为农民增收提供了重要途径。

市场化用工在餐饮企业表现得比较充分，季节工、非全日制用工等用工形式较为普遍。许多小型餐企既雇用全日制工人，也雇用小时工，后者一般在每天就餐高峰时来干一两个小时，领取小时劳动报酬；一些郊区农家乐等餐饮服务点聘用的人员大多为附近的农民，他们“闲时上班，忙时务农”，体现出明显的季节性用工特征；一些餐企与技校等机构建立协作关系，使用大量的在校学生，采取日结的方式支付报酬，双方可以随时终止用工关系，用工非常灵活；还有一些企业使用退休返聘人员、兼职人员，以日结、周结、月结等方式计发劳动报酬。

（六）管理粗放，文化独特

多数餐饮业在成长和运作过程中形成了以家族式管理为特征的家族血缘文化，在管理上家族或个人风格有余，而科学化、精细化不足。

餐饮企业大多为中小型企业，劳动者间关系及与管理层的关系与制造业等产业也有明显差别。在小型餐饮企业人情味更充分，有些企业文化刻意将员工称为“家人”，明确提出打造“家庭化”的现代企业。社会学研究认为，在餐企中雇主与雇员形成了一种较为默契的“拟家庭化”的劳动关系模式，既有家长式的控制，也有家长般的庇护。这种模式减少了人力资源管理成本，也增加了管理弹性。

二、餐饮业劳动关系存在的问题

餐饮业用工主体主要为非公有制企业和小微企业、个体工商户，而劳动者主体又以低端劳动力为主，客观上极易造成劳动关系的复杂性和不规范性。国际劳工组织也认为，在全球范围内，餐饮行业都是一个劳动标准低而且执行较差的行业。但总体上我国餐饮业劳动关系是基本稳定的。餐饮业虽与制造业、建筑业同为劳动密集型行业，但并没有出现众多的拖欠工资事件或劳动争议案件。随着各项劳动法律的颁布实施，企业不断发展完善，餐饮企业的劳动关系规范化程度亦有所提高，逐步走向制度化、市场化、法律化的发展轨道。但由于主客观等多方面因素的影响，餐饮行业也与其他非公有制企业、小微企业一样普遍存在劳动关系不规范的现象，还有一些是行业长期以来形成的典型现象，集中表现在以下六个方面：

（一）短工化现象突出，劳动关系变动频繁

餐饮企业的劳动者在同一餐企务工周期短，频繁转换工作。在几个主要行业中，住宿和餐饮业的农民工在一年内平均每人从事一份工作持续时间不超过10个月（见表2），是各行业中持续时间最短的。客观上的原因是餐饮行业进入门槛低，很多进城的农民工都把餐饮业工作岗位作为在城市就业的第一个跳板，等到在城市里站稳脚跟之后就会选择去制

造业或相近的工资相对较高且劳动强度较小的休闲娱乐行业，比如足疗、洗浴、歌厅等。在2013年问卷调查中，将近40%的企业反映员工流失率高于10%，有的企业员工流失率达到20%，甚至30%以上。而从另外一个角度分析高流动性的原因，这也是餐饮业劳动者“用脚投票”，间接表达意愿的一种方式。

表2　农民工在第三产业各服务业的平均每年工作月

	2007年	2008年	2009年	2010年	2011年
交通运输、仓储和邮政业	10.32	9.99	10.69	9.87	10.59
批发和零售业	10.41	9.41	9.94	10.01	10.21
住宿和餐饮业	9.35	9.27	9.66	9.31	9.40
居民服务和其他服务业	10.03	9.45	9.69	9.44	9.94

数据来源：人力资源和社会保障部企业春季用工需求和农村外出务工人员就业调查。

“流水式”员工造成劳动关系持续时间短，劳动关系转换频繁，随之产生许多问题，“招工难”现象就是餐饮业用工主体面临的最突出的难题。在劳动力市场整体上技术含量低、工作相对辛苦的普工招工难度加大的情形下，餐饮业首当其冲。到2010年，几乎所有的大中型餐饮企业都出现了较为严重的员工“难招”“难管”“难留”等“三难”问题，影响了企业的正常经营和发展。2013年第二、第三季度，在全行业面临紧缩的情况下，上海、沈阳、武汉、成都、昆明、天津、长春等城市餐厅服务员、厨工的岗位缺口数仍达到当地前三位，其中上海市第三季度餐厅服务员、厨工的岗位空缺与求职人数的比率达到了7：1。① 较高的流动率，也使餐饮业劳动者难以更好地融入企业，缺乏对企业长远发展的关注和热情。

（二）书面劳动合同签订率不高，合同内容欠规范

随着相关法规的实施和劳动力市场运行的规范化，餐饮行业用工双方从依靠师徒制、家族制等私人关系维系为主，向通过劳动合同形成契约关系的规范化方向发展。但由于企业和员工双方的原因，餐饮行业一直是劳动合同签订执行工作的“重灾区”。一些小企业仍主要以口头约定方式来确定劳资双方的权利义务，还有一些企业在合同签订方面表现出明显的分层化，即只与少数管理技术岗位的劳动者签订劳动合同，而与一线劳动者，特别是农民工签订劳动合同的很少。国家统计局农民工监测调查结果显示，2012年住宿餐饮业农民工未签订劳动合同的比例为62.4%，仅次于建筑业。大量使用学生、灵活就业人员、兼职人员、退休返聘人员等也使餐饮企业劳资关系更为复杂，这其中既有属于劳动法、劳动合同法调节的劳动关系，也有暂时尚未明确适用法律的其他雇佣关系，一旦发生劳资纠纷，处理起来难度较大。

尽管有的企业与员工签订了劳动合同，但对企业和劳动者双方的约束力并不大。一部

① 人力资源和社会保障部：《2013年第二季度部分城市公共就业服务机构市场供求状况分析》《2013年第三季度部分城市公共就业服务机构市场供求状况分析》，www.mohrss.gov.cn。

分企业只是为了应付政府监察、规避法律责任而与员工签订形式上的合同文书，个别员工无法得到所签订的劳动合同文本；部分小企业不研究本企业的实际情况，简单照搬其他企业的劳动合同，缺少针对性；甚至一些企业还存在着“霸王条款”，对于员工的约束较多，对于用工方的约束较少，合同中甚至约定了员工需要随时加班等内容。

本研究进行的专项调查问卷显示，只有71.1%的被调查员工“与工作企业签订了劳动合同”，在合同期限方面，将近40%的被调查员工签订1—2年的短期合同，签订“1年以下”短期合同的占16.1%，签订“3年以上长期合同”或“无固定期限合同”的仅占28%，还有个别员工（0.4%）签订“以完成一定任务为期限”的劳动合同。有23.7%的被调查员工表示劳动合同“只约定了底薪的数额”，14.7%“只约定了不低于当地最低工资标准”，还有14%的员工反映劳动合同中“没有关于劳动报酬数额的具体约定”。

（三）“行规”决定休息时间，超时劳动成常态

餐饮行业的工作时间具有明显的行业特色，完全执行标准工时制度有实现难度。一是全行业普遍劳动时间较长，一些餐饮劳动者自称每天从“鸡叫”忙到“鬼叫”。根据中国财贸轻纺烟草工会开展的调查表明，餐饮业的新生代农民工每周工作5天的只占9.9%，6天的达71.7%，7天的占16.8%。有33.1%的劳动者每天工作9小时，20%的每天工作10小时或10小时以上。二是工作时间长短、是否需要加班有时也无法掌控，如有时个别顾客延长了用餐时间，一些员工也相应地要增加工作时间。三是多数行业休息的公休日、节假日却通常是餐饮业最忙的时间，最需要人手。还有的用工单位工时制度执行得比较随意，由于多数企业为员工就近提供包吃包住的条件，吃住都在工作场所，反而使得劳动者的工作时间和休息时间界限比较模糊。

据了解，员工每月只能休息2—4天，而不是按每周安排休息时间，实际上已成为行业惯例。而且，一般休息日、节假日加班不支付加班费，只是按正常工作时间的单价支付劳动报酬等是行业内通行的“擦边球”处理方式，或者只安排倒休不支付加班工资。总体上看，餐饮企业劳动者超时劳动已屡见不鲜，按照现有法规标准，这些“行规”已损害了劳动者的休息和劳动报酬权益。

（四）长期较低的工资报酬状况有所改善，但工资增长和决定机制不健全

餐饮行业的工资水平处于各行业平均水平以下，基本上是非农产业中最低的。从国家统计局公布的数据看，2008年和2012年城镇单位住宿和餐饮业的工资水平基本上只是各类企业平均工资值的2/3左右，私营单位的情况略强，也比平均工资低5%—15%。在城镇单位中，住宿和餐饮业的平均工资也明显低于制造业和居民服务业的水平（见表3）。

表3　2008—2012年主要行业平均工资情况①

	2008年平均工资（元/年）		2008年行业工资差异（住宿和餐饮业/对照行业）		2012年平均工资（元/年）		2012年行业工资差异（住宿和餐饮业/对照行业）		2008—2012年年均增长（%）	
	城镇单位	私营单位	城镇单位	私营单位	城镇单位	私营单位	城镇单位	私营单位	城镇单位	私营单位
全部行业	29229	17071	0.67	0.85	46769	28752	0.67	0.95	12.5	13.9
住宿和餐饮业	19481	14439	—	—	31267	27233	—	—	12.6	17.2
制造业	24192	20384	0.81	0.71	41650	28215	0.75	0.97	14.5	8.5
居民服务业和其他服务业	23801	18402	0.82	0.79	35315	24068	0.89	1.13	10.2	6.9

数据来源：根据相关年份的《中国统计年鉴》计算。

从具体行业看，以北京市为例，在若干个工资低于平均水平的行业中，餐饮业的水平基本垫底（见图2）。

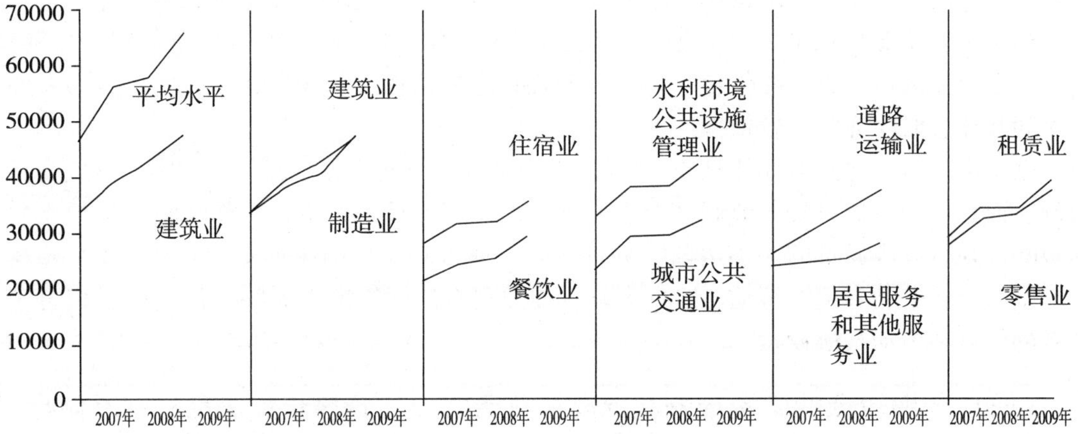

数据来源：相关年份的《北京市统计年鉴》。

图2　北京市低收入行业（大类）工资情况（2007—2009年）（单位：元）

具体到岗位（工种）的工资水平看，在全国主要城市2012年发布的90个代表性职业（工种）的指导价位中，月工资收入低于2000元的职业（工种）有9个，主要是工作内容技术含量低、岗位技能水平要求不高、劳动力供给相对充足，同时也是就业人数比较多的

① 在比较工资差别时，通常将制造业作为标准行业或标杆行业，而居民服务业在用工方面与餐饮行业有许多相近之处，因而选择这两个行业作为与餐饮行业比较的对象。

岗位（工种）（见表4）。这些岗位主要是餐饮业的岗位或涉及的岗位（工种），包括餐具清洗保管员、保洁员、保安员、餐厅服务员等。但餐饮行业普通岗位的工资水平比较集中，差距普遍小于其他岗位（工种），例如餐具清洗保管员的工资价位最高值与最低值的差别不超过两倍。

表4　低工资岗位（工种）情况

岗位（工种）	2012年各地区价位的平均值（元/年）	各城市发布价位的最大值为最小值的倍数
餐具清洗保管员	18699	1.9
客房服务员	20651	2.1
保洁员	21876	2.5
简单体力劳动工	22580	2.6
保安员	22644	2.2
餐厅服务员	22927	2.8
前厅服务员	23858	2.4

在各种因素的共同作用下，近年来餐饮企业的工资水平开始加速增长，可以看到，特别是在私营单位中，餐饮行业的增长达到了17.2%以上，远超过制造业、居民服务业和各行业平均增幅（见表3最右列）。在这一增速带动下，2012年餐饮行业私营单位平均工资已接近制造业和全行业平均值，并超过了居民服务业。分工种看，2012年工资价位比2011年增长率达两位数以上的39个岗位中，餐饮业的几个特有岗位如餐厅经理、餐厅服务员、中式面点师都榜上有名，并且餐厅经理的工资增长超过了20%（见表5）。

表5　代表性岗位（工种）2012年工资价位比上年增长幅度表

岗位（工种）	2012年价位平均值比上年增长率（%）	在90个岗位中的增幅排名
餐厅经理	20.7	8
保洁员	18.8	13
餐厅服务员	18.6	14
中式面点师	18.5	16
简单体力劳动工	11.7	38
客房服务员	10.5	39

餐饮行业近几年人工成本压力明显增加。但是，应当看到，2009年以来，劳动力市场供给形势的变化直接反映在劳动力价格——工资的变动幅度上。这其中既有“劳动力无限供给”时代结束的因素，也有对过去低工资竞争策略的部分补偿因素。尽管餐饮业作为一般劳动力密集型的行业也经历了工资的大幅上升，但是这种上升对于餐企来说基本上是“被动式”的上升，只有在员工纷纷外流时，才被动增加员工工资，尤其是中小企业仍缺少

与效益、经营绩效以及劳动力再生产成本相联系的工资正常增长机制。在原材料、房租、水电气费、各项税费及人工构成的主要成本费用中，餐企通常认为其他成本的定价权自身无法掌控、话语权弱，只有人工成本是自身可以控制、最可能说了算的成本，在当前劳动者议价能力较低的形势下，一般是企业掌握了人工成本的决策主动权。餐饮行业的工资决定机制和正常增长机制没有普遍建立。

（五）社会保险参保率不高，劳动者积极性不足

外出农民工参保的数据可以间接反映餐饮业的整体参保情况。住宿餐饮业的农民工各项社会保险的参保比例明显低于制造业、交通运输仓储邮政业、批发零售业和服务业等其他行业，只是略强于建筑行业（见表6）。虽然2010年生效的《中华人民共和国社会保险法》明确规定，进城务工的农村居民依照法律规定参加社会保险，而且在政策层面和制度设计上都已考虑到农民工群体，但是从统计数据中依然可以看到，餐饮业参保率最高的工伤保险参保率仍不足1/3，除工伤保险外，其余四项保险参保率都未超过10%。

表6　2012年不同行业农民工参加社会保障的比例（%）

行　业	养老保险	工伤保险	医疗保险	失业保险	生育保险
制造业	15.2	28.9	18.5	8.1	5.3
建筑业	3.8	14.0	6.0	2.2	1.5
交通运输、仓储和邮政业	24.1	30.6	26.7	15.6	11.3
批发和零售业	14.3	17.1	15.7	9.3	7.2
住宿和餐饮业	7.0	12.4	8.8	3.9	2.9
居民服务和其他服务业	12.1	16.9	13.3	6.9	5.2

数据来源：国家统计局，《2012年全国农民工监测调查报告》。

餐饮企业参保率不高，有企业一方的原因。由于行业整体上人员流动较大，企业在缴纳保险方面有的不及时，有的认为参保得不偿失。据调查，大多数大中型企业都能给签订了合同的员工缴纳社会保险费，而其他用工单位则不积极参保，或者是针对不同人群和险种，区别对待。表现为：仅为其核心管理和技术人员缴纳保险，但并不为其他大多数普通员工缴纳；区分不同的社会保险项目，小企业首先缴纳政府监督检查力度较大、企业费用较低的社会保险项目，如工伤保险，对其他社保项目则缓缴、少缴甚至不缴。

劳动者个人积极性不高也是参保率低的一个重要原因。有研究报告表明，在城镇实现稳定就业、年龄较大、学历较高的农民工，对社会保险的需求较为强烈；就业流动性大、年龄较小、学历较低的农民工，则更加关注自身的当期收入情况，参保积极性不高。① 餐饮业集中反映了后者在参保问题上的态度和倾向。员工由于工作地和工作场所变动比较频繁，对社会保险转移接续的规定不知晓或不理解，甚至有误读，放弃参保；有的劳动者满足于当期现金收入，认为按照社会平均工资计算的缴费基数，对低于社会平均工资的餐饮业员

① 赵巍巍：《农民工社保的“明天”会更好》，《中国劳动保障报》2012年8月7日。

工来说是一笔不小的数目；还有的员工在输出地就参与了一些居民社会保险，员工和企业都不清楚这些保险与社会保险之间的关系如何处理，而搁置参保工作。但我们在调研中了解到，对大部分管理规范的餐企来说，员工参保都能够按照有关法规要求执行，签订劳动合同的员工必须参保，没有放弃权。

（六）对员工培训重视不足，员工缺乏长远职业规划

相当多的餐饮企业在人才培养问题上存在着一些短期行为，只使用人不培养人，没有形成与企业发展规划、战略相匹配的系统性、持续性的培训体系。许多餐饮企业不愿在员工培训上多投入，认为人才培养的成本高于直接招聘的成本，或者认为把人才培养得技术越高，人才流失得越快，所以不重视也不愿意进行人才培养，导致人力资源进一步流失。同样很少企业开展人力资源战略规划，容易导致员工对行业内的就业和发展前景缺乏信心，抑制员工的积极性和创造性，造成行业人力资源缺乏。

从员工的角度看，很多年轻人认为“端盘子”是一个不体面的工作，没有发展前景，既缺乏职业归属感，也缺乏企业归属感。如楼面从业人员普遍认为做服务员是吃青春饭，饭店工作只是一个落脚点，有时候企业提供一些培训，他们也没有心思去学习，只想每个月按时拿工资，再去寻觅新的工作机会；而一部分从技校职中毕业的劳动者，渴望提高操作技术能力，当他们感觉在一个餐企无法再学到新的知识技能的时候，就会选择跳槽，这种现象更多地体现在厨房员工中。

现阶段，以“80后”“90后”为代表的新生代劳动者逐步成为劳动力市场的主体，他们对未来的发展更为关注。很多调查反映新生代劳动者的利益诉求是多元的，第一看职业发展，第二看劳动环境和条件，第三关注薪酬。人力资源和社会保障部企业春季用工需求和农村外出人员就业调查比较了不同因素与农民工离开原工作岗位之间的相关系数，结果发现，缺乏职业发展前景是导致目前农民工离开原岗位的重要原因，其相关度达到0.53，而工资收入的影响则有所减弱。部分小微餐饮企业如果不在人力资源管理和开发上下大力气的话，流动率大和人才短缺的问题将难以得到有效缓解。

总体上，餐饮业的劳动关系基本稳定，问题分化，表现在两个层面：一是企业分层化。集团化管理、规模较大的企业已形成了特有的人力资源管理模式，建立了工资正常增长机制和决定机制，员工的报酬、休息休假、劳动保护、职业发展等权益有保证，涌现出中国全聚德（集团）股份有限公司、狗不理集团股份有限公司这样的全国模范劳动关系和谐企业。但众多的餐饮企业小、散、杂，餐饮业劳动者在劳动关系上呈现更加脆弱的状况，需要切实改进劳动关系状况，建立起企业与劳动者利益共享的有效机制。二是员工分层化。企业对聘用的职业经理人、中高级厨师等“高端”人员，一般都有相应的激励体系，合同、保险、福利、发展等基本问题都能得到保障。而企业普遍劳动者得不到同等的重视，一些侵犯劳动者基本权益的现象还比较普遍。

三、餐饮行业工资集体协商情况

相比企业层面单独开展的集体协商，行业集体协商在协商层次、覆盖范围、整合资源、

提升合同质量等方面具有独特的优势，其调整劳动关系的层次更高、力度更大、范围更广，是解决中小企业协商难和提高集体协商工作针对性的有效措施之一。《中华人民共和国劳动合同法》规定，建筑业、采矿业、餐饮服务业等行业可以由工会与企业方面代表订立行业性集体合同或者订立区域性集体合同。这是第一次以国家立法的形式对开展行业集体协商作出规范，为开展行业集体协商提供了重要法律依据。①

（一）主要成效

对餐饮行业劳动者权益的保护普遍较弱，迫切需要在整体上提高劳动者权益的保障程度。因此，餐饮行业也是最需要开展集体协商的领域之一。而现实中，由于餐饮业同行业特征明显、劳动者诉求相对一致、利益协调难度相对较低，开展集体协商工作容易形成突破。② 近几年来，餐饮行业工资集体协商工作在协商覆盖范围、协商内容及效用发挥等方面都取得了一定的成绩，还在主体建设、合同落实方面实现了创新。餐饮行业工资集体协商不仅促进了行业劳动关系的稳定和谐，还对各行业的工资集体协商工作形成了良好的示范作用，提高了工资集体协商工作的社会影响力和社会关注度。

1. 覆盖面大幅提升

餐饮行业的工资集体协商是目前各行业集体协商中覆盖面最大的，不仅在武汉、沈阳、南京、石家庄、海南等东部发达地区的餐饮行业开展得有声有色，在一些西部经济欠发达但是产业相对集中的地区也有了积极的突破，如遵义县乌江镇乌江鱼餐饮行业、新疆沙依巴克区餐饮一条街等。仅武汉市餐饮行业集体合同就覆盖了近4万家企业、45万从业人员，沈阳餐饮行业集体合同覆盖了21万餐饮行业从业人员，有力地扩大了工资集体协商的覆盖面，促进了本行业和本地区劳动关系的稳定和谐。

2. 协商内容逐步深入

行业工资集体协商的内容，从最初的单一谈工资收入，逐步发展到涉及劳动待遇的其他相关问题，丰富了劳动关系共决机制的内容。如石家庄市在协商中着力抓各岗位、各工种最低工资标准，女工产假待遇和加班报酬以及劳动者工资增长幅度这三个重点；浙江省在协商中着力抓各工种最低工资标准、工资增长幅度以及特殊工时制和加班报酬这三个焦点问题；南京市秦淮区夫子庙餐饮行业签订的江苏省首份《夫子庙景区餐饮行业工资专项集体合同》中，不仅确定了年度劳动者最低工资标准，还首次将“美食创新奖”和“见义勇为奖”纳入其中。另外，各地还根据行业经济发展状况不同，调整协商的内容和重点。如在经济形势下行、行业发展受限的情况下，协商的内容从之前单一的涨工资转变为保岗位和增加培训投入等内容上，以促进企业发展和效益提高，实现企业和劳动者的共赢。

---

① 张建国、石毅：《关于行业集体协商情况的调研报告》，《中国劳动关系学院学报》2012年第4期。

② 张建国、石毅：《关于行业集体协商情况的调研报告》，《中国劳动关系学院学报》2012年第4期。

3. 协商的方式方法日趋成熟

各地在开展行业集体协商过程中，注重结合实际创新协商的方式方法，致力于不断提高行业集体协商的针对性和实效性，力求做到“协商一个、见效一个、落实一个”。武汉市餐饮行业开展集体协商时，采取“一步一公示法”，把协商谈判的每一步都“晒”出来，既最大限度地满足了劳动者和企业方的知情权，又全面收集掌握了各方意见，提高了协商的针对性。为增强协商的实效性，多数地区在开展行业集体协商时，普遍按照分工种、工序的方式进行深入细致的调查研究和测算，做到数据精准、说服有力。一些地区根据餐饮企业分布集中、企业规模大小不一、岗位相近的特点，将企业划分为大、中、小型三类企业，将劳动者岗位分为厨政类、管理类、服务类，根据不同的类别不同的岗位来确定行业集体协商的标准。

4. 协商实效逐渐凸显

餐饮行业工资集体协商的广泛开展，有力地推动了“促进企业发展、维护劳动者权益”原则在更高层面、更大范围的贯彻落实，① 实现了企业和劳动者利益的双赢。一是稳定了用工队伍。如集体合同签订前，武汉市餐饮行业劳动者平均流动率为8%，集体合同签订后下降至4%以下；海南省餐饮行业人员平均流动率从8%降到5%以下。餐企反映用工难的问题得到了明显缓解。二是有效维护了劳动者的合法权益。内蒙古自治区已开展协商地区的劳动者劳动报酬年平均增长率15%，已缴纳社会保险的劳动者人数占50%，而未开展协商的地区劳动者劳动薪酬年平均增长率只有9%，已缴纳社保的劳动者人数占35%；武汉市对2012年合同执行情况的调查结果显示，与开展工资协商前相比，94%的劳动者工资达到或高于协商确定的最低工资标准，社保缴纳率提高到62%，劳动合同签订率也大幅提高，达到了96%，劳动者休息休假权得到有效保障，95%的企业能保证劳动者每月至少休息4天。

5. 社会影响初步显现

各地推进餐饮行业集体协商的成功实践，产生了积极而又深远的影响，而且影响不限于业务工作范围的“小圈子”，还逐渐成为全社会共同关注的热点话题，得到了越来越多的认可。中央电视台对武汉市餐饮行业工资集体协商工作进行了持续关注、跟踪报道。国际劳工组织等对中国工会推进行业集体协商工作进行了更多关注。②

（二）存在的问题与不足

从全国餐饮行业工资集体协商的推进过程和效果来看，虽然取得了积极进展，但从总体上看，还只是处于起步阶段，存在着一些薄弱方面，主要表现是：

---

① 张建国、石毅：《关于行业集体协商情况的调研报告》，《中国劳动关系学院学报》2012年第4期。

② 张建国、石毅：《关于行业集体协商情况的调研报告》，《中国劳动关系学院学报》2012年第4期。

1. 协商范围的持续扩大遇到阻力

调查显示，部分计划在2014年启动和推进行业工资集体协商的市、县（区）暂缓了工资协商推进的步伐。导致这一问题的突出原因，一是因为餐饮行业发展遇冷，企业利润下滑明显，行业发展预期悲观，从而在客观上增加了协商工作持续推进的难度。二是因为行业工资集体协商工作的宣传和认识不到位，既往协商及合同的内容相对单一狭隘，导致一些用工方对集体协商工作的意义还存在一定的偏差理解和误解，主观上缺乏协商的积极性。在不同地区组织的企业座谈会上，一些企业片面认为集体协商工作就仅仅是增加劳动者工资，劳动者工资的协商有增无减，没有就集体协商工作对于推进实现企业和劳动者的双赢形成共识。

2. 协商主体仍然普遍缺位

当前，绝大多数地区并没有适当的、完全有资格代表用工群体或劳动者群体来参与餐饮行业工资集体协商的主体，行业工会和行业雇主组织都有不同程度的缺位。在已有的实践探索中，本着因地制宜、积极探索的原则，各地结合实际情况确定餐饮行业工资集体协商的主体，表现出很强的灵活性和多样性，如通过“上代下”“上参下”等方式变通地确定协商主体，甚至一些地区为了开展集体协商而创立相应的雇主组织，而这个“被创造的对立面”除了参与协商难以履行其作为一个雇主组织应有的职能、发挥应有的作用，在代表性上有时也存在争议。另外，为数不少的餐饮行业工会联合会设在行业协会内，工会联合会主席由行业协会负责人兼任。这固然发挥了行业协会的积极性，但在开展涉及职工根本利益的行业工资集体协商时，亦使双重身份的协商代表处于两难的尴尬境地。

3. 一些具体程序有待规范或在法规上得到确认

与单个企业工资集体协商相比，区域性、行业性工资集体协商是个牵一发动全身的工作，需要一系列完善的配套制度和规范的程序要求。从当前的情况来看，仍存在许多问题要解决。如，行业协商后的企业二次协商规定不清，根据有关规定，工资集体协商的结果必须向职代会报告，达成的集体合同文本（草案）须经职代会表决通过方可生效。但是，在多数餐企，职代会制度并不健全，使得集体合同难以通过这一途径通过。甚至有的地区在行业协商进行的过程当中，行业内的劳动者已经流失了将近一半。此外，餐饮行业人员众多，服务具有特殊性，要召开劳动者大会基本不具有可行性。一些地区就通过设立流动票箱的方式，或者通过工作场所、媒体公示的方式使集体合同得以通过。① 但是，这些做法是否符合规定，是否合法，都有待论证。

4. 宏观指导与分类指导不力

行业性工资集体协商的重点在于谈标准，合理确定行业劳动标准是行业工资集体协商

① 谭立独、林龙婷：《西陵区行业性区域性工资集体协商初探》，《工友》2011年第4期。

的关键。但由于劳动定额标准、劳动薪酬标准的企业主管部门职能已弱化，从地区到行业，劳动定额、人工成本、劳动待遇标准制定和管理基本上处于无序或粗放状态，又缺乏其他形式的有效调控和指导。目前各地的餐饮行业工资集体协商基本是独立设计，自主实施，不管是在工种划分、岗位设置上，还是在薪酬标准、协商内容上都存在较大的差异，缺乏全国范围内行业层面的宏观指导以及针对不同区域不同行业发展水平的分类指导，行业标准较难统一。

四、建议

餐饮企业要走出用工困境、突破发展“瓶颈”、顺利实现转型升级，应当树立正确的用人观，着力建立科学的人力资源管理体系，实现企业与员工协商共事、效益共创和利益共享。同时，政府、行业协会、工会组织及其他相关机构应当加强引导和指导，支持餐饮行业建立与员工协商共事、效益共创和利益共享的机制，实现稳定和可持续的发展。

（一）餐饮业应该普遍树立“以人为本”的管理理念

餐饮企业要把人看作是餐饮业最具活力、最具能动性和创造性的第一资源。对于一般企业而言，频繁招工换人，易造成人力资源浪费，增加用工成本，而工人技能水平低，熟练程度差，更导致产品和服务水平难以提升，影响企业竞争力；而对于餐饮业而言，人的因素在经营过程中更具有极端重要性。原因不仅在于行业本身属于劳动密集型行业，而在于服务是复杂的感情劳动，员工是服务的提供者，员工的服务意识、服务态度、服务技能以及对顾客的服务质量等，都将对餐饮业的市场声誉和经济效益产生极大的影响。① 成熟、优秀的服务人员能够更好地与顾客交流，处理复杂问题和突发事件；后厨加工人员能够提供稳定、可靠的菜品质量，持续创新；管理人员对企业成本的控制发挥主导作用。缺少高素质的人才队伍，势必会制约企业的扩张和可持续发展。因而企业需要树立合作共赢的科学发展理念，坚持以人为本，把劳动者作为合作伙伴和最宝贵的资源去开发和使用。

（二）加强制度建设和人文关怀是降低员工流失率的重要途径

尊重人、关爱人、培养人、发展人、成就人是企业发展的根本所在。企业要通过工资分配、福利津贴、民主管理、员工队伍建设等内部管理制度构建企业和劳动者利益共享的新机制；要在开发人才、合理使用人才、有效管理人才工作上，不断挖掘人的潜能，使人发挥更大的作用，创造更大的效益；要重视企业的和谐文化建设，尊重和实现劳动者的权益，了解员工的需求，及时帮助员工解决生活中与工作中的问题，通过各种集体活动，加强团结协作，增强企业的凝聚力和向心力，激发劳动者的主人翁意识和工作的积极性。

---

① 黄亚芬、黄子榕、周海湛：《餐饮从业人员流动性调查分析——以湛江星级酒店为例》，《枣庄学院学报》2010 年第 5 期。

（三）加强行业对用工和工资分配领域的指导

工会与企业代表组织应联合协助相关部门和研究机构，制定、完善和推行行业劳动定额标准、劳动薪酬标准和劳动待遇标准，形成行业指导规范，逐步提升指导层面，为行业工资集体协商确立劳动标准基础，推动区域性行业工资集体协商深入发展。产业工会与中国饭店协会、中国烹饪协会积极协作，探索推进行业标准工作，发布年度的餐饮行业工资协商指导意见，常态化、持续性地指导和规范各地餐饮行业工资集体协商工作。

（四）政府职能部门要为餐饮企业构建和谐劳动关系提供信息和指导

政府在劳动关系协调过程中应发挥规制者、监督者、争议调控者和重大损害控制者的作用。各地人社部门应当根据餐饮行业用人单位和劳动者的需求，提供精细化、专业化、个性化的职业培训和技能培训；要着力完善工资宏观调控指导体系，探索行业工资指导线和行业最低工资的制定方法；政府应加强和改进公共信息服务质量，提高工资指导线、劳动力市场工资指导价位和人工成本信息的时效性和针对性。同时，政府还应大力营造公平、公正、有序的餐饮市场竞争环境；努力增加居民收入、完善社会保障体系以提高居民的消费能力，大力培育消费热点，扩大全社会消费需求，为餐饮行业发展提供市场保证。

参考文献

［1］张建国、石毅：《关于行业集体协商情况的调研报告》，《中国劳动关系学院学报》2012年第4期。

［2］谭立独、林龙婷：《西陵区行业性区域性工资集体协商初探》，《工友》2011年第4期。

［3］佟新：《性别、阶级和流动——以小型餐饮业为例的研究》，《江苏社会科学》2009年第3期。

［4］杨柳主编：《中国餐饮产业发展报告（2012）》，社会科学文献出版社2012年版。

［5］国家工商行政管理总局企业注册局、信息中心：《全国内资企业生存时间分析报告》，2013年6月。

［6］国家工商行政管理总局企业注册局：《党的十七大以来全国内资企业发展分析报告（2007年6月至2012年6月）》。

［7］中国人力资源市场信息监测中心：《2012年度全国部分城市公共就业服务机构市场供求状况分析》，2013年1月，http：//www. mohrss. gov. cn。

Study on Current Labor Relations in the Catering Industry

Wang Xia

Abstract: As a traditional service industry, the catering industry owns tremendous operational entities, needs intensive labor, and is a typical low-income industry as well. This study concludes its features in terms of employment, use of labor, payment allocation, working hours and social security participation, etc., analyses the prominent problems in the labor relations of the catering industry, and shows the ways of constructing harmonious labor relations in the mentioned industry.

Key words: catering industry, labor relations, collective consultation

（编辑：吴　帅）

转型时期我国劳动者群体性事件若干问题分析*

孙亚男　孟续铎**

［摘要］　劳动者通过集体行动来解决劳动争议是企业内部劳动力市场与外部宏观环境共同作用下的一种非常规维权行为，其主要表现形式为停工、怠工、罢工等。产生原因包括劳动者个人权益形成了集体诉求权益、企业经营管理中经常忽视伦理道德规范的作用、企业内部化解劳动争议的机制效率低下、社会转型期环境风险的影响等。劳动者群体性事件有着潜在的破坏性，会造成经济和社会损失，也可能会形成社会风险，造成社会不稳定；但同时也有着一定的正面意义。对此，我们要以包容性的发展理念来看待劳动者群体性事件，积极创新完善有效的劳资关系调整体制机制，并防范群体性事件演变为社会危机。

［关键词］　劳动争议　群体性事件　冲突　集体行动

一、引言

改革开放以来，我国劳动关系的建立和发展是伴随着经济体制改革的不断深入而逐步发展和变化的，至今已初步建立起以劳动法律和政策基准、劳动合同管理、集体协商和集体合同、劳动争议处理为主要内容的新型劳动关系，在构建稳定和谐劳动关系的进程中发挥了重大作用。随着改革的不断深化，不同所有制经济中的劳动关系变得越来越复杂，劳动关系主体之间的利益冲突不断增多，劳动关系问题日益突出。以2010年富士康企业发生的一系列事件（如员工跳楼、集体停工、聚集斗殴等）为标志，社会上不断出现一些劳动者群体性事件（如南海本田停工事件），反映出转型时期我国企业劳动关系存在不稳定和不和谐的因素。

当前我国正处于全面深化改革的转型时期，市场逐步在资源配置中起决定性作用，市场经济的发展使得完全竞争愈加充分；但与此同时，经济社会发展中的各种“瓶颈”问题

*　基金项目：教育部人文社会科学研究青年基金项目（11YJCZH051），郑州轻工业学院2013年博士科研基金项目（2013BSJJ076）。

**　作者孙亚男系郑州轻工业学院政法学院讲师，经济学博士；孟续铎系中国劳动保障科学研究院助理研究员，经济学博士。

和制约因素也逐步凸显，给构建中国特色社会主义和谐劳动关系带来挑战。从经济学视角出发，可以看到企业内部劳动争议的时有发生，正是企业内部劳动力市场运行中的市场失灵现象。但是当内部争议无法通过企业管理策略进行有效化解的情况下，在外部环境的作用下就会转化为一种集体行动。劳动者群体性事件也正是这一劳资冲突的外显化的表现形式，会对经济社会产生一定的影响和损失，甚至是带来某种程度的社会风险。对此，我们有必要探讨劳动者群体性事件产生的原因和各方面影响因素，深入挖掘其对劳动者个体权益、企业伦理体系建设、和谐劳动关系构建等方面的影响，通过建立一系列群体性事件应急和处理机制，有效化解群体性事件的消极影响和对经济社会产生的威胁，并在某种程度上促进企业劳动关系集体协商制度的创新和完善。

二、我国劳动者群体性事件的内涵及其成因

劳动者群体性事件是指劳资关系当事人之间，因劳动关系中权利与义务发生分歧而引起的争议无法在企业内部得以妥善解决，导致一定数量的劳动者以停工、怠工、罢工、上访等集体行动来争取实现劳资争议有效解决的事件。社会学理论一般将群体性事件看作是一种越轨行为，认为是由于社会秩序失范而导致的。但是从人力资源管理的角度来分析，可以发现劳动者群体性事件的发生往往是由于关乎劳动者生存、发展的权利遭到了一定程度的侵犯，是劳动者采取的一些极端行为。一般而言，劳动者群体性事件产生的原因有以下几个方面：

（一）劳动者个人权益形成了集体诉求权益

当企业内部的劳资争议出现之后，劳资双方都在寻求着解决的方法，但企业环境以及宏观背景等制约因素，使很多争议并不能有效解决。而在劳动者的劳动保障权益无法通过正常的单一个体劳资谈判得以解决的情况下，劳动者群体就有可能形成集体诉求，希望通过施加集体谈判的压力，为自己争取权利。因此，众多劳动者结成了经济利益群体，劳动者个人权益转化为集体诉求权益。当劳动争议积累到一定程度，又无法通过企业内部协调机制加以解决的情况下，工人就可能以集体行为的方式来表达群体的经济利益诉求。

我国近年来发生的劳动者群体性事件的产生原因大都涉及劳动权益问题。例如，2010年以来我国东南沿海城市的很多集体停工事件，其争议的焦点就是劳动权益中的核心问题——工人的工资待遇。在港澳台资和外商投资的制造业企业中工作的“新生代农民工”成为罢工的主力军，这些一线生产工人处于企业内、外部劳动力市场的衔接处，工作的稳定性和安全性较差，相应的劳动权益无法得到有效保障。他们与企业“核心员工”以及管理层形成了分割的劳动力市场，享受着不同的劳动保障待遇水平，同工不同酬的现象经常发生，企业薪酬体系设计的公平性与竞争性不能得到体现。当外部劳动力市场环境发生变化时，诸如2008年金融危机对外贸依赖程度比较高的出口型制造业的沉重打击，使这些衔接处的员工以及一线的生产工人遭到了失业和工资损失的风险，在相关劳动争议不能得到有效解决的情况下，罢工事件也就爆发了。

因此，在出现关乎劳动权益问题时，劳动者暂时可以结成相关的经济利益群体，而在

一定的社会网络支持下，特别是媒体舆论的介入，又为这些利益群体寻找到了更多的同情者以及处境相似的人，加剧了事件的严重性。

（二）企业经营管理中经常忽视伦理道德规范的作用

在现代社会中，工人作为参与企业生产创造的主力军，在发挥自己的能动作用之后，理所当然地希望在企业利润分配过程中能够通过利益分享来体现自身劳动力的价值，并实现等价的利益补偿。但是作为企业管理者来说，利润目标或者经济目标是其生存的必然追求，仍然会把劳动者等同于其他生产要素，把对物的管理理念用在企业人力资源管理中。当企业在日常运营过程中把利润摆在第一位时，往往会忽视劳动者的权益，放弃企业伦理目标所体现的人本理念。雇主对工人的职业规划以及全面发展往往不予理睬，忽视由企业道德规范所带来的无形价值，只追求短期效益，而放弃了企业长期发展目标。

企业伦理是企业处理内部员工之间、企业与社会、企业与客户之间关系的行为规范的总和。而在本文的分析中，企业伦理目标着重指企业处理内部员工关系的行为规范目标，具体是指企业要尊重员工，创造人本文化的工作环境，按劳动者生产率来支付报酬，为员工提供符合安全和卫生要求的工作场所，制定公正公开的奖惩制度，从劳动者自身发展的角度为每一雇员提供广阔的生存和发展空间。但是，很多企业仍然按照传统物质资本管理的模式对劳动者进行管理，忽视了人力资本投资与物质资本投资最大的不同就在于投资对象的差异，对能动的人的管理需要考虑道德的、伦理的因素。在没有企业伦理规范的环境下，工人在实现自身价值的过程中往往容易处于弱势，劳动者的不满意度会随之上升。这在企业中一方面表现为日常工作中工人的相关劳动权益不能得到保障，工人的人力资本价值不能实现；另一方面也表现为在缺乏和谐劳动关系和企业伦理约束的情况下，劳动争议时有发生。工人在无法通过企业内部以及市场外部调解劳动争议的情况下，劳动者群体性事件就可能爆发。

（三）企业内部化解劳动争议的机制效率低下

一般情况下，当企业内部出现劳动争议萌芽的时候，企业内的社会伦理契约、员工关系管理制度以及员工薪酬制度往往会起到缓解劳资矛盾的作用，而维护和谐劳动关系的一系列体制机制正是保障企业稳健发展的关键，也是缓解企业内部冲突的“变压器”。但是，现实中的诸多案例不断警醒我们，当面对一些争议比较大、冲突比较明显的事件时，企业内现有的自我调解机制的作用往往会显得非常有限。从近年来我国各地发生的一些劳动者群体性事件中可以看到，企业内部有效的调解机制并未完全建立起来，相关的劳动争议调解机制的工作效率明显不高。同时有些企业的危机意识还比较淡薄，也缺乏危机管理的有效手段。在争议需要解决的时候，企业内部的调解机制非但保障不了员工的权利，反而成为争议产生的新根源。

例如在有些群体性事件的案例中，工会原本应作为劳方权益的代表与资方进行谈判，但它们却充当起中间人和调解员的角色，造成其代表性不足，无法取得工人的信任，也不能很好地发挥谈判中应有的作用。更有甚者，有时工会在争议调解过程中忽视工人的诉求，进一步激化了劳资矛盾，导致谈判和调解的破裂。这在我国很多地方都有案例可循。

因此，当个体劳动争议在企业内部无法获得有效调解的情况下，个体劳动争议就可能以集体争议的形式进入到法律调解阶段。而一旦遇到外部法律规范不完善，或者相关的调解无法满足工人的意愿，不能有效解决争议内容、满足各方利益的情况，劳动者就可能采取一些群体性手段来表达集体权益诉求，寻求规范的外部社会契约来约束劳资双方的权利，明确双方的义务。

（四）社会转型期环境风险的影响

随着“三化”（工业化、信息化、城镇化）进程的推进和全面深化改革的启动，经济社会进入到全面转型期和改革深水区，许多迫切需要解决的问题不断显现，同时也面临着诸如“卢梭陷阱”“中等收入陷阱”等在很多发展中国家中曾出现的危机和风险。改革和转型中的社会一般会经历一个剧烈的社会分化过程，也存在着一些影响企业生存发展的外部环境因素。就我国而言，主要包括二元结构差异、贫富差距扩大、阶层分化明显、社会碎片化发展等。据国家统计局公布的数据显示，2003—2013 年我国的基尼系数一直在警戒线水平以上，到 2013 年达到了 0.473。随着社会贫富差距两极分化越来越明显，劳动者的相对利益损失会因社会收入差距的不断扩大而凸显出来，社会结构性风险时有发生。

在社会转型期和改革攻坚期，各种社会摩擦不断增多，社会碎片化发展的大环境容易将企业内部的劳动争议与冲突外显化，成为社会冲突的一部分，并作为社会风险多发的环节，不断冲击着原有的社会结构和原有的利益格局。当旧的利益整合方式不再完全适应社会发展的状况，而新的运转秩序还没有完全建立起来时，很多方面出现的“双轨”局面或“权力真空”现象会进一步加剧社会的碎片化发展，风险来源多样化，社会失范行为明显增多，社会冲突不易化解，各种社会矛盾和社会问题极易形成社会的“堰塞湖”，从而进一步激化各种冲突。这样的环境风险使劳动者面临着更多的不确定性和复杂性，当企业内部劳动争议得不到有效调解的情况下，从外部经济社会环境所输入的风险因素会进一步加剧劳资双方的矛盾，当冲突累积到一定程度，内外因素的共同作用会促发劳动者集体行动的进程。

三、我国劳动者群体性事件的正面影响

不可否认，现阶段我国劳动者群体性事件的发生有一定的必然性，这些事件的产生是劳动者为谋求自身权益作出选择的结果。但同时也应认识到，在我国很多的集体行动事件是一种非正规的维权行为，缺乏法律授权和社会组织的规范性，其潜在的破坏性是巨大的，我们对劳动者群体性事件所带来的经济损失和社会损失必须要有清醒的认识。不过正如前人所指出的，“在某种意义上，冲突是社会的生命之所在，进步产生于个人、阶级或群体为寻求实现自己美好理想而进行的斗争之中”①。从这一角度来看，除了消极影响以外，劳动者的群体性事件也有其相应的积极意义，特别是对劳资争议的解决起到了一定的作用，并

---

① ［美］L. 科塞：《社会冲突的功能》，孙立平译，华夏出版社 1989 年版，第 25 页。

进一步促进了劳动者作为劳动的“人”的发展条件的形成。

（一）疏解劳资矛盾

劳动者群体性事件的发生可以说在一定程度上缓解了劳资矛盾。一方面，这些事件的发生是因企业内部的劳动争议无法得到解决，劳资矛盾正处于不断激化的过程中，若不通过一定的渠道把积压的对立情绪化解掉，有可能引起更严重的问题，包括对企业管理层的人身攻击、对企业财产的破坏等。除此之外，更有甚者，还会将对立情绪转移到其他无关对象身上，造成更大的社会破坏，这正如科塞所言：积累起来的敌意和进攻性情绪不仅可以向敌意的原初对象发泄，也可以向替代目标发泄。也就是说，冲突会起到“清洁空气”的作用，劳动者群体性事件“通过允许行为的自由表达，而防止了被堵塞的敌意倾向的积累”。

另一方面，通过一些劳动者群体性事件可以为劳资矛盾的爆发提供一个缓冲期。虽然在这些群体性事件发生时，企业以及个人会出现一些经济损失，但是在这期间劳资双方能够在一段缓冲的时间内讨论劳资争议问题，理清解决问题的思路。尤其是一些第三方代表，特别是劳资谈判专家介入事件中进行调解，可以暂时防止劳资矛盾的进一步激化。

（二）成为集体谈判的“潜机制”

劳动者通过群体性事件，可以表达增加工资、改善劳动条件和生活条件的诉求，力求能够达成实现合法劳动权益的集体协议，从而成为合法的集体谈判的“潜机制”。在出现劳动争议而劳资双方初步协商的努力失败时，劳动者采取了具有越轨性质的群体性事件，是为了争取进一步集体协商的可能性。一般而言，劳动者群体性事件发生时，工人们会首先选出自己的谈判代表，这些代表往往来自基层，能够更充分地代表工人的诉求；同时，通过集体行动可以使管理方认真对待工人提出的要求，积极寻求及时解决劳资矛盾的方法。另外，在群体性事件发生时，若不及时寻求解决方法，经济社会成本也会不断增加。该成本主要由三方来承担：对劳动者来说，包括了群体性事件的领导人或者发动人及其参与者所要承担的政治风险、来自管理方解雇的威胁和罢工期间的工资损失；对管理方来说，是生产中断导致的经济损失；而对地方政府来说，主要是所谓的“维持稳定成本”。以上各类成本的不断增加，有助于加快集体谈判合法性的进程，同时也促进了劳动争议有效解决条件的形成。

（三）有利于企业伦理目标的重构

正如前文所分析的那样，工人作为能动的劳动者个体，在企业生产经营过程中发挥了不可或缺的作用，此时他们也就分担了一定的企业经营风险，为企业的经营活动付出了代价。因此，企业的经营决策就必须要考虑他们的利益，并给予相应的报酬和补偿。但是，由于缺乏企业伦理目标的调节与控制，企业只追求经济利益，忽视了“人性管理”的重要性，导致了劳动争议的出现以及劳动争议出现后不能及时处理的局面。对此，劳动者选择通过阻碍企业正常经营的方式，为实现自己的劳动者权益结成了相关利益者联盟，采取集体行动来表达相关诉求。这种群体性事件给企业带来了一定的经济损失。

在群体性事件发生之后，企业首先考虑的必然还是经济利益，力争使损失最小化，为防止事态的恶化会积极与工人协商寻求解决方案。有些企业也可能采取置之不理的态度，不过这样做往往会带来更坏的结果。因此，为了防止类似事情再发生，一些企业开始注意到企业伦理目标对其经济目标的调节作用，认识到和谐劳动关系能够为企业发展创造无形的价值。管理方在群体性事件发生后开始注重加强劳工权益保障，在企业内部开始实行利益相关者理论为基础的企业伦理建设。其核心思想是：企业的经营管理活动要为综合平衡各个利益相关者的利益要求而进行，与传统的股东至上主义的主要区别就在于该理论认为任何一个公司的发展都离不开各种利益相关者的投入或参与，企业追求的是利益相关者的整体利益。最典型的案例就是中国大陆富士康公司在2010年以后采取的一系列改善一线员工生产和生活状况的举措，较好地缓和了原先紧张的劳资矛盾，使得企业正常经营和进一步扩张取得成效。

（四）释放了劳动者追求主体性发展的内在压力

很多学者在分析劳动的异化性质时指出，随着科学技术的进步和物质财富的积累，劳动过程表现为资本的能力、权力和属性，导致在现代企业管理模式下劳动力的报酬提升与劳动生产率的提高不同步，劳动者被组织的规范所控制。但是，劳动除了体现劳动者为了谋生而不得不租让自己劳动的使用权外，更表现为一种追求自由的自主性。随着社会财富的积累和社会文明程度的提升，劳动者急切需要分享到人类发展进步带来的成果，这种需要转变成为了一种内在动力与外在冲动，要求在企业内作为“人”而存在。同时随着现代化发展，劳动者在劳动与生产过程中地位的提升，也增加了他们在市场中讨价还价的能力。因此作为追求主体性发展的一种表现形式的劳动者群体性事件，也正反映出劳动者追求自身发展的诉求，在一定程度上释放了劳动者积压的内在需求。

四、应对劳动者群体性事件的建议

以上分析了劳动者群体性事件所带来的正面影响，但不可否认的是，这些正面影响往往会被经济和社会损失所掩盖，特别是当这些正面影响没有通过显性化的渠道被大家所认可和了解的情况下，劳动者群体性事件往往表现为社会风险的导火索，是社会不稳定状态的前奏。社会普遍担心的企业经济损失以及一些社会风险因素成为了劳动者群体性事件爆发之后必须要关注的焦点。因此，找寻减少劳动争议发生的可能性、预防劳动争议演变为群体性事件并进而扩大为社会危机的应对措施，就显得尤为急迫和必要。

（一）以包容性发展理念看待劳动者群体性事件

社会财富的增加必须要充分考虑到人的发展，而这种发展对于劳动者而言既是指有充分的自由能够分享劳动成果的权益，又包括可以自由申诉和言论的社会参与环境，以及能够实现自身价值的发展空间等。在劳动中实现自身价值的过程也是参与分享社会财富的过程。我们提出以包容性发展理念看待劳动者在劳动过程中呈现的多样性特点，就是要给予劳动者支配劳动权利的自由，扩大工人的劳动自主权，为其追求自身发展提供更多的行动自由。在劳动者追求自身发展的过程中会出现个人目标与社会目标相左的现象，劳动争议的发生与暂时的不可调性需要从劳动者对成果分享以及机会参与的角度来加以解决，不能仅以排斥的眼光看待劳动者的集体行动和冲突行为，而要以包容性发展观思考冲突行为背后的行动逻辑，通过使劳动者公平参与社会财富的分配过程，促进劳资关系的和谐化运转，并最终实现良性的社会发展与财富增长。

（二）创新完善有效的劳资关系调整体制机制

如前所述，劳动者群体性事件有其产生的经济社会背景，是在相关劳动争议积累到一定程度，无法得到有效解决的情况下发生的。对此，有必要积极探索并建立有效的调节劳资矛盾的体制机制。一是为了避免劳动争议转变为冲突性的集体行动，企业需要在保障内部劳动力市场运行效率的基础上，加大保障外部竞争与内部公平，注重以和谐劳动关系为纽带，实现企业的伦理目标。二是当群体性事件发生后，企业更需要认清形势，不能盲目排斥工人的集体行为，要积极寻求解决方案，及时处理和化解劳资冲突。三是创新完善现有调节机制，找到化解争议的有效方法。近年来，我国劳动科学界一直在积极寻找适合中国国情的三方集体协商机制，希望借此来根本解决劳动争议的调解问题。而目前所面临的主要困境在于政府、企业、工会、劳动者各方如何有效行使各自在集体协商中的角色，现有体制下的工会是否能够真正代表工人，企业生产经营管理活动如何与工人维权行为有机融合等。这些问题不解决，群体性事件还有可能频发。

当然，我们也需要认清劳动者群体性事件展现了工人的维权意识，在现代风险社会中劳动者群体性事件可能会成为劳动者实现自身劳动权利的一种方式。在法治体系逐渐完善的情况下，社会和政府应该积极引导工人通过合法途径来规范维权行为，保障劳动者可以通过法律手段实现自己的劳动权利。

（三）防止劳动者群体性事件演变为社会危机

劳动者群体性事件发生后，由于敌对情绪的积累和一些非人为因素的增加，不可控程度会愈演愈烈。如果这一敌对情绪累积到质变程度，群体心理就会出现不可逆转的变化，引起新的社会矛盾，导致更大的经济社会风险和损失。因此，事件刚发生时社会和政府的应急能力与应急措施就显得尤为重要，特别是需要政府采取妥善措施及时解决劳动争议，防止经济社会成本的扩大，有效缓解群体压力。

劳动者群体性事件的发生会在社会上产生传染机制，并可能超越一定的时间和空间，成为社会危机的源头。这一方面需要在集体行动发生之前，劳资双方积极寻求在企业内部化解劳资矛盾的办法，避免由于劳动争议引起的对立情绪转化成对社会的不满；另一方面也应在集体行动发生之后，督促各方时刻保持清醒的头脑，防止被社会不法分子煽动，使群体性事件转变为破坏社会秩序的风险源。

我们在劳动者群体性事件的事前、事中、事后处理过程中需要坚持以下几项基本原则：一是坚持合法与公正并重原则，除了考虑法律规范外，也要看重社会公平正义的原则，既需要外部社会规范的约束，更需要企业伦理目标的建设；二是坚持及时处理原则，防止事态发展失去控制，力争社会成本损失最小化；三是坚持以调解为主的原则，建立有效的集体协商和谈判机制，成功化解劳动纠纷。

参考文献

[1] 李诚：《转型期我国社会风险及其治理的理论分析》，《长白学刊》2011 年第 3 期。
[2] 理查德·贝拉米：《重新思考自由主义》，王萍、傅广生、周春鹏译，江苏人民出版社 2005 年版。
[3] 乌尔里希·贝克：《风险社会》，译林出版社 2004 年版。
[4] [美] L. 科塞：《社会冲突的功能》，孙立平译，华夏出版社 1989 年版。
[5] 莱恩·多亚尔：《人的需要理论》，商务印书馆 2008 年版。
[6] 阿玛蒂亚·森：《以自由看待发展》，中国人民大学出版社 2002 年版。
[7] 路军：《工人集体行动的制度化治理——以南海本田事件为例》，《东岳论丛》2013 年第 3 期。
[8] 林燕玲：《中国工人集体行动考察报告》，《天津市工会管理干部学院学报》2011 年第 12 期。

Analysis on Issues Regarding the Group Events Participated by the Employees in China's Transformational Period

Sun Ya'nan, Meng Xuduo

Abstract: Solving labor disputes through collective actions by the employees is an unconventional way in defending their rights, which is mainly manifested by lock-out, slow-down, walkout, assembly, procession, etc. The causes include that the personal rights and interests of the employees become a collective appeal, business management often neglects the influence of ethics and morality, the mechanism within the companies to deal with labor disputes is low efficient, and the changing environment during the transformational period poses risks. The group events participated by the employees are potentially destructive and may bring economic and social losses, which may also form social risks and destabilize the society. But in the meantime, those group events have certain positive roles. Therefore, we need to be inclusive in viewing those events, actively innovate and complete effective systems and mechanisms to effectively adjust the labor relations, and prevent the group events from evolving into social crises.

Key words: labor dispute, group event, conflict, collective action

（编辑：吴　帅）

企业内部教练式冲突管理理论及案例研究

徐　斌　西　楠*

［摘要］　企业管理教练作为一个新观念正在不断改变着我们的工作模式，同时也引领着企业的发展。当下企业发展的一大阻碍是内部冲突，具体地表现在现阶段雇主与雇员之间的冲突（如裁员过程、薪酬谈判、制度讨论等）呈上升趋势。本文通过文献回顾、交叉分析法、案例分析法，提出企业教练技术在冲突预防和处理方面的3个应用，探索如何通过营造企业教练文化预防企业内部负面冲突，通过教练技术（主要是矛盾双方改变处理矛盾的方式方法，从而改变对矛盾的认知）处理企业内部矛盾。

［关键词］　教练　冲突管理　案例

一、引言

（一）研究背景

20世纪末至今，管理进入崭新的情绪智能管理时代。这是因为，新的思想给我们现有的工作和生活方式带来更多的机会，同时也由于不适应带来了情绪方面大量的冲突。正如美国教育部前部长理查德·莱利（Richard Riley）所说，2010年最迫切需要的10种工作在2004年时根本不存在，我们需要教育现在的人使用根本还没发明的科技和新观念，以适应新的挑战。企业作为人才培养与管理的实践领域，各级代表企业的管理层，更需要根据新的状况，解决新的尤其是矛盾与冲突中有关管理方式的问题。这非常有助于对企业中人才开发方式的新问题、新方法的探索。

---

*　作者徐斌系首都经济贸易大学劳动经济学院人力资源开发与人才发展系主任，教授，硕士生导师；西楠系首都经济贸易大学劳动经济学院人力资源开发与人才发展系硕士研究生。

（二）研究意义

1. 现实意义

企业管理教练是根据被管理者的情绪状况，管理者以正向引导、正向激发的管理领导方式，令员工在情绪舒缓的情况下自主探索解决问题答案，让冲突双方看到问题的根源，从而有效化解矛盾。在企业的实践中，使用教练式冲突管理方法对企业营造良好文化、建立合作化劳资关系有很大的帮助。同时教练式冲突管理可以用作企业劳动争议处理的辅助方式，减少管理层在民事诉讼和劳动仲裁方面的工作量。

2. 理论意义

国内外对企业内部冲突管理的研究主要包括定义、理论发展、前因变量等。研究的方式有理论和实证研究；教练式管理（矛盾与冲突的解决）作为一门实践的科学，理论研究相对较少，现有的研究主要包括教练的定义、理论发展。本文将以教练理念对冲突的预防和处理展开研究，扩充冲突管理的方法及教练技术的应用。

3. 研究视角及方法

本文以企业为视角展开研究。首先，通过文献回顾，对企业内部冲突的内涵、教练的内涵和外延进行阐述；其次，提出三个教练式冲突管理方法；再次，通过两个集体劳动争议案例和一个工作中的冲突案例讨论了教练式冲突管理方法的优势；最后，进行归纳演绎，提出本文结论和今后研究的方向。研究路线图如图 1 所示。

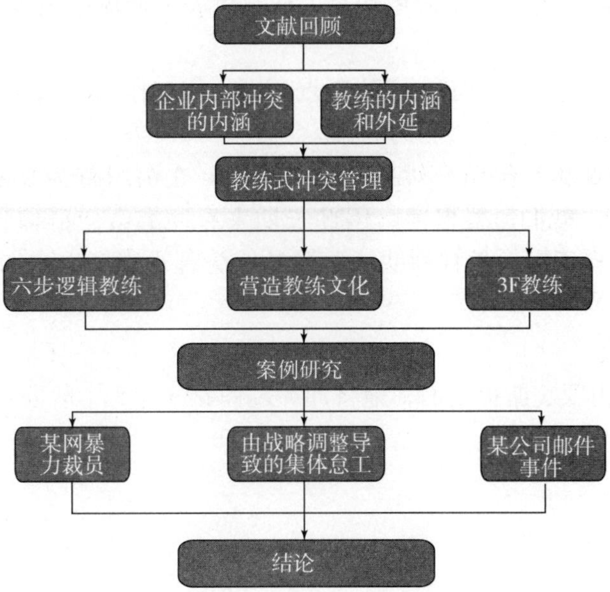

图 1　研究路线图

二、文献回顾

（一）企业内部冲突的内涵

1. 冲突的定义

达伦多夫（Dahrendorf）将冲突定义为：争夺、竞争、斗争、紧张以及社会力量之间的明显的冲撞。布朗（Brown）对冲突的定义是两个以上互不两立的动机、目标、态度或反映倾向同时出现的状态。路易斯（Lewes）不同于其他大多数学者从过程定义的冲突，他从结果对冲突定义：为了价值和对一定地位、权力、资源争夺以及使对手受损或被消灭的斗争。西蒙（Simon）和马奇（March）从组织行为学的角度对冲突的定义是：组织的决策机制遭到破坏，导致个人或团队陷入难以选择的境地。托马斯（Thomas）认为冲突是一方感到另一方损害了或打算损害自己利益时所开始的一个过程。罗宾斯（Robbins）对冲突的定义为：始于一方感知到另一方对自己关心的事情持有负面的看法。这个是相对其他定义更宽泛的一个定义，描述了任何持续进行的活动中都会存在由互动转化为各方冲突的情况。综合来看，众多学者的定义是从冲突的过程定义冲突，结合本文研究需要，将冲突定义为组织内部一方感受到另一方损害了自己的利益时所开始的一个过程。

2. 冲突观念的变迁

（1）传统观。冲突现象在群体和组织中的定位及作用在不同人眼中有着较大差异。20世纪三四十年代的观点认为人们要避免冲突，冲突代表了群体中出现了功能失调。这也被称作传统冲突观。

（2）相互作用观。与传统否定一切的观点不同，相互作用观认为冲突不仅是群体中的积极力量，而且还是高效群体中必然的现象。

（3）冲突管理观。相互作用观对冲突全盘肯定，在组织行为学的研究中发现冲突都会使群体中缺乏信任、尊重和凝聚力，因此长期来看冲突会使群体失去活力，即鼓励冲突的相互作用观有很多问题。关注解决方案的冲突管理观则侧重于如何有效解决冲突。

3. 冲突过程模型

冲突过程模型是由罗宾斯提出的，他将冲突过程划分为5个阶段：潜在的对立或不合、感知与冲突的个人化、意图、行为与结果①（见图2）。

---

① ［美］斯蒂芬·罗宾斯、蒂莫西·贾奇：《组织行为学精要》，郑晓明译，机械工业出版社2011年版。

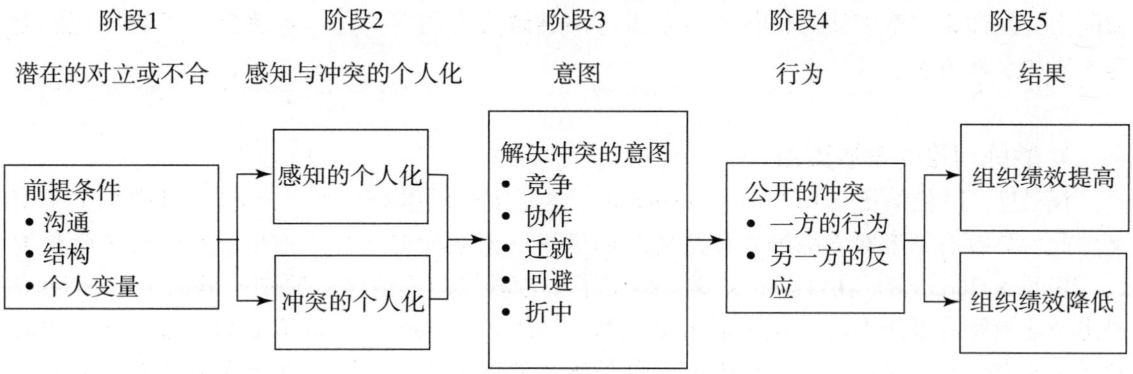

图 2　冲突过程模型

（1）冲突产生。沟通：语义理解上的分歧、误解以及沟通渠道中的杂音是导致冲突的原因。结构：越复杂的结构越易产生冲突。组织的规模、成员承担任务的专业性、组织管辖权的清晰度都是衡量复杂性的指标，而这些指标表明越复杂的结构原则越容易产生冲突。个人变量：人格、情绪和价值观的差异使人们对同一事件有差异化的认知和态度，容易产生冲突。

（2）感知的冲突。冲突所在的具体问题会被清晰地界定出来，双方明白冲突的原因。

（3）意图。很多冲突的发生只不过因为一方对另一方意图产生了错误的理解。明确他人的意图才能考虑如何应对其行为。

（4）行为。冲突行为包括冲突各方的语言陈述、行为以及反应，甚至包括将冲突公之于众的行为。

（5）结果。冲突既可能促进群体绩效也可能抑制群体绩效。

4. 企业内部的冲突

企业内部的冲突是各种冲突在企业范围内的“缩影”，表现为存在于企业内部的个体、群体和部门等由于互不相容的利益、目标、认知和情感而引起的相互作用的一种紧张状态。①

该状态存在于个体内部、个体之间、群体之间，对企业内总体状况产生影响。企业内部的冲突管理将冲突限定在企业内部，特别是集体劳动争议、员工关系等冲突，对于企业和消费者、企业与企业间的冲突本文不涉及。

（二）教练的内涵和外延

1. 教练的定义

托马斯 . J. 伦纳德（Thomas J. Leonard）作为教练技术的鼻祖，对教练的定义是：帮助渴望发展的人认识和发现自身存在的价值与潜力，实现专业领域或人生目标的一种领导力

---

① 刘炜：《企业内部冲突管理研究》，首都经济贸易大学博士论文，2007 年。

和能力开发体系。笔者认为，教练在矛盾与冲突解决上的定义是：解决自身矛盾与他们之间矛盾的引领方法。

2. 教练理论的发展历程

托马斯.J. 伦纳德（Thomas J. Leonard）建立了国际教练联盟（ICF），对教练下了定义。此后陆续有学者对教练语言和其他领域借用的框架模型进行了铺垫。罗伯特·哈格罗夫（Robert Hargrove）在自己的文章中提出了企业教练的改造学习原则。奥尼尔（O'Neill）提出企业教练的系统方法。安东尼·格兰特（Anthony Grant）将教练活动与心理学、组织发展等现有学科联系起来。① 2003年至今是研究的深入阶段，国内外有大量的教练技术专题研究成果。

3. 教练的外延

教练与很多概念有相关之处，例如心理辅导、培训、教育、咨询等。心理辅导是对客户的心理问题进行治疗性的工作；培训是通过学习和体验获得知识或是技能的过程；教育是老师向学生传授知识和经验的过程；咨询是用专业知识来解决企业运作中的问题②。教练不同于“告之、训之、教之和导之”，有着自己的理念和解决问题的方法，教练与心理辅导、培训、教育和咨询存在一些异同（见表1）。

表1　教练与相关概念的异同

	相　同	差　异
教练与心理辅导	让当事人感到放松 对问题有新的认识	解决问题的方法不同 ——教练：自发地、创新性解决问题 ——心理辅导：辅导式解决问题 关注的时间不同 ——教练：现在和未来 ——心理辅导：过去
教练与培训	让当事人提升能力 关注技巧	角色不同 ——教练：提出问题，引领方向 ——培训：给出答案 数量不同： ——教练：一对一或一对多 ——培训：一对多

① David Drake, Dianne Brennan, Kim Gortz, *The Philosophy and Practice of Coaching: Insights and issues for a new era*, West Sussex, England, 2008.

② O'Connor J, Lages A, *Coaching with NLP: How to be a Master Coach*, Harper Collins UK, 2004.

续表

	相　同	差　异
教练与教育	让学生获得答案 关注技巧	角色不同 ——教练：提出问题 ——教育：给出答案 数量不同： ——教练：一对一或一对多 ——教育：一对多
教练与咨询	帮助企业改善绩效 为企业解决实际问题	目标不同 ——教练：改变心智模式 ——咨询：提供解决方案 对整个企业的影响不同 ——教练：间接的影响 ——咨询：直接的影响

资料来源：本研究根据《NLP 教练——怎样成为一名大师级教练》第 200 页的内容整理。

三、教练式冲突管理

（一）六步逻辑教练

冲突行为只是暴露在表面的现象，其根源和本质来源于更深层次的逻辑层面，尤其是观念层面，教练技术的六步逻辑教练可以帮助冲突两方发现冲突的根源，从中立的第三方对冲突进行调解。

六步逻辑教练使用 6 个层面分析冲突，如图 3 的金字塔所示：环境、行为、能力、信念、角色、愿景。

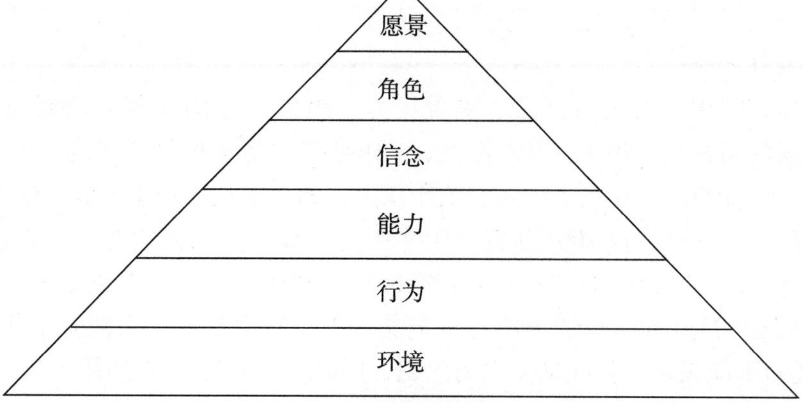

图 3　六步逻辑示意图

资料来源：徐斌、魏婕、西楠：《教练式领导力》，人民邮电出版社 2012 年版，第 134 页。

使用六步逻辑教练处理冲突的步骤：

1. 同步冲突现状

冲突进展到什么层面？如，行为层面的冲突是两方之间的冲突；环境层面的冲突不仅涉及冲突两方，还牵涉到环境中与冲突两方利益相关或无关的组织和个人。

2. 厘清冲突的根源

很多冲突的双方并不清楚问题究竟出自哪里，两方认识的冲突实则并非问题的真正所在，而是臆想和扭曲后的冲突。六步逻辑教练帮助双方厘清冲突的根源。

愿景：愿景层面是企业、团队或个人的终极目标，教练通过询问“最终希望达成的目的是什么?”“愿景是什么?”厘清冲突是否在愿景层面。

角色（目标）：教练通过询问“你的定位、身份或目标是什么?”厘清冲突是否在角色层面。

信念（价值观）：价值观决定了企业、团队或个人对事物的看法。大多数冲突是来自信念层面。教练会询问“什么是你始终坚信的?”“你的信念是什么?”从而厘清冲突是否在信念层面。

能力（素质）：素质和能力的不同会导致冲突，素质和能力有些是与生俱来的，例如性格，有些是后天发展的，例如沟通能力、倾听能力。通过性格测评、能力测评等人事测评技术，可以厘清两方的冲突是否出自能力层面。

3. 引领调解冲突

厘清冲突的根源后，教练根据六步逻辑金字塔，从金字塔的顶端，自上而下地引领双方主动作出改变，从而实现冲突的调解。具体做法见下文的案例。

（二）从压力着手营造预防冲突的教练文化

1. 工作压力

在英国，约有50万人认为自己承受着压力、焦虑和抑郁（英国健康与安全执行局，2001）。在美国的调查中，40%的被访者表示工作是“非常或极度紧张的”（美国国家职业安全卫生研究所，1999）。在澳大利亚，工作压力是第二常见的赔偿疾病或伤害（维多利亚国家服务管理局，2013），自2001年起，工作压力导致的工伤持续在工人索赔项目中占据越来越多的比例（从2000—2001年的8%至2004—2005年的10%，逐年增加）。新西兰职业安全健康协会2002年对工作压力给出了定义：工作压力是一个人同其工作环境的互动，对个人而言是对不能满足工作环境需求的意识，同时伴随不满情绪的响应。[①] 工作压力引发

---

① David Drake, Dianne Brennan, Kim Gortz, *The Philosophy and Practice of Coaching: Insights and issues for a new era*, West Sussex, England, 2008.

冲突的过程可以用如图 4 所示的工作压力模型进行示意，工作压力模型揭示了潜在危险、压力症状和负面结果之间的关系。

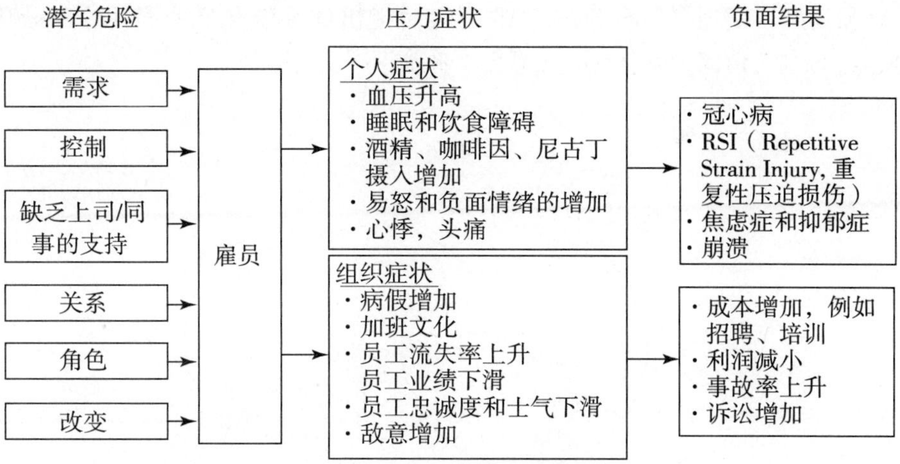

图 4　工作压力模型示意图

资料来源：徐斌、魏婕、西楠：《教练式领导力》，人民邮电出版社 2012 年版，第 149 页。

2. 教练文化与压力

教练追求六大领域的平衡：事业与理财、家庭与天伦、身体与健康、心智与教育、社交与文化、伦理与道德。教练平衡的理念是缓解压力的有效途径。

教练的理念是，相信每个人都有自己的答案，并且有找到自己答案的能力。企业采纳教练理念，教练对领导者进行教练，让领导者与员工合作，让其发现已有的资源，提供给员工需要的资源，帮助员工关注想要的结果，并激励其积极获得。

领导者与员工间形成的教练式伙伴关系可以促成合作、组织更高的绩效目标的实现和组织教练文化的形成。

（三）3F 教练技术处理冲突

1. 倾听的分类

冲突时一方越是辩解，另一方越是不想听。倾听分三类：以自我为中心的倾听、以对方为中心的倾听和同理心式倾听。以自我为中心的倾听是指站在自己的立场和观点进行判断，随心所欲地听。这种倾听在日常中出现频率最大，而且倾听的效率最低。以自我为中心的倾听会导致倾听人省略、歪曲和泛化。省略是除了自己想看的、想听的信息，其他的信息全部忽略；歪曲是对自己看见、听到的信息随意地理解；泛化不是就事论事，而是将信息片面地升级为更广泛的现象。以对方为中心的倾听要将关注点放在对方身上，并对其语音、语调、态度、情绪作出相应的反应和交流。同理心式倾听要在交流中感受对方真实感情和说话的意图，利用直觉和洞察力听出对方的优势和长处。

2. 3F 教练技术

3F 教练技术是由郑振佑博士（Paul Jeong）在总结马歇尔·卢森堡（Marshall B. Rosenberg）和汤姆·斯通（Tom Stone）的研究后提出的系统化倾听技术。3F 倾听是指对 Fact（事实）、Feel（情绪）和 Focus（意图）的倾听（见图 5）。

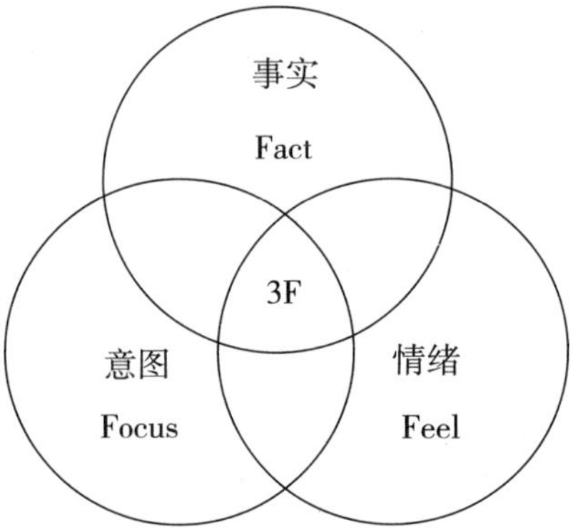

图 5　3F 模型示意图

倾听事实是指倾听客观的信息，而不要对信息加入个人的判断。倾听情绪是指倾听对方在表达客观事实时流露出的情绪，如喜怒哀乐，并把自己的感觉反馈给对方。倾听意图是指把握对方欲求，了解对方情绪化、对立化背后真正想要的事物。

（四）案例研究

1. 某网暴力裁员

（1）背景介绍。2011 年 5 月 18 日，某网宣布了公司重组销售部门的计划。减少某网员工总数量的 20%，全部为销售部门员工。就在某网宣布计划减少 20% 员工的同时，该网副总裁郝某公开表达了对某集团的愤怒，直指某集团愚蠢、卑鄙、冷血，“现在是战斗的时候，某网的销售从来不怕打仗”。郝某随后被免去了副总裁一职，继而 20% 的减员计划推行，某网的销售团队由原来的 190 人规模缩减至 150 人。该网不甘心就这样卷铺盖走人的员工与前来维持秩序的人力资源部的协调人员在办公室爆发了肢体上的暴力冲突。

（2）案例分析。笔者将按照六步逻辑教练的方法去分析案例。

首先同步冲突现状：暴力冲突的直接原因是某网裁掉 20% 员工，且全是销售部员工，属于单方引起的、行为层面的冲突。

其次厘清冲突根源：经分析，冲突的根源在角色层面。高层（资方）的角色：权力型雇主，他们会站在企业角度办事，于是有了免去集团高管、销售团队缩减达 40 人等的行为。被裁员工的角色：为企业辛勤工作的雇员，在离职时应得到尊重、安抚和补偿。

最后引领调解冲突：双方都在为企业做事，有着共同的目标和愿景。如果解雇的决策已经成定局，那么从解雇的过程看有没有可以改善的地方？雇主的行为出于企业利益考虑，而雇员又是企业利益相关者中最重要的部分，所以解雇的过程应该将被辞退员工的需求考虑进来。另外，雇主的行为不仅是给被解雇的人看，同时也是给当下在企业任职的人看，所以解雇流程能否合理化也至关重要。

2. 由战略调整导致的集体怠工

（1）背景介绍。2012 年 4 月，某有限公司受到金融危机影响对企业进行战略调整，并将企业更名。战略调整后，员工集体向企业提出买断工龄、支付经济补偿金、重新签订劳动合同等 29 条意见和诉求。同时为了给资方施压，员工采取怠工的方式，正常打卡上班但不上岗，之后返回宿舍或外出消遣，到时间即回工厂打卡下班。

（2）案例分析。笔者将按照营造教练文化的方法去分析案例。

面对金融危机，该有限公司采取了战略转型的应对策略。多数员工是畏惧改变的，企业的调整、变革等行为往往会给员工带来较大心理压力。通过在企业建立教练文化可以明显减小工作压力，避免劳动争议的产生，营造合作、和谐的劳资关系。可以按照如下步骤营造教练文化。

第一步：在企业内部建立教练合约，营造教练式的环境，提升承诺、责任、细节的愿景。

第二步：教练中高层管理者，令其体会教练的平衡和激发等理念，发展其自身作为下属教练的必备教练技术。

第三步：在培训后的中高层管理者中选出有意愿、有能力的人作为企业内部教练，在下属压力大的时候，向有需求的下属提供教练支持。

3. 无效倾听导致的冲突

（1）背景介绍。某公司大中华区总裁回办公室取东西，到门口才发现自己没带钥匙。此时他的私人秘书已经下班。总裁试图联系后者未果。数小时后，该总裁还是难抑怒火，于是在凌晨 1 时 13 分通过内部电子邮件系统给私人秘书发了一封措辞严厉且语气生硬的“谴责信”。总裁在发送这封邮件的时候，同时传给了公司几位高管。结果私人秘书以一封咄咄逼人的邮件进行回复，并让该公司大中华区的所有人都收到了这封邮件。这件事被炒得沸沸扬扬，形成几千人转发的局面。

（2）案例分析。从冲突的现状分析，原本上下级之间的冲突由于秘书的邮件抄送，已经将冲突行为散播到整个企业的环境中。对于上级的“谴责信”，使用 3F 教练技术有如下解读。

事实：

上级在工作时间外来办公室取东西；

上级自己没带钥匙进不去门；

上级联系不上下属；

凌晨 1 时 13 分上级通过内部电子邮件系统给下属发了一封“谴责信”；

上级的要求符合公司制度。

情绪：
上级回办公室进不去门的情绪是失落；
上级联系不上下属的情绪是焦躁和生气；
上级发邮件时的情绪是怒火中烧。
意图：

从上级回办公室进不去门的失落情绪，再到上级联系不上下属的焦躁情绪，最后到上级发邮件时愤怒的情绪可以看出这个上级有着对高效率的诉求。

通过 3F 教练技术的分析，秘书可以用更好的方式化解这个冲突。首先从事实来讲，上级对下属的要求符合制度，但不符合情理。所以上级把着法理，下属把着情理，双方都有理，很难在事实层面化解冲突。

其次从情绪来看，上级处在愤怒的情绪之中，下属如果冷静体会上级的情绪，暂时不回邮件或先退一步，等上级愤怒情绪过后再进行沟通同样可以表达自己的观点。而本案例中的下属被这种情绪所影响，把愤怒的情绪变本加厉地施加回去，造成冲突的升级。

最后从意图来分析，意图是因人而异的，本案例中的上级的意图是高效率，所以为高效率的上级工作就需要有特定的方式方法，而不能一切皆从情理分析，如果上级经常因为效率指责下属，同时下属也不能适应上级的高效率，说明上下级的工作观念不匹配，那么下属最好的选择是换一份工作。

四、结论与展望

（一）研究结论

教练作为一种全新的理念在企业内部冲突处理中有辅助作用。教练主要通过两方面实现冲突处理。第一，使用六步逻辑教练对冲突现状同步、厘清冲突根源和引领调解冲突；第二，使用 3F 教练技术倾听冲突双方表达的事实、情绪和意图，从而找到冲突处理的方法。在企业内部营造教练文化可以减小工作中的压力，从而起到冲突的预防作用。

（二）指导意义

本文对企业内部冲突的内涵、教练的内涵和外延作出了比较清晰的梳理；研究教练技术这一全新领域概念在冲突管理方面的作用；通过两个集体劳动争议和一个员工关系案例分析了教练在预防和处理冲突方面的可行性。

（三）研究局限性

本文对不同流派的教练定义及发展的梳理仍不够清晰；本研究对教练在冲突管理方面应用的探索局限在教练工具层面；研究缺乏定量的分析。

（四）未来研究

在今后的研究中，笔者将梳理多个流派对教练的定义及各流派教练理论的发展。将教练在冲突管理方面的应用上升到教练理念层面，并从理念的高度向下寻找更多更全的冲突管理工具。

参考文献

[1] 赵可：《群体内冲突及冲突管理研究：方法和实证》，中南大学博士论文，2010 年。
[2] 程延园：《劳动争议案例》，中国劳动社会保障出版社 2009 年版。
[3] 顾新、吴绍波、全力：《知识链组织之间的冲突与冲突管理研究》，四川大学出版社 2011 年版。
[4] 刘炜：《企业内部冲突管理研究》，首都经济贸易大学博士论文，2007 年。
[5] 刘新：《企业组织冲突管理研究》，中国地质大学博士论文，2010 年。
[6] 徐斌、魏婕、西楠：《教练式领导力》，人民邮电出版社 2012 年版。
[7] 张咖豪：《有效冲突管理》，海天出版社 2010 年版。
[8] 宝贡敏、汪洁：《冲突管理方式研究综述》，《人类工效学》2008 年第 1 期。
[9] [英] 斯图尔特·克雷纳：《管理百年：20 世纪管理思想与实践的批判性回顾》，邱琼、钟秀斌、陈游芳译，海南出版社 2003 年版。
[10] [美] 斯蒂芬·罗宾斯、蒂莫西·贾奇：《组织行为学精要》，郑晓明译，机械工业出版社 2011 年版。
[11] 刘军、刘松博：《企业高层管理团队冲突管理方式：理论及证据》，《经济理论与经济管理》2008 年第 2 期。
[12] 刘俊波：《冲突管理理论初探》，《国际论坛》2007 年第 1 期。
[13] 陈晓红、李喜华：《民营企业高层管理团队冲突和冲突管理模型》，《系统工程》2008 年第 12 期。
[14] 李鹏、胡杰：《冲突管理模式与组织沟通关系研究——基于整合模式的部门间冲突管理》，《求索》2007 年第 10 期。
[15] 芦红、吕庆华：《冲突管理：研究动态与展望》，《广西财经学院学报》2009 年第 2 期。
[16] 马新建：《冲突管理：基本理念与思维方法的研究》，《大连理工大学学报（社会科学版）》2002 年第 3 期。
[17] 田晖：《中西方企业冲突管理模式及其思想的比较》，《湖南师范大学社会科学学报》2007 年第 3 期。
[18] 万涛：《不同类型团队冲突管理研究的构思与展望》，《科技进步与对策》2006 年第 12 期。
[19] David Drake, Dianne Brennan, Kim Gortz, *The Philosophy and Practice of Coaching: Insights and issues for a new era*, West Sussex, England, 2008.
[20] O'Connor J, Lages A, *Coaching with NLP: How to be a Master Coach*, Harper Collins UK, 2004.

Research on the Theories and Cases on Conflict Management through Corporate Coaching

Xu Bin, Xi Nan

Abstract: Business Coaching as a new concept is constantly changing the way we work, and leading the development of enterprises. Currently, one big obstacle lying in the enterprise is internal conflict, specifically manifested by the escalating conflicts (reduction of employees, salary negotiation, system discussion, etc.) between the employers and employees. Through literature review, interactive analysis and case analysis, this article proposes three usages of the coaching techniques in conflict prevention and handling, and explores how to create a corporate coaching culture to prevent negative conflict within the companies and solve internal conflicts through coaching techniques.

Key words: coaching, conflict management, case

（编辑：吴　帅）

中美科技人才发展比较研究

赵永乐　张书凤*

［摘要］《国家中长期科学和技术发展规划纲要（2006—2020 年）》（以下简称科技规划）自实施以来，时间已经过半。我国科技人才队伍建设情况怎样？与世界上实力最强的国家——美国相比还有多大的差距？本文以美国经济发展水平为标杆，从现实、历史、未来三个维度对中美两国科技人才发展进行比较，找出差异，提出未来我国科技人才发展的建议。随着经济全球化和知识经济时代的到来，国际间人才竞争越演越烈，一国的发展水平越来越依赖于该国科技人才的发展水平。经验表明，科技人才发展水平越高的国家和地区，其经济发展水平往往越高。在此大背景下，比较科技规划实施以来中美两国的经济和科技人才发展水平，分析中美科技人才发展的现状差异，对于我们借鉴美国经验，在未来一段时期内进一步加强科技人才队伍建设，无疑大有裨益。

［关键词］　科技人才　同等经济发展水平　异期比较

一、研究思路

本文对中美科技人才发展的比较研究，主要从三个维度进行，即现实比较、历史比较和未来比较。现实比较是对中美同时期（指我国科技规划自实施以来至今的时间段）科技人才发展进行比较，寻找中美科技人才发展的现实差异及变化。历史和未来比较则对中美各自在同等经济发展水平的时期进行科技人才发展的异期比较，寻找中美处于同等经济发展水平下人才发展的差异及其变化。在本文的研究中，经济发展水平不采用经济总量来表示，而是按照国际惯例采用人均 GDP 来衡量。本文对中美科技人才发展的比较指标体系的构建，主要考虑指标的国际可比性、指标数据的可得性、指标的相关性。通过对中美科技人才发展进行比较研究，可以借鉴美国科技人才发展的经验，为我国科技规划后期实施的人才队伍建设提出相应的参考建议。

---

* 作者赵永乐系河海大学教授，河海大学人力资源研究中心名誉主任，河海大学文天人力资源研究院院长；张书凤系河海大学教授，河海大学人力资源研究中心主任。

二、中美经济发展比较

（一）中美同期经济总量的比较

2006年，中国GDP总量仅有27135亿美元，名列世界第四，相当于美国GDP总量的1/5不到。到2012年，中国GDP总量已达到82208.7亿美元，名列世界第二，首次超过美国GDP总量的1/2。从2006年到2012年，中国已经成为世界第二大经济体，在全球经济发展中具有举足轻重的作用。中国经济的快速发展，使得中美经济总量的差距由1/5缩小到1/2。表1是中国与美国同期经济总量发展水平比较表。

表1　中国与美国同期经济总量的比较　　（单位：美元）

	2006年	2007年	2008年	2009年	2010年	2011年	2012年
中国GDP总量	27135	34956.6	45218.3	49905.3	59312	73249.5	82208.7
美国GDP总量	138579	144803	147203	144179	149583	155338	162446
中国/美国	1/5.11	1/4.14	1/3.26	1/2.89	1/2.52	1/2.12	1/1.97

（二）中美同期经济发展水平的比较

2006年，中国人均GDP仅达到2070美元/人，相当于美国人均GDP的1/22.44。到2012年，中国人均GDP已经达到6086美元/人，相当于美国人均GDP的1/8.47。2012年中国人均GDP比2006年提高了4016美元/人，几乎翻了3番。中国与美国的经济发展水平差距已经从2006年的1/22.44缩小到1/8.47。尽管中美经济发展水平的差距在不断缩小，但这个差距还是相当大的。表2是中国与美国同期经济发展水平比较表。

表2　中国与美国同期经济发展水平的比较　　（单位：美元/人）

	2006年	2007年	2008年	2009年	2010年	2011年	2012年
中国人均GDP	2070	2652	3414	3749	4434	5450	6086
美国人均GDP	46444	48070	48407	46999	48354	49853	51555
中国/美国	1/22.44	1/18.13	1/14.18	1/12.54	1/10.91	1/9.15	1/8.47

资料来源：作者根据《中国统计年鉴》和美国政府网站统计数据对比计算。

（三）中美同等经济发展水平的异期比较

再来看中美同等经济发展水平的异期比较。表3是中国与美国处于同等经济发展水平的异期比较表。

表3 中国与美国处于同等经济发展水平的异期比较 （单位：美元/人）

中国	年份	2006	2007	2008	2009	2010	2011	2012	2020	2026	2040
	人均 GDP	2070	2652	3414	3749	4434	5450	6086	23324	51302	216160
美国	年份	1951	1956	1964	1965	1967	1970	1972	1990	2012	2040
	人均 GDP	2242	2665	3574	3828	4336	5247	6110	23906	51555	212277
经济发展时滞（年）		55	51	44	44	43	41	40	30	14	0

资料来源：作者根据《中国统计年鉴》和美国政府网站统计数据对比计算。中国 2020 年、2026 年和 2040 年人均 GDP 以及美国 2040 年人均 GDP 均为本文预测值，预测方法采用指数平滑法。

从表 3 可以看出，2006 年中国的经济发展水平仅相当于美国 1951 年的水平，中美经济发展时滞为 55 年。也就是说，2006 年中国的经济发展滞后美国超过半个世纪。到 2012 年，中国的经济发展水平也仅相当于美国 1972 年的水平，中美经济发展时滞为 40 年。也就是说，2012 年中国的经济发展仍然滞后美国 40 年。通过上述比较不难看出，从 2006 年到 2012 年，中国经过 6 年的发展，已经将中美经济发展时滞缩短了 15 年。

根据本文的预测，中国若能保持近年来的经济发展态势，2020 年人均 GDP 有可能达到 23324 美元/人，即达到 1990 年美国的水平。此时中美经济发展时滞为 30 年，与 2012 年相比，中美经济发展时滞将缩短 10 年。如果 2026 年中国的人均 GDP 能达到 51302 美元/人，就能达到 2012 年的美国水平。此时，中美经济发展时滞为 14 年，与 2012 年相比，中美经济发展时滞将缩短 26 年。再作进一步的预测，如果 2040 年中国 GDP 能达到 216160 美元/人，同期美国 GDP 如果达到 212277 美元/人，中美两国的经济发展水平基本持平。也就是说，大约到 2040 年，中国将有可能赶上或首次超过美国的经济发展水平。当然，以上的预测是一种乐观的预测，真正实施起来还需要多方面的条件保证才行，不仅需要付出相当大的努力，而且还需要维持和不断优化相对稳定的社会环境。

三、中美同期科技人才发展水平比较

（一）2006 年中美科技人才发展的比较分析

2006 年是国家科技规划实施起始年，中国除了人均 GDP 年均增长速度和千人研究人员专利申请数超过美国，以及高技术产品出口额占工业制成品出口额比重相当以外，其余各项指标都低于美国。中国除了就业人员平均受教育年限、研究与发展经费支出占 GDP 比重、研究与发展经费中政府资金投入比例超过美国的一半外，其余各项人才指标均低于美国的一半，特别是万人就业人员中研究人员数、万人就业人员中高等教育人数、高等教育生均教育经费 3 项指标差距悬殊。表 4 是 2006 年中国与美国科技人才发展水平比较表。

表4　2006年中国与美国科技人才发展水平比较

类别	一级指标	二级指标	中国	美国	比率
经济	规模	人均GDP（美元/人）	2070	46444	1/22.44
	速度	人均GDP的年均增长速度（%）	14.71	4.49	3.28/1
队伍	规模	万人就业人员中研究人员数（人/万人）	16	94	1/5.88
		每万人口在校大学生人数（人/万人）	225	570	1/2.53
	素质	万人就业人员中高等教育人数（人）	660	6040	1/9.15
		就业人员平均受教育年限（年）	8.35	14.83	1/1.78
投入	研发	研究与发展经费支出占GDP比重（%）	1.42	2.62	1/1.85
		研究与发展经费中政府资金投入比例（%）	24.71	29.3	1/1.19
		用于基础研究的研究与发展经费支出比例（%）	5.2	18.7	1/3.60
	教育	公共教育经费支出占GDP的比重（%）	2.68	5.69	1/2.12
		高等教育生均教育经费（美元/人）	1298	11792	1/9.08
效益	论文	千人研究人员科技论文数（篇/千人）	41	147	1/3.59
	专利	千人研究人员专利申请数（项/千人）	468	299	1.57/1
	出口	高技术产品出口额占工业制成品出口额比重（%）	30.28	29.96	1.01/1

资料来源：作者根据《中国统计年鉴》和美国政府网站统计数据对比计算。科技论文包括SCI和EI检索论文。人均GDP年均增长速度为当年价格计算，采用近5年年均增长速度。

从表4中不难看出，2006年中国和美国的科技人才发展水平存在着很大差距，其中最大的短板主要集中在万人就业人员中高等教育人数、高等教育生均教育经费、万人就业人员中研究人员数、用于基础研究的研究与发展经费支出比例和千人研究人员科技论文数5个方面。

（二）2012年中美科技人才发展的比较分析

2012年是国家科技规划实施接近中期的年度，中国除了人均GDP年均增长速度和千人研究人员专利申请数、高技术产品出口额占工业制成品出口额比重超过美国以外，其余各项指标都低于美国。中国除了就业人员平均受教育年限、研究与发展经费支出占GDP比重、研究与发展经费中政府资金投入比例、公共教育经费支出占GDP的比重超过美国的一半外，其余各项人才指标均低于美国的一半，特别是万人就业人员中高等教育人数、用于基础研究的研究与发展经费支出比例两项指标差距悬殊。表5是2012年中国与美国科技人才发展比较表。

表 5 2012 年中国与美国科技人才发展比较

类别	一级指标	二级指标	中国	美国	比率
经济	规模	人均 GDP（美元/人）	6086	51555	1/8.47
	速度	人均 GDP 的年均增长速度（%）	18.07	1.4	12.91 /1
队伍	规模	万人就业人员中研究人员数（人/万人）	27	91④	1/3.37
		每万人口在校大学生人数（人/万人）	309	644③	1/2.08
	素质	万人就业人员中高等教育人数（人）	1300①	6220②	1/4.78
		就业人员平均受教育年限（年）	9.61①	15.03②	1/1.56
投入	研发	研究与发展经费支出占 GDP 比重（%）	1.98	2.79	1/1.41
		研究与发展经费中政府资金投入比例（%）	21.6	33.4①	1/1.55
		用于基础研究的研究与发展经费支出比例（%）	4.8	19.0③	1/3.96
	教育	公共教育经费支出占 GDP 的比重（%）	3.55①	5.4③	1/1.52
		高等教育生均教育经费（美元/人）	2683	9141③	1/3.41
效益	论文	千人研究人员科技论文数（篇/千人）	45③	149④	1/3.31
	专利	千人研究人员专利申请数（项/千人）	631	323④	1.95/1
	出口	高技术产品出口额占工业制成品出口额比重（%）	30.9	19.93②	1.55/1

资料来源：作者根据《中国统计年鉴》和美国政府网站统计数据对比计算。科技论文包括 SCI 和 EI 检索论文。人均 GDP 年均增长速度为当年价格计算，采用近 5 年年均增长速度。标注①为 2011 年数据，标注②为 2010 年数据，标注③为 2009 年数据，标注④为 2007 年数据。

从表 5 中可以看出，2012 年中国和美国的人才发展水平仍然存在着较大差距，其中最大的短板仍然主要集中在万人就业人员中高等教育人数、用于基础研究的研究与发展经费支出比例、高等教育生均教育经费、万人就业人员中研究人员数和千人研究人员科技论文数 5 个方面。

（三）2006—2012 年中美科技人才发展水平的变化分析

从表 4 和表 5 的比较可以发现，2012 年中国和美国的科技人才发展水平与 2006 年相比发生了很大变化，总体来说，中美科技人才发展的差异呈现缩小的趋势。与 2006 年相比，2012 年中国高技术产品出口额占工业制成品出口额比重，比美国超出较多；中国人均 GDP 年均增长速度和千人研究人员专利申请数仍然超过美国；中美科技人才发展的其他指标的差距大部分都在缩小。但是，与 2006 年相比，2012 年中美研究与发展经费中政府资金投入比例和用于基础研究的研究与发展经费支出比例的差距不但没有缩小，反而有不同程度的扩大。

由此可见，2006—2012 年期间随着中美经济发展水平差异的缩小，中美科技人才发展水平的差异也在缩小，科技人才与经济发展的相关性较高。

四、中美同等经济发展水平下的科技人才发展异期比较

（一）中国 2006 年与美国 1951 年科技人才发展的比较分析

由表 3 可以看出，中国 2006 年经济发展水平与美国 1951 年经济发展水平相当。表 6 是中国 2006 年与美国 1951 年科技人才发展比较表。由于早年美国的很多统计数据难以查询，因此表 6 的内容不但较为精简，而且有些统计数据采集于相近年度。

表 6　中国 2006 年与美国 1951 年科技人才发展比较

类别	一级指标	二级指标	中国 2006 年	美国 1951 年	比率
经济	规模	人均 GDP（美元/人）	2070	2242	1/1.08
	速度	人均 GDP 的年均增长速度（%）	14.71	8.80	1.67/1
队伍	规模	每万人口在校大学生人数（人）	225	305②	1/1.36
投入	研发	研究与发展经费支出占 GDP 比重（%）	1.42	1.36①	1.04/1
		研究与发展经费中政府资金投入比例（%）	24.71	19.67①	1.26/1
		用于基础研究的研究与发展经费支出比例（%）	5.2	8.91①	1/1.71

资料来源：作者根据《中国统计年鉴》和美国政府网站统计数据对比计算。人均 GDP 年均增长速度为当年价格计算，采用近 5 年年均增长速度。标注①为 1953 年数据，标注②为 1965 年数据。

由表 6 可以看出，2006 年中国人均 GDP 的年均增长速度远远高于美国 1951 人均 GDP 的年均增长速度。2006 年每万人口在校大学生人数低于 1965 年美国每万人口在校大学生人数（1951 年的数据查不到）。2006 年中国研究与发展经费支出占 GDP 比重比 1953 年美国研究与发展经费支出占 GDP 比重略高，但相差不大。2006 年中国研究与发展经费中政府资金投入比例比 1953 年美国研究与发展经费中政府资金投入比例高出较多。1953 年美国用于基础研究的研究与发展经费支出比例超出中国 2006 年用于基础研究的研究与发展经费支出比例较多。通过比较还能发现，中国 2006 年与美国 1951 年的同等经济发展水平下，科技人才发展的水平差距不大。

（二）中国 2012 年与美国 1972 年科技人才发展的比较分析

由表 3 可以看出，中国 2012 年经济发展水平与美国 1972 年经济发展水平相当。表 7 是中国 2012 年与美国 1972 年科技人才发展比较表。

表 7　中国 2012 年与美国 1972 年科技人才发展比较

类别	一级指标	二级指标	中国 2012 年	美国 1972 年	比率
经济	规模	人均 GDP（美元/人）	6086	6110	1/1.00
	速度	人均 GDP 的年均增长速度（%）	18.07	7.10	2.55/1
队伍	规模	每万人口在校大学生人数（人）	309	418①	1/1.35

续表

类别	一级指标	二级指标	中国2012年	美国1972年	比率
投入	研发	研究与发展经费支出占GDP比重（%）	1.98	2.35	1/1.19
		研究与发展经费中政府资金投入比例（%）	21.6	55.81	1/2.58
		用于基础研究的研究与发展经费支出比例（%）	4.8	13.4	1/2.79

资料来源：作者根据《中国统计年鉴》和美国政府网站统计数据对比计算。人均GDP年均增长速度为当年价格计算，采用近5年年均增长速度。标注①为1970年数据。

由表7可以看出，中国除了人均GDP的年均增长速度远远高于美国外，其他各项人才指标都低于美国。其中，研究与发展经费中政府资金投入比例和用于基础研究的研究与发展经费支出比例两项指标差异较大，中国低于美国的一半。每万人口在校大学生人数和研究与发展经费支出占GDP比重两项指标差异较小。通过比较还可以发现，在中国2012年与美国1972年同等经济发展水平下，中国人才指标虽然都低于美国，但差异相对较小。从中国人才投入指标显著低于美国可以推断，人才投入的低水平是同等经济发展水平下人才发展水平较低的重要原因。

比较表6和表7可以发现，从2006年到2012年，中美人才规模指标差异未发生显著变化，但人才投入指标的差异有较大程度的扩大。

（三）美国1990年人才发展水平对中国2020年人才发展的借鉴分析

由表3的预测可以看出，中国2020年经济发展水平有可能与美国1990年经济发展水平相当。表8是美国1990年科技人才发展水平表。

表8　美国1990年人才发展水平

类别	一级指标	二级指标	美国1990年
队伍	规模	万人就业人员中研究人员数（人/万人）	80②
		每万人口在校大学生人数（人/万人）	548
	素质	万人就业人员中高等教育人数（人）	3750
		就业人员平均受教育年限（年）	11.76①
投入	研发	研究与发展经费支出占GDP比重（%）	2.62
		研究与发展经费中政府资金投入比例（%）	10.31
		用于基础研究的研究与发展经费支出比例（%）	15.15
	教育	公共教育经费支出占GDP的比重（%）	5.0
		高等教育生均教育经费（美元/人）	7641

资料来源：作者根据《中国统计年鉴》和美国政府网站统计数据对比计算。标注①为1992年数据，标注②为1993年数据。

以美国1990年科技人才发展水平为标杆，2020年中国科技人才发展的战略目标应该瞄准：

万人就业人员中研究人员数——80人；

每万人口在校大学生人数——548人；

万人就业人员中高等教育人数——3750人；

就业人员平均受教育年限——11.76年；

研究与发展经费支出占GDP比重——2.62%；

用于基础研究的研究与发展经费支出比例——15.15%；

公共教育经费支出占GDP的比重——5.0%；

高等教育生均教育经费——7641美元/人。

（四）美国2012年人才发展经验对中国2026年人才发展的借鉴分析

由表3的预测可以看出，中国2026年经济发展水平有可能与美国2012年经济发展水平相当。美国2012年科技人才发展水平如表5所示。

以美国2012年科技人才发展水平为标杆，2026年中国科技人才发展的战略目标应该瞄准：

万人就业人员中研究人员数——91人；

每万人口在校大学生人数——644人；

万人就业人员中高等教育人数——6220人；

就业人员平均受教育年限——15.03年；

研究与发展经费支出占GDP比重——2.79%；

研究与发展经费中政府资金投入比例——33.4%；

用于基础研究的研究与发展经费支出比例——19.0%；

公共教育经费支出占GDP的比重——5.4%；

高等教育生均教育经费——9141美元/人。

五、中国科技人才发展建议

通过中美人才发展的比较分析可以看出，国家科技发展规划自2006年实施以来，我国与美国在科技人才发展方面的差距在逐步缩小，说明科技人才队伍建设取得了显著成绩。但是不能不看到，中美在科技人才发展上差距依然很大。为了赢得世界范围竞争的主动权，形成科技人才比较优势，为实施创新驱动发展战略提供坚强的科技人才支撑，对国家科技发展规划后期实施在人才队伍建设方面提出如下建议：

（1）以美国为标杆，科学规划我国科技人才发展和科技人才队伍建设，努力提高我国科技人才发展水平。

（2）加大教育投资，扩大科技人才资源规模，提高科技人才质量。

（3）加大研发投入，改善科技人才工作条件，提高科技成果转化率。

（4）提高基础研究与发展经费支出比例，完善知识创新体系，逐步确立我国在世界知识战略源头的优势地位。

（5）继续保持我国在专利申请和高技术产品出口额占工业制成品出口额比重方面的优势。

参考文献

[1] 国家统计局编：《中国统计年鉴》（2004—2013），中国统计出版社。

[2] 国家统计局、科学技术部编：《中国科技统计年鉴》（2004—2013），中国统计出版社。

[3] 国家统计局人口和社会科技统计司、劳动和社会保障部规划财务司编：《中国劳动统计年鉴》（2004—2009），中国统计出版社。

[4] U. S. Census Bureau, *Statistical Abstract of the United States: 2004-2012.*

Comparative Study on the Development of Science and Technology Talent in China and the United States

Zhao Yongle, Zhang Shufeng

Abstract: Half of the term for implementing the National Outlines for Medium and Long-term Planning for Scientific and Technological Development (2006-2020) has passed. What have we achieved in the science and technology talent team building? How big is the gap between China and the US which is the best in this regard? This research takes the economic development level of the US as the benchmark, and makes a comparison on science and technology talent between the two countries from three dimensions namely the current status, history and future development to spot the differences and provide suggestions for the development of the science and technology talent of our country. Along with the economic globalization and coming era of knowledge economy, the international competition on talent becomes more and more fierce. The development of one nation is becoming more and more reliant on the development of its science and technology talent. Experience shows that the higher the talent development level of one country or region is, the higher its economic development level would be. Against this background, it is undoubtedly helpful for China to strengthen its sci-tech team building for some time in the future by making a comparison between the two countries, detecting the differences, and learning from American experience.

Key words: science and technology talent, same economic development level, comparison of different periods

（编辑：孙世鳌）